区域推进幼儿园课程建设丛书　　　　　　　　　　　　　丛书主编　虞永平

区域课程资源挖掘与利用指南

南京市溧水区的实践探索

童月琴　编著

南京师范大学出版社

图书在版编目(CIP)数据

区域课程资源挖掘与利用指南：南京市溧水区的实践探索 / 童月琴编著. —— 南京：南京师范大学出版社，2024.12

（区域推进幼儿园课程建设丛书 / 虞永平主编）

ISBN 978 - 7 - 5651 - 6194 - 0

Ⅰ．①区… Ⅱ．①童… Ⅲ．①学前教育－课程－教学研究 Ⅳ．①G612

中国国家版本馆 CIP 数据核字(2024)第 032498 号

书　　名	区域课程资源挖掘与利用指南：南京市溧水区的实践探索
编　　著	童月琴
策　　划	张　莉
责任编辑	徐文娟
出版发行	南京师范大学出版社
地　　址	江苏省南京市玄武区后宰门西村 9 号（邮编：210016）
电　　话	(025)83598919(总编办)　83598867(编辑部)　83598312(营销)
网　　址	http://press.njnu.edu.cn
电子信箱	nspzbb@njnu.edu.cn
照　　排	南京开卷文化传媒有限公司
印　　刷	扬州市文丰印刷制品有限公司
开　　本	787 毫米×1092 毫米　1/16
印　　张	16
字　　数	309 千
版　　次	2024 年 12 月第 1 版
印　　次	2024 年 12 月第 1 次印刷
书　　号	ISBN 978 - 7 - 5651 - 6194 - 0
定　　价	56.00 元

出 版 人　张　鹏

编 委 会

总　序

　　始于 2014 年的江苏省幼儿园课程游戏化项目至今已经十年了。这是一个政府引导并支持的幼儿园课程改革项目，是一个幼儿园提升教育质量的重大工程，是江苏落实《3—6 岁儿童学习与发展指南》的重要途径，也是实现幼儿园均衡发展的重要举措。幼儿园课程游戏化项目坚持以县区为基础，强化行政和教研的协调配合及分工负责，强化薄弱园建设，强化过程指导和帮扶，真正体现了教育大省办优质学前教育的理念和思路。十年来，全省幼儿园教师的观念发生了很大的变化，以儿童为本，关注儿童生活，以游戏为基本活动，让儿童主动学习并动用多种感官学习，创设富含机会和经验的环境等理念深入人心，教师在推进课程建设和实施过程中更好地体现了专业意识和创造精神，课程建设的意识和能力得到了提升。幼儿园的环境更加自然、更加丰富、更加适切，儿童的活动更加生动活泼，全面发展的成效得到了明显的提升。

　　幼儿园课程游戏化项目采用了"点—面—点面相结合"的推进方式。一开始以薄弱园加帮扶园结对实施项目，县区教育部门参与答辩；经过一段时间的实践，改为以县区为单位实施项目；最后采用县区为主加上幼儿园申报项目。县区在项目推进过程中扮演了重要的角色。大部分区域都出台了推进幼儿园课程游戏化项目的政策和举措，很多县区都设立了专项资金，加大了对幼儿园课程游戏化项目的投入，绝大部分县区都设立了县区级学前教育项目，积极指导和支持幼儿园推进课程游戏化。县区行政与教研通力协作，共同推进项目工作。江苏出现了一批坚持儿童为本，区域协作，全面推进幼儿园质量建设的县区。

　　在县区推进幼儿园课程游戏化的过程中，有些县区注重观念的确立和落实，通过培训、阅读及区域教研等形式，引导广大教师树立科学的儿童观、教育观和课程观，倡导儿童的主动活动和自主游戏，关注儿童获得有益的新经验。有些县区注重幼儿园课程资源建设，关注地方资源的开发和利用，加强活动环境的创设，努力为儿童创造良好的活动环境。有些县区注重教师队伍建设，努力提升教师的课程建设能力，强化教师的发展意识和目标意识，将发展融入环境和资源之中。有些县区强调课程的优化，努力发现课程中的问题和不足，完善幼儿园课程的理念、目标、内容和策略体系，加强以教师为主体的教育过程评价，注重在过程中评价，在评价中改进，实现幼儿园课程实践的螺旋式上升。

在幼儿园课程游戏化十周年之际，我们结合 2022 年 3 月的会议规划，准备出版一套反映我省县区幼儿园课程游戏化建设状况的丛书，以此总结课程游戏化十年的成果，并在总结的基础上，形成进一步推动课程建设的思路和建议，为我省学前教育的质量建设作出新的贡献。

2024 年 12 月 2 日

前　言

　　2001年，教育部颁行《基础教育课程改革纲要（试行）》，"课程资源"一词逐渐走进幼教工作者的视野；同年，教育部印发《幼儿园教育指导纲要（试行）》，明确指出要"充分利用自然环境和社区的教育资源，扩展幼儿生活和学习的空间"，突出强调了幼儿园开发利用本土课程资源的必要性；2014年，江苏省全面启动"幼儿园课程游戏化"项目，也将建设课程游戏化资源作为幼儿园课程改革的重要内容。作为南京南部中心的溧水，地处秦淮源头，素有"天然氧吧"之称，亦有"活力新城"美誉，山水资源丰富，风景名胜和文化古迹众多，当下更聚焦经济发展和科技进步，现代化的步伐不断推进，各类特色节庆活动和高新科技也声名远扬。这些独具地域特色的丰厚资源为幼儿园课程建设提供了良好的先天基础条件。

　　2020年秋，我们有幸得到了虞永平教授的帮助和指导，全面开启了以课程资源建设为抓手的区域课程改革行动。三年来，在区教育局的大力关心下，在专家团队的鼎力支持下，全区各幼儿园通力协作，课程改革实践取得明显成效：教师们的课程资源意识不断增强，开发和利用资源的能力也得到了提升；各园的课程资源地图形象生动、形式多样，电子课程资源库和实物资源库不断充实；利用特色资源、典型资源以及独有资源开发的特色活动和环境越来越丰富；幼儿园课程也更加生活化和个性化，并有力支持了幼儿经验的丰富和生长。

　　为了回顾探索过程、梳理实践成果，我们组织乡镇幼儿园的业务园长和部分骨干教师，将这三年来在本土课程资源挖掘和利用中的一些经历和经验进行总结与提炼，汇编成此书。本书以叙事为主要风格，以案例为主要形式，以图表为主要特征，呈现了溧水区以资源建设为抓手的幼儿园课程改革实践画面。一路走来，我们有不知所措的迷茫和困惑，有渐入佳境的惊喜与快乐，有兜兜转转的困顿与徘徊，有豁然开朗的幸福与满足。由于这仅是我们课程改革的阶段性总结，在叙述和呈现过程中一定会存在不足，敬请各位读者批评指正，这也将是我们课程改革重新出发的起点。我们将不断学习、不断反思、不断探索、不断创新，为了让幼儿园课程更加生动、更加适宜、更加有效而努力再努力！

借此机会，由衷感谢南京师范大学虞永平教授，是他一直为我们的课程改革引路，为我们的课程资源建设助力，也是他一直鼓励并指导我们将探索研究的过程进行总结和梳理。此外，我们也要感谢当时在南师大读研究生的郑蒙蒙老师，在整个实践过程中给予我们专业的支持与帮助。同时，我们还要感谢参与此项研究和文本撰写的各位园长和老师们，是你们的不懈努力和辛勤付出，才有了这本书中资源建设的精彩历程。

序言:课程改革,我们的思考

教育改革实质上都是一种"价值先行"的自觉的文化选择,是培育和实践一系列新的教育观念的过程,教育改革,课程先行。学前教育是我国基础教育的重要组成部分,其现代化发展既是中国式教育现代化的有机组成部分,也是提升国民素质、支持人才强国的根基力量。幼儿园课程改革作为达成学前教育目标的重要载体与手段,是启蒙教育不断发展、进步的重要方式,为此,我们以《幼儿园工作指导纲要(试行)》(简称《纲要》)、《3—6岁儿童学习与发展指南》(简称《指南》)为指导,以"资源建设牵引课程改革"为抓手,全面落实江苏省课程游戏化项目建设,深入推动区域幼儿园课程改革,促进幼儿园课程回归规律、回归常识、回归专业。

一、区域课程改革的背景

现代学校管理理论告诉我们:任何一种教育模式的产生,都起源于学校自身变革的需要。溧水区在课程改革的实践中也存在着一些现实问题:课程改革理念不明晰,课程建设缺乏系统性和目标意识,教师专业性不足等。随着课程改革的不断深入,我们愈发认识到幼儿园课程建设应以儿童为本,应充分开发和利用园内外资源,构建能够促进儿童需要与发展的课程。经过调查,我们发现我区坐落在百里秦淮的源头,不仅生态环境良好,山水资源丰富,而且历史悠久,底蕴深厚,风景名胜和文化古迹众多。各幼儿园拥有的自然资源、社会资源和文化资源,是丰富幼儿园课程的素材和内容,于是我区开启了"以资源建设牵引课程改革"的区域课程实践探索之路。

二、区域课程改革实施路径的内涵及目标

课程资源是指课程设计、实施和评价等过程中可利用的一切人力、物力、社会文化以及自然因素的总和。课程资源可以分为园内资源和园外资源,人文资源和自然资源,素材性资源和条件性资源。基于幼儿园课程改革的背景,我们提出了指向幼儿

经验生长的课程资源建设，即立足幼儿的已有经验，寻找一切有可能进入幼儿园且能够与幼儿园教育教学活动联系起来的资源，赋予其教育价值，开展相应的教育教学活动，促进幼儿完整经验的获得。幼儿园课程资源的挖掘与利用是幼儿园课程建设的基本途径，也是幼儿园课程有效实施的必要条件。课程资源的有效建设对于幼儿经验生长、教师专业发展和课程质量提升有着至关重要的作用。我们以课程资源建设为抓手，关注幼儿的兴趣和经验，支持幼儿的学习与发展，开发与实施园本课程，努力实现幼儿园课程的游戏化、生活化和经验化。

三、区域课程改革实施路径的价值与思考

1. 构建适宜的园本课程

重视幼儿园课程建设是幼儿园保教质量提升的重要支持，普适性的幼儿园课程不能兼顾地方的多样性。我区各幼儿园有着得天独厚的地域优势，拥有丰富的自然资源、文化资源和社会资源，教师从幼儿的兴趣出发，着手本土课程资源的挖掘和利用，将特色资源、典型资源转化为活动并纳入课程，不仅丰富了幼儿园的课程内容，使幼儿园的课程更贴近幼儿的生活和经验，而且有效地推动了园本课程的建设，逐步实现了课程的园本化。

2. 实现儿童经验的完整建构

当资源进入课程体系中，它将超越对日常生活的复制，成为促进幼儿经验延续、拓展、深化、提升、改造或重组的条件。幼儿的身心发展规律和年龄特点决定了其获得知识和经验的方式，主要是直接感知、实际操作和亲身体验，也就是说幼儿建构经验的主要方式就是依靠行动。因此，课程资源的挖掘和利用可以被看作将资源转化为幼儿活动，幼儿由此发生学习且建构有益经验的过程。课程资源的挖掘和利用能够改变幼儿的学习方式、开阔幼儿的视野、丰富幼儿的活动，从而实现幼儿经验的完整建构。

3. 促进教师素养的全面提升

虞永平教授说："幼儿园课程建设是一项长期、复杂的工作。""幼儿园课程建设的过程是教师综合运用多种专业能力的过程，也是教师专业发展的必经旅程。"教师是课程的建构者和实施者，是课程资源开发的主体，课程建设对幼儿教师的专业发展提出了更高的要求。参与课程资源的挖掘与利用对教师而言不仅是一项教学工作，更是一种学习和能力培养的手段。首先，其有利于帮助教师深入理解幼儿园的课程、幼

儿园课程资源等概念,认识到开发课程资源的重要性,促进教师知识结构和能力结构的变化,提高教师的专业素养。其次,课程资源的挖掘与利用过程亦是教师不断更新教育观念的过程,这个过程有利于教师树立正确的儿童观、课程观、教育观和质量观,促进教师角色和教学方式的转变,提高教学实践水平。总的来说,课程资源建设的过程能帮助教师进一步树立以儿童为本的教育理念,明晰儿童的发展目标,树立课程建设的意识,提升课程开发与实施的能力。

课程改革的关键在于教育观念的转变和革新,是建构理念与实践探索的过程,更是幼儿园课程建构的过程。我们将继续坚持开展"以资源建设牵引课程改革"的区域课程改革行动,深化课程改革的研究与实践,不断提升区域幼儿园的课程质量。

目 录

总序 ··· 001

前言 ··· 001

序言:课程改革,我们的思考 ·· 001

第一部分 理念与政策

第一章 课程资源的相关理念 ·· 003

一、幼儿园课程的理念 ·· 003

（一）幼儿园课程的内涵 ··· 003

（二）幼儿园课程的特点 ··· 004

二、幼儿园课程中的儿童观 ··· 005

（一）儿童观的内涵 ··· 005

（二）幼儿园课程建设中的儿童观 ······························ 006

（三）赋予幼儿园课程"儿童化" ································· 007

三、幼儿园课程中的教师观 ··· 007

（一）幼儿园课程建设中教师的专业能力 ····················· 008

（二）幼儿园课程建设中教师持续发展的路径 ··············· 010

四、幼儿园课程中的资源观 ··· 011

（一）幼儿园课程资源的定义 ····································· 011

（二）幼儿园课程资源的特点 ····································· 011

（三）幼儿园课程资源的分类 ····································· 012

（四）幼儿园课程资源的解读 ····································· 012

（五）幼儿园课程资源挖掘和利用的价值 ····················· 013

五、幼儿园课程中的活动观 ·· 014

　　（一）幼儿园教育活动的基本类型 ······················· 015

　　（二）幼儿园教育活动的基本原则 ······················· 015

　　（三）课程资源建设的基本活动 ························· 016

第二章　课程资源的相关政策 ·· 018

一、国家的相关政策 ··· 018

二、省市的相关政策 ··· 019

三、本区的相关政策 ··· 020

第二部分　挖掘与整理

第三章　课程资源的挖掘 ··· 023

一、动员与培训 ··· 023

　　（一）动员 ··· 023

　　（二）培训 ··· 025

二、自然资源的挖掘 ··· 027

案例一

基于儿童立场的园内资源调查行动

——洪蓝街道中心幼儿园园内自然资源调查 ·············· 028

案例二

与生命相约，来一场与大自然的美丽邂逅

——白马镇中心幼儿园园外自然资源调查 ················ 034

案例三

在探寻中收获　在探究中成长

——东屏街道中心幼儿园自然材料调查 ·················· 040

案例四

极美溧水，行走的风景

——晶桥镇云鹤幼儿园自然资源调查 ···················· 046

案例五

小农场里的大生活

——晶桥镇中心幼儿园自然资源调查 ……………………………… 051

三、文化资源的挖掘 ………………………………………………… 057

案例一

文化资源为舟　快乐驭舟而行

——和凤第一中心幼儿园文化资源调查 ………………………… 058

案例二

探文化之美　悟文化之魂

——石湫街道中心幼儿园文化资源调查 ………………………… 065

案例三

踏美"溧"旅程　润最美童心

——洪蓝街道渔歌幼儿园文化资源调查 ………………………… 070

案例四

舌尖的味道,家乡的魅力

——白马镇朱家边幼儿园传统美食文化资源调查 …………… 076

案例五

寻觅古村文化,体会古今际遇

——洪蓝街道中心幼儿园古村落资源调查 …………………… 082

四、社会资源的挖掘 ………………………………………………… 087

案例一

面向社会　放眼未来

——南京溧水经济开发区中心幼儿园社会资源调查 ………… 087

案例二

用活红色资源,传承红色基因

——时代景园幼儿园社会资源调查 …………………………… 095

案例三

融地区风采,引社会资源

——状元坊幼儿园社会资源调查 ·· 099

案例四

建构幼儿的"生活圈"

——万科幼儿园社区资源调查 ·· 104

案例五

探寻社区资源,点亮园本课程

——创维幼儿园社区资源调查 ·· 110

第四章　课程资源的整理 ·· 116

　一、课程资源的整理和归类 ·· 116

　　（一）课程资源的整理 ··· 116

　　（二）课程资源的归类 ··· 120

　二、课程资源的维护和保存 ·· 120

　　（一）保存方式的分类 ··· 120

　　（二）对不同保存方式的分析 ··· 121

　三、课程资源库的建设与管理 ·· 123

　　（一）丰富的自然资源和生活资源 ··· 124

　　（二）整合家园、社区资源 ··· 125

　四、课程资源库管理制度的制定与落实 ·· 126

　　（一）有效收集是前提,科学整理是关键 ·· 126

　　（二）分类储存是重点,有效借取是常态 ·· 127

第三部分　开发与利用

第五章　课程资源的利用 ·· 131

　一、根据不同年龄段对资源进行选择 ·· 131

案例一

用大自然的"礼物"致敬秋日

——"秋天资源"在不同年龄段的挖掘和利用 ·············· 131

案例二

让智慧在儿童的指尖闪现

——"溧水剪纸"资源在不同年龄段的挖掘与利用 ·············· 137

案例三

以自然为师　奉健康为上

——"亲自然"园本课程的建构 ·············· 143

二、资源的独立使用与综合使用 ·············· 149

案例一

葡萄二三事

——自然资源"葡萄"的独立使用与综合使用 ·············· 149

案例二

高耸的永寿塔

——文化资源"永寿塔"的独立使用与综合使用 ·············· 155

案例三

从仪凤社区走出来的课程

——仪凤社区资源的独立使用与综合使用 ·············· 160

三、资源的原始使用与迁移使用 ·············· 165

案例一

从古桥到今桥

——名胜古迹"长乐桥"资源的原始使用与迁移使用 ·············· 165

案例二

走进"供销社",探秘博物馆之美

——"供销社"资源的原始使用与迁移使用 ·············· 169

案例三

种植水稻庆丰收,以劳育人砺品质

——水稻资源的原始使用与迁移使用 ·············· 173

第六章　在活动中活用资源 ·········· 179

一、不同类型活动对资源的需要 ·········· 179

案例一

回归生活,让社会资源更具价值 ·········· 179

案例二

小农场课程让种植资源落地生花 ·········· 184

案例三

资源聚焦经验　课程回归生活 ·········· 189

二、利用资源开展的特色活动 ·········· 193

案例一

"田野"沁,乌饭情

——利用"乌饭"资源开展特色活动 ·········· 194

案例二

骆山大龙,非遗走进幼儿园

——利用"骆山大龙"文化资源开展特色活动 ·········· 199

案例三

萌娃遇见汽车

——利用"汽车"社会资源开展特色活动 ·········· 205

案例四

家乡的小马灯

——利用"小马灯"文化资源开展特色活动 ·········· 209

案例五

秦淮源公园的探秘之旅

——利用"秦淮源公园"社会资源开展特色活动 ·········· 216

第七章　资源对幼儿园课程实践的影响 ·········· 222

一、资源对课程理念的影响 ·········· 222

(一)资源开发利用的研究促进了教育观念提升 ·········· 222

(二)资源开发利用的落实让主题活动更鲜活 ·········· 223

（三）资源开发利用的深入使教学模式更加多元 ·············· 223

（四）资源开发利用的融合使区域活动更开阔 ·············· 224

二、资源对主题的影响 ················· 225

（一）正本清源，彰显儿童本位 ··············· 225

（二）良性卷入，凸显主题内核 ··············· 225

（三）系统考量，构建完整体系 ··············· 227

三、资源对教学活动的影响 ················ 227

（一）夯实教学活动目标，使教学活动目标更契合幼儿的发展 ····· 227

（二）丰富教学活动准备，使教学活动准备更符合幼儿学习方式 ···· 228

（三）充实教学活动内容，使教学活动内容更贴近幼儿生活 ······ 229

（四）强化教学活动效果，使教学活动效果更加游戏化 ········· 229

四、资源对区域活动的影响 ················ 231

（一）巧用资源，科学创设区域活动场地 ············· 231

（二）活用资源，充实区域活动游戏内容 ············· 232

（三）妙用资源，丰富区域活动游戏材料 ············· 232

五、资源对生活活动的影响 ················ 233

（一）巧用资源创设生活化环境，让生活活动更加有趣 ········ 233

（二）活用资源生成整合性活动，让生活活动更加有序 ········ 233

（三）慧用资源开展多元化评价，让生活活动更加有质 ········ 234

结语：课程改革，我们一直在路上 ·············· 236

第一部分

理念与政策

第一章　课程资源的相关理念

一、幼儿园课程的理念

（一）幼儿园课程的内涵

首先，什么是课程？课程的概念是复杂的，是处在不断的变化中的，不同的学者往往根据自己的研究对其作出不同的界定。在中国，最早是朱熹在《朱子全书·论学》中多次提到"课程"，如"宽着期限，紧着课程""小立课程，大作功夫"等，这里的"课程"主要指功课及其进程，与今天所讲的"课程"意义较为接近。在西方，"课程"（curriculum）一词最早出现在 1859 年英国教育家斯宾塞发表的《什么知识最有价值》一文中。

具体到幼儿园课程，中国学前教育是伴随着 1903 年中国第一个学前教育机构的成立和 1904 年《奏定蒙养院章程及家庭教育法章程》的颁布而诞生的。幼儿园课程也经历了百年历史的演变和改革，经过了一代代幼教人不懈的探索和追求，其概念也是随着时代的变化不断地得到调整：最初被定义为经验；20 世纪五六十年代，各门学科被当作幼儿园课程；发展到现在，又有大部分人把幼儿园课程理解为活动或经验。如：张雪门认为，幼儿园课程就是给 3—6 岁的孩子所能够做而且喜欢做的经验的预备。石筱羽认为，幼儿园课程是学习者在教育者有意识的指导下，与教育情境相互作用而获得有益经验和身心健全发展的全部教育性活动。冯晓霞认为，幼儿园课程是实现幼儿园教育目的的手段，是帮助幼儿获得有益的学习经验、促进身心全面发展的各种活动的总和。袁爱玲认为，幼儿园课程是指在幼儿园安排下所进行的一切有组织、有系统、有意义的园内外学习经验或活动。虞永平认为，幼儿园课程是引导幼儿获得有益经验的各种活动。幼儿园课程不是以教科书为导向的，而是依据《指南》所确立的目标体系，结合每个幼儿园幼儿发展的状况和教师、资源等实际情况加以建设和发展的，幼儿园课程具有园本化的特点。

综上可以看出，幼儿园课程应该以支持和促进幼儿发展为根本的价值导向，应该充分关注和利用幼儿的现实生活，从幼儿的现实水平和兴趣需要出发，鼓励和支持幼儿投入多样化的活动，注重生活化、游戏化，让幼儿在适宜的活动中获得多样化的、综合的经验，得到全面和谐的发展。因此，结合课程的定义，幼儿园课程是引导幼儿积极投入并能获得有益经验的各类活动的体系，是幼儿发展的关键要素，是幼儿园教育的基本途径。

（二）幼儿园课程的特点

1. 幼儿园课程是在地化的

虞永平说："要让幼儿园课程真正具有适宜性和有效性，真正促进儿童的发展，就必须要求其具有在地性。"也就是说，课程要关注儿童生活和学习的现实，具有文化和生活的适切性，能真正满足儿童的兴趣和需要。幼儿的年龄特点和学习方式决定了幼儿不是通过文字和符号来学习的，而是以多种感官与玩具、材料等环境因素相互作用，从而获得多方面的经验。幼儿园的课程来源于儿童的生活和经验，根植于儿童的现实生活和文化，因而具有在地性。在地化的课程是让儿童感到熟悉、有兴趣、易投入，有安全感、存在感和主体感，让教师有熟悉感、亲近感、掌控感和挑战感的课程。

2. 幼儿园课程是活动化的

幼儿处于感觉运动和形象思维阶段，他们是在行动中学习和发展的，行动是幼儿学习的重要方式。只有在充分利用全部感官的、多样化的实践中，幼儿才能获得各种新经验，获得新发展。幼儿是在同周围世界相互作用的过程中学习的，多样化的活动是幼儿主要的学习方式和途径。幼儿园课程不是一堆死板的知识，而是一个动态的、过程性的、情境性的、生动的活动过程，教师的任务不是说教，教师的核心工作是引发幼儿的行动，让幼儿在亲近自然、直接感知、实际操作、亲身体验的历程中获得发展和进步。

3. 幼儿园课程是经验化的

不断获得有益的新经验是幼儿园课程的核心追求。让幼儿在活动中获得不同领域的经验，为健全人格打下基础，这是幼儿园课程实施的重要原则。幼儿园课程设计的根本任务就是充分考虑课程资源，根据幼儿的发展水平和阶段，挖掘和利用适宜的课程资源，给幼儿提供充分活动的机会和条件，让幼儿获得多样化的有益经验，实现全面发展。也就是说，幼儿的发展就是经验的不断扩展和延伸，就是经验的不断重组和改造，我们要引导幼儿通过多感官参与的各种活动获得经验，充实心灵，实现发展。

二、幼儿园课程中的儿童观

《中国教育现代化 2035》提出"普及有质量的学前教育"的发展目标,再一次把目光聚焦到儿童身上,树立科学的儿童观,加强幼儿园课程建设,提升幼儿园教育质量,让每一个儿童都能获得全面和谐的发展成了实现教育现代化目标的基本要求之一。实现高质量的学前教育,前提是树立科学的儿童观。

所谓的儿童观是指人们对儿童的根本看法、态度。它与教育观、教师观是紧密相连的。从古至今,从国外到国内,许多教育家、学者都曾表达过对儿童的看法。卢梭曾说:"在万物中,人类有人类的位置;在人生中,儿童有儿童的位置。"他反对把儿童当成"小大人",主张"把儿童看作儿童"。加德纳认为:"每个幼儿都是一个潜在的天才儿童,只是经常表现为不同的方式。"杜威认为:"儿童是起点,是中心,而且是目的,儿童的发展、儿童的成长,就是理想所在。"这些儿童观都不同程度地对我国近现代的儿童观产生了一些影响。以陶行知先生为例,他从"儿童本位"价值取向的儿童观与"社会本位"价值取向的儿童观统一视角构建了一个完整儿童观。他主张儿童自己能创造儿童世界;深信儿童有巨大的潜能和伟大的创造力;要把儿童当成"活"的人,体现"活"的精神;倡导儿童做现在的主人。陈鹤琴先生曾提出:"小孩子是好游戏的、好奇的、好群的、好模仿的,喜欢野外生活的、喜欢成功的、喜欢别人赞许的。"随着社会的发展、文明的进步,儿童的地位和价值逐渐被大家认可,尊重儿童、相信儿童、顺应儿童的发展也成了社会主流价值取向的儿童观。

虞永平说:"科学的儿童观对于幼儿教育工作的科学化尤其重要。"幼儿园课程中的儿童观顾名思义就是在幼儿园课程建设中人们对儿童的看法和态度,它决定了幼儿园课程建设的方向,影响教师课程建设的行为,对幼儿园课程建设有着至关重要的影响。只有确立儿童立场,才能让幼儿园课程走近儿童,才能有效发挥课程的教育价值。

(一)儿童观的内涵

随着学前教育的发展和课程改革的不断推进,学前教育政策中的儿童观发生了巨大变化。首先是对儿童的发现,逐渐把儿童看作有独立价值的存在者,认为儿童与成人一样平等地享有人的地位、价值和尊严,童年不再只是成年生活的准备,而有其独特的价值和意义;其次以儿童为本位,逐渐确立儿童在学前教育中的主体地位,强调儿童的个性发展，尊重儿童身心发展规律，把让儿童健康快乐成长作为学前教育的使命；最后是贯彻"儿童优先"原则，逐渐优先考虑儿童的利益和需求，不仅保障儿童平等接受学前教育的权利，还关注学前教育过程中儿童健康权、游戏权、免受虐待权的落实，处处彰显对儿童的关注与尊重。

（二）幼儿园课程建设中的儿童观

1. 以平等的态度看待儿童

我们虽然每天和儿童"朝夕相处"，但是并不一定真正"认识"儿童。儿童就是儿童，他不是成人的附属品，也不是依附成人的意志而活的。课程的开发和实施应充分尊重儿童的意愿。儿童是独立的个体，有其自身的发展规律，他享有生存权、发展权、受教育权等，在课程建设中，他也具备参与课程建设与实施的能力，而不只是教师手中的木偶。他是有独立价值的存在者，具有探索欲和创造力。教育者在课程建设中应看见儿童的能力和价值，也应看见儿童的不足和需求，看见儿童在这个年龄段特有的顽皮和稚拙，也应看见他的天真与单纯。我们应放下"成人的标杆"和"常规的套路"，走进儿童的世界，从儿童的视角看待儿童，以儿童的立场对待儿童。

2. 以专业的视角看懂儿童

我们坚持儿童立场的根本目的是更好地促进儿童发展。要促进儿童发展，就要真正了解儿童的年龄特点和发展需求，要能够解读儿童行为背后的含义，避免被儿童行为的表象所蒙蔽，避免误读儿童的行为而采取不当的教育措施。教育者切忌轻易给儿童贴上"标签"，要尊重儿童的客观存在，用专业的眼光去观察儿童的一言一行；用专业的方法去刨根问底，挖掘表象背后的真实原因。儿童是尚未发育成熟的个体，经验有限、能力不足，需要得到成人的呵护与引导。儿童在一定情境下的愿望和需求既不一定是他们的真实意愿，也不一定是真正有益于他们发展的需要。教育者既要运用专业学识去深入剖析儿童的行为以及理解和追随儿童的意愿，也要用科学的预判去合理倾听儿童的心声，引领儿童的发展，并以此为基础来构建真正属于儿童的课程。

3. 以发展的眼光相信儿童

儿童是主动学习的个体，具有主动学习的能力。教育者在课程建设中应充分相信儿童，相信儿童的学习能力和创造能力，为儿童创造自由、自主的探索空间。儿童的成长需要我们保护，更需要我们给予支持和鼓励。儿童具有天生的适应能力、修复能力和选择能力，他能够在直接感知、亲身体验和实际操作中进行探索学习，获得发展。我们应学会放手,创设适宜的环境和条件激发儿童学习的主动性和积极性,让儿童富有个性地发展。

(三) 赋予幼儿园课程"儿童化"

幼儿园课程建设要坚持"以儿童为本"的理念,儿童是课程的出发点,只有遵循儿童的发展规律,满足儿童的发展需要,课程才有可能是科学、合理和有效的。幼儿园课程要以适宜的内容和方式引发儿童主动、充分地活动,让儿童有时间成为儿童,有时间成为真正的主动学习者。研究课程的起点是研究儿童,教师应努力使课程满足儿童需要,灵活多样、生动有趣、行之有效。幼儿园课程建设要聚焦儿童,聚焦儿童的生活。3—6 岁儿童主要是通过直接经验学习的,他们学习的内容不是以文字和符号呈现为主。儿童需要与周围的环境相互作用,因此,为儿童创设丰富多彩的环境,提供多样化的材料,让他们参与适宜的活动,不断探索和实践,是课程建设的重要内容。其重点工作就是在观察和分析儿童行为的基础上,不断完善课程内容和实施路径,增强课程的适宜性和有效性。在幼儿园课程建设的过程中,我们要善于发现儿童的优点,善于聆听儿童的声音,善于寻觅儿童的足迹,善于捕捉儿童的成长,在儿童的兴趣和需要中开发幼儿园课程,努力从儿童视角开展他们喜欢的、真实的、富有生活性的课程内容。儿童在哪里,课程就在哪里。

从当下幼儿园课程建设来看,创造高质量的幼儿园课程,以儿童为本,促进儿童身心全面和谐发展成为 20 世纪以来世界各国幼儿园课程变革的共同目标。可以说,从 1996 年颁布的《幼儿园工作规程》(简称《规程》)、2001 年颁布的《纲要》以及 2012 年颁布的《指南》中都可以明确看出这一价值取向。《纲要》《指南》的字里行间都鲜明地高扬"尊重儿童""促进儿童全面和谐发展"的旗帜,使"促进每个儿童富有个性地发展"成为幼儿园课程基本的价值取向。

三、幼儿园课程中的教师观

随着社会的发展,我国基础教育的观念与实践也与时俱进地发生着重大的变化,幼儿教育向着更加人本化、专业化、规范化的方向发展。《幼儿园教师专业标准》中提出的"幼儿为本""师德为先""能力为重""终身学习"基本理念,反映出新形势下教师专业发展的丰富内涵。当今社会,教师观日益多元化,幼儿园教师作为幼儿的重要培养者和教育者,需要树立正确的理念。《规程》中指出,"幼儿园教职工应当贯彻国家教育方针,具有良好品德,热爱教育事业,尊重和爱护幼儿,具有专业知识和技能以及相应的文化和专业素养，为人师表，忠于职责，身心健康"，并在第四十一条中详细地列出了六条教师职责的主要内容，对教师的责任进行了明确的规定。

《纲要》和《指南》的颁布强调了幼儿园的教育工作需要遵循幼儿发展的规律，促进幼儿的健康全面发展，改变了原来的"教师中心"观念，为教师在教育工作中提供了科学的指引，给教师落实科学的教育观念提供了明确的方向。由于《纲要》和《指南》具有一定的灵活性，并不是一种严格的课程标准，这给课程实施带来很大的自主性和挑战性，需要教师具备相应的能力，积极参与到课程建设中，不断发展自身的专业能力。

（一）幼儿园课程建设中教师的专业能力

教师是幼儿园课程建设的主力军，教师课程建设能力的发展水平影响幼儿园课程质量，继而影响幼儿园教育质量。教师的课程建设能力，是教师在参与幼儿园课程建设的过程中，以幼儿园为基础，结合本园幼儿的现实需要、发展需求、成长环境，整合幼儿园、社区各种资源的一种设计课程的能动力量。它包括观察分析能力、课程设计能力、活动组织能力、资源利用能力、环境创设能力和课程评价能力。

1. 观察分析能力

教师的观察分析能力包括两个关键点：一是观察能力，"如何观察，怎样观察"是教师亟待解决的问题，需要教师树立观察的意识，提高观察的敏感度，掌握观察的方法，科学地进行观察；二是分析能力，想要对幼儿的行为进行理解分析、进行回应，发现教育的契机，教师需要对幼儿年龄特征和不同发展水平的理论和实践知识进行科学的判读、分析整合，提供促进幼儿学习与发展的策略。观察分析能力是需要经过专业训练的。儿童的一日生活中有很多类型的活动，儿童有多样化的行为表现，如何在丰富复杂的一日生活中观察不同幼儿的表现，并用适当的方式记录和分析，抓住核心和重点，以此判断幼儿的兴趣和需要、情感和能力，这是幼儿园教师需要长期磨炼的基本专业能力。

2. 课程设计能力

考虑到不同幼儿园的现实情境各不相同，国家和地方的课程设计很难做到强有力的针对性和适应性，于是出现了园本课程和班本课程。这就要求幼儿园教师要根据儿童的发展需要、幼儿园的实际情况、课程资源的开发情况对幼儿园或班级层面的课程进行设计。在课程设计的过程中，教师应考虑实际性、全面性和科学性等原则。幼儿园教师至少要对特定年龄班一学年的课程有一个整体的安排，全面关注《指南》

中对于幼儿健康、社会、语言、科学和艺术领域的发展要求,选择适宜的课程组织形式,如领域、主题等,有针对性地安排教育内容,设计和选择适宜的教育活动。这是幼儿园教师重要的专业能力,也是幼儿园教师面临的重大的专业挑战。

3. 活动组织能力

教师的活动组织能力是班级课程实施的重要保障,是教师通过对学习活动、生活活动、游戏活动和环境创设的组织与实施,让幼儿在活动中获得有益的学习经验的能力。其中,组织活动包括正式和非正式、预设与生成等形式。教师在组织活动时应该注重形式的多元化,不仅仅关注集体活动,也要关注小组或个别活动,将教育意义融入一日生活,促进幼儿认知、能力、情感、态度等方面能力的发展。这里需要强调的是,学龄前的幼儿以直觉形象思维为主,教师在组织活动时应避免过多的说教,创设条件和机会让幼儿在真实的场所和环境中直接感知、亲身体验和实际操作,以此获得经验的提升和能力的发展。

4. 资源利用能力

大自然和大社会都是活教材,生活中处处都存在着可以利用的资源。其中课程建设中的可利用资源包括幼儿园园内园外各种资源。但是并非所有的资源都能够成为课程资源,换句话说,教师并不能将各种资源有效利用到课程中去。组织有效的活动,将资源转化成儿童的有益经验,需要教师具备资源开发和利用的能力。虞永平说过,"当你选择了什么样的活动材料,就决定了孩子将要进行什么样的学习,这在一定意义上就决定了孩子会得到什么样的发展"。因此,教师首先应该学会"合理利用各种资源,为孩子们挑选适宜的活动材料,激发孩子主动学习的愿望,进一步促进孩子的发展"。

5. 环境创设能力

《纲要》中指出:"环境是重要的教育资源,应通过环境的创设和利用,有效地促进幼儿的发展。"教师是幼儿园课程建设的主力军,环境创设也成了教师的重要任务与职责所在。教师在环境创设时需要贯彻一个要点:幼儿园环境的"儿童化",必须坚持"儿童立场"。因此,教师在环境创设中应该坚持以幼儿为本,注重实用性与适宜性,切实利用好室内外基础环境的教育意义,并在此基础上根据幼儿的发展,给幼儿创设富有挑战性的学习和生活环境。

6. 课程评价能力

评价是了解幼儿发展状况的重要途径,也是选择适宜课程内容和活动的必由之路。因此，评价对于课程的建设和发展至关重要。"教师既是幼儿园课程的实施者，同样也是课程评价的主体，其中评价的目的就是发现活动过程中存在的问题，及时改进课程，提高教育质量。"课程评价能力是教师必须具备的能力，是教师通过审视教育过程，进一步调整和改进工作所具备的专业能力，从而实现教师与幼儿共同成长的具体表现。幼儿的学习与发展是一个动态的过程，并非一成不变，因此教师评价方式需要多元化，以形成性评价为主、结果性评价为辅，以促进幼儿的发展为目标进行综合性评价。

（二）幼儿园课程建设中教师持续发展的路径

1. 做"心中有儿童"的教师

以儿童发展为课程的出发点和归宿，尊重儿童的身心发展规律和学习特点，尊重儿童作为学习主体的权利，保障儿童的生存权、发展权、游戏权等基本权益，切实关注儿童的需要和兴趣，倾听儿童的心声，真正蹲下身、贴近心，真正与儿童在一起，深入观察和分析，为儿童提供适宜的活动环境，鼓励和引导儿童从事多样化的活动，促进儿童完整人格的发展。

2. 做"眼中有课程"的教师

幼儿园教育目标是否落实，取决于每一位教师的教育行为。教师做得怎么样，直接决定儿童的发展，直接决定幼儿园的教育质量。教师教什么、如何教，将会影响儿童的发展，因此，教师在课程建设过程中是特别重要的。每一位教师都是课程的建设者，都可以对其班级的课程进行调整、改造、创新，让课程更加适合自己班里的孩子。教师要树立课程建设的意识，重视课程建设的价值，不断提升自身的课程建设能力，善于将课程资源转化为幼儿的活动和经验，努力为幼儿建构适宜的、科学的、班本化或园本化的课程。

3. 做"终身学习"的教师

《幼儿园教师专业标准》中"终身学习"的理念指出，教师应持续"学习先进学前教育理论，了解国内外学前教育改革与发展的经验和做法；优化知识结构，提高文化素养；具有终身学习与持续发展的意识和能力，做终身学习的典范"。终身学习型教师，要坚持思考和学习，要不断转变教育观念，更新储备知识，探索教学方法，通过加强学习和培训，努力提高自己的综合素养，全心全意地为儿童发展服务。

在幼儿园课程建设实践和研究的过程中，教师起着关键性的作用，教师的专业素养是幼儿园课程建设的重要保障。与此同时，课程建设也是提升教师专业素养的重要抓手,两者相互关联,互长共进。

四、幼儿园课程中的资源观

2001年,随着《基础教育课程改革纲要(试行)》的颁布,"课程资源"一词出现在大家的视野中,随之被大家关注,"积极开发并合理利用校内外各种课程资源"成为课程改革的一项重要内容。同年,教育部颁行《幼儿园教育指导纲要(试行)》,文件中指出"幼儿园应与家庭、社区密切合作,与小学相互衔接,综合利用各种教育资源,共同为幼儿的发展创造良好的条件",重点强调幼儿园开发利用本地资源的必要性。2014年,江苏省教育厅、财政厅发布了《关于开展幼儿园课程游戏化建设的通知》文件,其中把建设课程游戏化资源作为课程游戏化的主要内容之一,明确提出开发以游戏为基本活动、以幼儿为主体、适合本园特点、有效促进幼儿学习与发展的课程。随后,2018年中共中央、国务院印发了《关于学前教育深化改革规范发展的若干意见》,从玩教具和图书等基本资源的配备,以及当地自然和文化资源的充分利用两个方面强调了幼儿园课程资源开发与利用在改善办园条件、提高幼儿园保教质量中的重要作用。可见,幼儿园课程资源是幼儿开展各种活动的基本保证,课程资源的挖掘与利用是增强幼儿园课程适宜性、提高幼儿园课程质量的重要途径。

(一)幼儿园课程资源的定义

"课程资源"如何定义?"课程资源是指课程设计、实施和评价等过程中可利用的一切人力、物力、社会文化以及自然因素的总和。"因此,与儿童真实生活相关联的资源都可成为课程资源。这样的课程资源,是从儿童的需要出发的。从这个意义上讲,人、物质、社会、文化、自然等生活中的一切,大到社会问题,小到一片叶子、一朵花,抽象的知识、经验等能够支持儿童学习与发展的都可以被视为课程资源,变成活动,进入课程,最终转化为儿童的经验。

(二)幼儿园课程资源的特点

学者李炙檬认为,幼儿园课程资源具有生活性、活动化、整体性和地域化的特点。宋丽娜认为,幼儿园课程资源具有客观存在性、有待加工性和目标指向性。杨文认为,农村幼儿园课程资源具有区域性、自然性和多样性。此外,还有研究者认为,幼儿园课程资源具有丰富性、趣味性和情境性等特征。课程资源是课程的来源,也是课程的支架,关注课程资源,本质上是对课程回归幼儿生活的呼唤,从幼儿生活中捕捉资源,才是更为智慧、更符合课程资源挖掘与利用初衷的思路。

(三) 幼儿园课程资源的分类

课程资源按照功能特点,可划分为素材性资源和条件性资源;按照空间分布可分为园内课程资源和园外课程资源。部分研究者基于课程资源的类别对幼儿园课程资源作出划分,例如将课程资源划分为自然资源、文化资源和社会资源,然后在这个维度上进行细化。由于划分标准不同,课程资源还可以划分出许多不同的类型。很多幼儿园也会根据课程资源挖掘和利用的情况进行其他具体的划分。

(四) 幼儿园课程资源的解读

1. 课程资源的产生

课程资源的来源到底是自上而下的顶层设计,还是自下而上儿童与教师共同创造的结果?一种资源被选中成为课程资源,这意味着教师首先要回到儿童视角,更多地了解儿童,与儿童一起去发现,去探究,去完成资源的创造。同时,课程资源的筛选要经过审议判定,教师需要做到三个"对接":首先要对接儿童,儿童的活动决定了这个资源是否能激发他们的兴趣;其次要对接《指南》,儿童的年龄特点和发展需要决定了这个资源是否适宜;最后要对接发展,儿童的经验发展验证了这个资源的价值。适宜的课程资源一定是接地气的资源,接的是儿童的气、教师的气、幼儿园的气……因此,课程资源必须自下而上地产生,这样才能支撑有蓬勃生命力的课程。

2. 课程资源的作用

虞永平说:"幼儿是在与丰富的环境和材料相互作用的过程中得到发展的,因此,课程资源在一定程度上决定了幼儿获得的状态,也决定了幼儿发展的可能。"课程资源的挖掘和利用有力地支撑了幼儿园各类活动的开展。幼儿园课程设计的根本任务就是充分考虑课程资源,根据幼儿的发展水平,组织和利用适宜的资源,给幼儿提供充分活动的机会和条件,让幼儿获得多样化的有益经验,实现全面发展。从这个意义上说,课程资源是幼儿活动内容的来源,是幼儿经验发展的物质基础。

3. 课程资源的使用路径

资源只有真正进入课程实践,进入师幼活动过程,与幼儿发生互动,才能最终实现课程资源的价值。资源和环境是活动的基础。创设环境、丰富资源是课程建设的基础环节。如何将资源引入幼儿园的课程,进行有效的开发与利用,需要我们不断地探索和实践。根据儿童的身心发展规律和学习特点选择适合的资源,是确保课程适宜性的关键所在。挖掘与利用课程资源绝不是将相关资源简单地安置在教育环境中,而是要让资源超越对日常生活的复制,通过教师有目的、有计划的教育活动成为能够促进幼儿经验延续、拓展、深化、提升、改造或重组的条件,让幼儿对资源进行探索、游戏、操作、摆弄、讨论……教师挖掘和利用课程资源的过程要基于幼儿的生活实际,关注幼儿的兴趣和需要,要通过多样化的活动缩短资源内容与幼儿认知之间的距离,让资源转化成幼儿的有益经验。

4. 课程资源建构的意义

课程资源要为儿童的生活构建出一个有意义的"附近"。从物质上来说,课程资源就在附近,来源于儿童的生活;从精神上来说,课程资源应呈现出一种紧密联结的"关系",比如人与自然的关系、人与人的关系、人与社会的关系等等。"附近"是儿童重要的意义世界。这个意义不是虚无缥缈的,意义感的建构就是从人与人之间的关系而来的。所以,我们倡导教师在课程资源建设的过程中要关注生活、关注附近;对话共生、重构经验;深度互动、深层联结。

(五)幼儿园课程资源挖掘和利用的价值

在课程资源挖掘和利用的研究过程中,我们越发地感受到,课程资源的有效建设对于课程质量提升、教师专业发展和幼儿经验生长的重要性。我们在研究过程中不断地更新幼儿园管理者、一线教师的儿童观和课程观,激发其对课程资源建设的价值探索逐步走向儿童立场与促进幼儿经验发展的终极追求。因此,幼儿园课程资源的挖掘和利用要和园所的课程建设、幼儿的经验生长建立起循环发展的闭环,拓宽资源建设的范围,真正关注幼儿,了解幼儿需要,精准挖掘和利用各类资源,推动课程园本化建设,支持幼儿全面发展。

1. 促进课程质量提升

幼儿园课程具有不同于中小学课程的特质,幼儿园课程的设计和实施不是书面规划、照本宣科的过程,它需要从儿童、教师和幼儿园的现实出发,深入系统地建构和落实。而课程资源的挖掘就是从幼儿身边的现实出发的,幼儿周围的一切客观存在都是潜在资源。当资源和幼儿的游戏、生活、学习产生关系,促进幼儿获得新经验的时候,它就变成了幼儿园课程资源。一个园所的生命力在于这所幼儿园的课程和课程背后的人,而课程的孕育、生长、特质就取决于这所幼儿园所处地域拥有的资源,课程资源的丰富、适宜、有效程度决定幼儿课程的实施质量。课程资源的挖掘和利用从本质意义上实现了幼儿园课程的生活化、在地性、生发性、具体性和感性等特质。

2. 促进教师专业发展

课程建设既依托于教师的专业能力,又为教师的专业发展提供了基本的场域和机会。课程资源的挖掘和利用是课程建设的过程,也是幼儿园教师专业实践的过程。它在创造课程的同时也在不断激发教师的专业意识、训练教师的专业思维、发展教师的专业能力和提增长教师的实践智慧。它是课程建设的重要抓手,也是教师专业发展的重要路径。因此,幼儿园在进行课程资源建设过程中应不断强化教师的主体地位,通过增强课程建设的目的性、专业性和科学性来拓展教师的知识、优化教师的专业能力体系,让他们能够在深切了解幼儿发展特点和学习需要的基础上,不断加强自身的专业发展能力,提升自身的专业发展水平。

3. 促进儿童经验生长

3—6 岁的儿童处于感知运动和形象思维的发展阶段,他们通过多种感官参与多样化的活动来获得多方面的经验。儿童的学习就是通过与环境和材料的相互作用,获得有益的经验。幼儿园的课程就是有目的、有计划地引导儿童获得有益经验的多样化的活动。要想让课程资源与儿童发生关系,活动是最好的路径,多样化的、开放的课程资源能引发丰富多彩的活动,给儿童带来更多挑战和创造的机会。课程建设的主要内容之一就是建立丰富多样的课程资源储备,以资源支持活动,以活动积累经验。因此,课程资源的挖掘与利用能够帮助儿童丰富现有的经验,从而获得学习和发展。

对于地处郊区的溧水来说,大部分幼儿园都是农村幼儿园,有其独特的地理位置、风俗民情、自然风光等各类资源,这些资源蕴藏着较大的教育价值,被合理开发后就可以转变为特色课程资源。《纲要》明确指出,"城乡各类幼儿园都应从实际出发,因地制宜地实施素质教育"。农村幼儿园大可借助在地资源的优势,使幼儿与课程更具生命力和生长力。区域整体推进课程资源的挖掘和利用成为牵引幼儿园课程改革的一把利剑!

五、幼儿园课程中的活动观

《纲要》在"组织与实施"部分提出:幼儿园的教育活动,是教师以多种形式有目的、有计划地引导幼儿生动、活泼、主动活动的教育过程。《纲要》还对幼儿园教育活动的目标、内容和组织形式提出了全面具体的要求。在幼儿园中,幼儿园课程实施的路径主要包括集体活动、日常活动、游戏活动、环境创设、家园合作五种。幼儿园课程由各种类型的教育活动组成，广义的幼儿园教育活动包括在幼儿园内所发生的一切活动，比如教学活动、游戏活动、生活活动等，但对幼儿而言，这些活动之间的界限是很不清晰的，经常是"你中有我，我中有你"。

（一）幼儿园教育活动的基本类型

幼儿园教育活动的主体是幼儿，但活动的对象多种多样，构成因素也各不相同，这也就形成了不同类型的教育活动。一般可以将幼儿园教育活动分为以下几种类型：按幼儿园教育活动的内容领域，可以分为语言领域教育活动、健康领域教育活动、科学领域教育活动、社会领域教育活动和艺术领域教育活动五类；按幼儿园教育活动的主体不同，可以分为幼儿自发生成的教育活动和由教师预先设置的教育活动两类；按幼儿园教育活动的组织形式，可以分为集体活动、小组活动和个别活动；按幼儿园教育活动的特征，可以分为教学活动、游戏活动和生活活动三类。

幼儿园教育活动具有三个特征：一是计划性、目的性；二是幼儿的主体性、教师的主导性；三是形式的丰富性、多样性。因此，在幼儿园的一日活动中凡是符合以上三个基本特征的活动都可以理解为幼儿园教育活动。

（二）幼儿园教育活动的基本原则

1. 坚持正确的儿童立场

《指南》指出：幼儿的学习是以直接经验为基础，在游戏和日常生活中进行的。要珍视游戏和生活的独特价值，创设丰富的教育环境，合理安排一日生活，最大限度地支持和满足幼儿通过直接感知、实际操作和亲身体验获取经验的需要，严禁"拔苗助长"式的超前教育和强化训练。幼儿园教育活动的组织与开展形式多样、内容多元，但是必须坚持正确的儿童立场，满足儿童的兴趣和需要，适合儿童的年龄特点，能够促进儿童的学习和发展。

2. 坚持以游戏为基本活动

游戏是幼儿最喜欢的活动。游戏不但可以让幼儿从中获得快乐，而且能够满足幼儿的愿望和需要，是促进幼儿成长发展的最佳活动方式。《规程》中指出：以游戏为基本活动，寓教育于各项活动之中。中共中央、国务院印发的《关于学前教育深化改革规范发展的若干意见》中指出：坚持以游戏为基本活动，珍视幼儿游戏活动的独特价值，保护幼儿的好奇心和学习兴趣，尊重个体差异，鼓励支持幼儿通过亲近自然、直接感知、实际操作、亲身体验等方式学习探索，促进幼儿快乐健康成长。由此可见游戏对于幼儿学习的价值，以游戏为基本活动符合幼儿的年龄特点和发展水平。对于幼儿来说，游戏是他们存在的方式，游戏就是他们生活的内容，自由、自主、愉悦、创造应该伴随他们生命成长的过程。坚持以游戏为基本活动也是幼儿园课程游戏化的基本理念。

3. 坚持科学的活动形式

幼儿园的教育成效关键在于多样化的活动。与中小学课程不同，幼儿园的活动组织形式是多样的，课程的内容、儿童的年龄特点和学习方式、教师的教育水平都在不同程度上影响着教育活动的形式。教师要在充分理解和把握课程内容的基础上，根据儿童的兴趣和关注点科学地选择与利用多样化的活动形式，支持儿童的深度学习和经验提升，实现教育的价值。因此，在幼儿园课程建设中，教师不但要明确什么样的教育内容适合儿童，也要判断什么样的活动形式符合儿童的年龄特点和学习方式，用活动来为教育加持。

（三）课程资源建设的基本活动

我们应从幼儿的经验出发，寻找资源与课程的链接点，挖掘资源的教育价值，进而生成适合幼儿发展的系列活动。丰富多样的活动可以促进课程走向生动，走向有趣，同时也可以让幼儿的学习与发展"可见""可思"。

1. 利用课程资源丰富主题活动

对于以往的主题活动，教师更多地依赖教材中提供的教学资源或是根据活动准备提供对应的材料，这样的活动对幼儿的发展很有局限性。当课程资源被引入主题活动后，教师打破教材界线，借助资源地图、课程资源库，将园内外的资源有效融入主题活动，每一个主题都会生成动态"课程资源包"，既拓宽了思路，也为后面的主题开展提供借鉴，丰盈课程内涵的同时，促使幼儿主动学习、积极投入。例如，在"春天"这个主题中，有一项活动是"寻找春天"。孩子们经常会说："幼儿园里的柳树发芽了，很漂亮。""池塘里出现了一群小蝌蚪。"……通过搜索资源地图、与孩子们交流，教师发现幼儿园周围的公园或小区里春意盎然，于是带着孩子们走出幼儿园，开展"寻找春天"活动。根据年龄特点，小班孩子在小区里寻找春天，他们有的忙着找蝌蚪，有的在学着辨别樱花、杏花和桃花；中班孩子走进离幼儿园稍远的公园里，自由绘画、放风筝……小区资源、公园资源的加入，让主题活动更丰富和生动，幼儿的操作也更加直观和形象。

2. 通过项目活动实现资源的和谐共生

项目活动要求能对课程资源最大限度地挖掘与利用。随着课程建设的逐步深入，教师的课程意识逐渐增强，追随幼儿兴趣的项目活动日益增多，这些活动有些源于幼儿的偶然发现，有些从一次探索活动中生成……在项目活动中，幼儿是资源的搜集者、课程的开发者，课程资源库中的资源都有可能助推课程的深度发展。

例如，孩子们对"国际马拉松比赛"产生了浓厚的兴趣，于是我们围绕"马拉松"这个话题，开展了项目活动"迷你马拉松"。孩子们从资源库中找工具规划场地，用彩纸做号码牌，搬梯子设置路障，和家长一起查资料了解马拉松相关知识，邀请家长做裁判，组织实施"马拉松"赛事……源于兴趣的项目活动满足了幼儿自主探究、深度学习的发展需要，有力推动了幼儿经验的螺旋式增长。

3. 利用课程资源优化教学活动

开展个性化的单个活动也是一种有效的课程资源开发途径。教师为了满足幼儿的发展需求，利用资源的某一方面价值开展持续性、系统性的探索、游戏和学习活动。单个活动是项目活动和主题活动的基本组成，它为收集课程资源指明了方向，为梳理课程资源贡献了思路，为整合课程资源提供了平台。例如，受新冠肺炎疫情的影响，园所的种植活动无法正常进行，本该忙碌的幼儿园种植区也变得冷冷清清。于是孩子们通过云上播种的方式继续开展播种节的活动，农科院专家在云平台给孩子讲授有关植物的知识，种菜奶奶传授种菜经验。孩子和家长们在家播种，制作植物观察记录表，运用网络平台资源和同伴、教师分享植物的生长。孩子开学时将植物带到幼儿园种植区，全园孩子一起见证植物的生长。

资源通过"互动与对话"进入课程，成为课程资源。开发并利用适宜的课程资源，能够有效地促成幼儿园课程建设系统、生动、优质地发展，促进教育质量提升。可以说，课程资源的开发和利用是幼儿园进行课程建设的重要抓手和有效路径。从课程资源的深入挖掘到有效利用，课程正在日益贴近幼儿的心灵，从"课程资源"到"幼儿经验"这条研究之路，正在不断纵深发展。

第二章　课程资源的相关政策

　　幼儿园课程改革的根本目的是完善幼儿园课程,解决幼儿园课程中最核心的问题,使其真正适合本园幼儿发展的需要,适合本园发展的实际,适合本园的资源和条件,从而有效地促进幼儿的发展,促进教师的专业成长。2001 年,教育部颁布《纲要》,指出"教师要根据本《纲要》,从本地、本园的条件出发,结合本班幼儿的实际情况,制订切实可行的工作计划并灵活地执行",这为课程建设创造了充足的发展空间。各地幼儿园利用其独特的自然资源、社会资源、文化资源开展园本课程建设,以更好地解决幼儿园课程的适宜性和有效性问题,课程建设顺应了以儿童发展为本的价值取向,是提高幼儿园课程质量的必然要求。21 世纪以来,国家和地方都非常重视课程建设,重视课程资源开发与利用的价值,颁布了一系列政策文件,为幼儿园推进课程改革保驾护航。

一、国家的相关政策

　　我国已经进入高质量发展阶段,要建设高质量的教育体系。学前教育的高质量发展必须坚持以《规程》《纲要》和《指南》为指导,聚焦现实问题,坚持科学的教育观、儿童观和课程观,深化幼儿园课程改革。课程资源是课程开发、实施的手段和依托。《纲要》强调,幼儿园应"综合利用各种教育资源,共同为幼儿的发展创造良好的条件……充分利用社会资源,引导幼儿实际感受祖国文化的丰富与优秀"。《纲要》中并未以清单的方式明确列出教师应传授给幼儿的知识技能,而是方向性地指出教师应做什么以及怎么做才能实现教育目标,至于具体教什么和学什么则要求教师根据本地、本园、本班的实际情况自主决定。例如,在科学领域,《纲要》指出教师应"引导幼儿对身边常见事物和现象的特点、变化规律产生兴趣和探究的欲望""引导幼儿对周围环境中的数、量、形、时间和空间等现象产生兴趣""从生活或媒体中幼儿熟悉的科技成果入手";在艺术领域,《纲要》也指出教师应"引导幼儿接触周围环境和生活中美好的人、事、物";等等。可见,《纲要》强调了课程对资源的依赖。与幼儿共同生活的人,发生在幼儿身边的事,以及幼儿日常生活所接触的物,都是课程资源,是幼儿园课程内容的重要来源和课程实施的基本条件。作为纲领性文件,《纲要》并没有具体解释为何要开发课程资源,许多教师对此并不理解,于是出现了以资源为中心、为开发而开发的现象。《规程》中指出:幼儿园应当将环境作为重要的教育资源,合理利用室内外环境,创设开放的、多样的区域活动空间,提供适合幼儿年龄特点的丰富的玩具、操作材料和幼儿读物,支持幼儿自主选择和主动学习,激发幼儿学习的兴趣与探究的愿望。幼儿园应当充分利用家庭和社区的有利条件,丰富和拓展幼儿园的教育资源。《指南》也特别强调,促进幼儿学习与发展最重要的是为幼儿创造机会和条件,鼓励、支持和引导幼儿去主动探究和学习。课程资源是幼儿学习与生活环境中一切有利于实现课程目标的各种元素,分散在幼儿园内外的各个角落。挖掘和利用课程资源,构建适宜幼儿发展的课程并落实,是实现幼儿园培养目标的重要途径,也是贯彻落实《指南》的重要途径。中共中央、国务院印发的《关于学前教育深化改革规范发展的若干意见》中指出"各地要加强对玩教具和图书配备的指导,支持引导幼儿园充分利用当地自然和文化资源,合理布局空间、设施,为幼儿提供有利于激发学习探索、安全、丰富、适宜的游戏材料和玩教具",进一步从规范性和自主性两方面强调了幼儿园课程资源的重要性。国家层面颁布的一系列文件都强调了课程资源的价值,提出要充分开发和利用课程资源,推进课程改革。

二、省市的相关政策

江苏省教育厅、财政厅发布的《关于开展幼儿园课程游戏化建设的通知》中明确指出:"幼儿的学习主要是依靠与周围客观事物的相互作用来实现的。基本的玩具和多样化材料以及具有生命气息的环境是最重要的课程资源。要从幼儿园课程目标出发,结合课程内容,挖掘和利用丰富多彩的课程资源。幼儿周围生活中幼儿感兴趣的现象、事物、材料、文化、民俗等都是课程资源。"江苏省教育厅出台的《关于加强学前教育教研工作的意见》中把审议和改造课程方案作为学前教育教研工作的主要内容之一,它要求课程内容紧密联系生活实际,从儿童需要和兴趣出发,在关注不同发展领域的关键经验基础上,有针对性地确定课程内容。这从课程的角度强调了作为课程内容来源的本土资源的挖掘和利用。江苏省委、省政府出台的《关于学前教育深化改革规范发展的意见》也强调了全面落实课程游戏化,加强课程建设的要求。《南京市幼儿园创优工程实施办法》对幼儿园提质增优提出了明确的要求,进一步提高学前教育的质量,满足群众对优质学前教育的需求。我们溧水区也在省市文件精神的要求和指引下,探索出"以资源建设牵引课程改革"促进学前教育优质发展的抓手和方向。

三、本区的相关政策

近年来，我区学前教育积极回应国家提高保教质量的政策要求，顺应省幼儿园课程游戏化趋势，聚焦保教过程中存在的问题，以"儿童发展"为根本出发点，以"课程资源开发利用"为抓手，以"整体规划、分步实施、行政推动、专业引领"为行动路径，构建"政府带动、教育推动、部门联动、园所能动"的课程运行体系，努力转变教师的儿童观、教育观和质量观，促进幼儿园课程走向适宜、有效，推动区域学前教育质量整体提升。一是区委政府高度重视，出台《争先进位 创新实干 加快溧水教育强区建设的实施意见》《溧水区推进基础教育高质量发展奋进计划（2021—2023 年）》《溧水区"十四五"教育事业发展规划的通知》等系列文件，在内涵发展、人员编制、经费投入和质量监控上设计了具体的支持政策。二是教育行政全力护航，下发《关于开展幼儿园课程游戏化建设的通知》《关于开展溧水区幼儿园课程资源开发利用的通知》《关于建立课程研究共同体的通知》等专门性文件，确立了区教育局分管领导牵头负责、学管中心行政负责整体推进的全程监管，教研部门负责改革项目的具体实施，幼儿园协同建设的运行体系，并从经费使用、人员配备、培训、教研管理、课程建设等方面制定相应办法，为幼儿园课程资源开发和利用提供长效制度保障。三是教研力量全面支持，制订《协同开发和利用本地课程资源，有效提升区域课程游戏化建设成效》三年行动方案，从顶层设计全区课程建设实施路径、方法策略，通过专家引领、名园示范、典型培育、重点打造等方式，做好园本课程的全面规划和全程指导，各幼儿园结合自身实际，积极建构既有区域之"神"又有幼儿园之"形"的在地化特色课程。四是幼儿园协同共建，明确幼儿园课程建设主体地位，充分发挥教师、幼儿、家庭、社会等各方在课程资源建设中的作用，形成全员共同参与、协同推进的良好局面；同时，搭建多元共享机制与平台，有一线教师的课程故事讲评，有业务园长的教研叙事分享，有园长的课程管理论坛等，让幼儿园在共建共享中不断提升整体质量水平。

第二部分

挖掘与整理

第三章 课程资源的挖掘

一、动员与培训

幼儿是在与周围环境相互作用的过程中学习的,幼儿的发展规律和学习特点决定了幼儿园课程是生活化、游戏化、园本化的。幼儿园课程建设的最终目标是促进幼儿的全面发展。本土课程资源的挖掘与利用旨在增强幼儿园课程的适宜性,在调动幼儿已有经验、激发幼儿探究兴趣的基础上,在充分利用课程资源的过程中实现幼儿的全面发展。为此,我们号召全区各幼儿园以课程游戏化理念为导向,聚焦课程资源的挖掘与利用,以园本教研和片区教研为基本途径,多主体协同开发本土课程资源,构建完整、适宜的幼儿园课程资源体系;充分利用园所周边丰富的课程资源开展形式多样的活动,促进幼儿经验生长;通过开展基于问题诊断的系统性教研,形成幼儿园课程资源利用的策略,增强教师的课程资源意识,提高教师挖掘与利用课程资源的能力;开发建设共享机制和平台,实现全区本土特色课程资源共享,提升幼儿园课程建设水平,不断提高区域幼儿园教育质量。

(一)动员

1. 正确认识幼儿园课程资源挖掘与利用的意义

2001 年,教育部颁行《基础教育课程改革纲要(试行)》,"课程资源"一词逐渐走进幼教工作者的视野,同年,教育部印发《幼儿园教育指导纲要(试行)》,明确指出"幼儿园应与家庭、社区密切合作,与小学相互衔接,综合利用各种教育资源,共同为幼儿的发展创造良好条件",重点强调了幼儿园开发利用本土课程资源的必要性。2014 年,我省全面启动"幼儿园课程游戏化"项目,也将建设课程游戏化资源作为幼儿园课程改革的重要内容。张斌在《幼儿园课程资源的调查与挖掘》一文中说:"课程资源是幼儿园课程的重要来源,提供着活动的话题、内容、线索、思路、材料等,它是幼儿园课程设计和评价的基本条件,课程资源的丰富性和多样性,一定程度上影响着幼儿获得经验的丰富性和多样性。"可见,挖掘并利用好课程资源是增强幼儿园课程适宜性、提高幼儿园课程质量的重要途径,对于提高区域保教质量具有重要意义。

2. 正确认识幼儿园课程资源挖掘与利用的价值

（1）能够有效促进幼儿的学习与发展

本土课程资源来源于幼儿的生活,贴近幼儿的生活,其丰富性和生动性符合幼儿的发展规律和学习特点,能真正为课程所用,为幼儿所用,真正促进幼儿的全面发展。此外,本土课程资源的有效利用能让幼儿从小汲取家乡优秀的自然、文化的营养,感受家乡的风土人情,进而增强对家乡文化的认同感,激发对家乡的热爱、对传统文化的崇敬和向往。

（2）能够有效促进教师的专业成长

幼儿园课程资源的挖掘是幼儿教师寻找一切有可能进入幼儿园课程、能够与幼儿园教育教学活动联系起来的资源的过程；幼儿园课程资源的利用是幼儿教师了解课程资源本身的结构、功能和特点,分析资源的课程价值,考虑可能的利用方式,并将其应用于相关课程活动的过程。挖掘与利用课程资源能够深化教师对课程资源内涵、范畴和特点的认识,增强教师的课程资源观。教师在利用课程资源开展活动的过程中,能够体会不同类型的课程资源在幼儿园课程设计与实施过程中的作用,反思课程资源与幼儿园课程的目标、内容、实施和评价四个环节之间的关系,不断提升课程建设能力。

（3）能够有效提升幼儿园课程质量

幼儿园课程是帮助幼儿获得有益的经验,促进幼儿身心全面和谐发展的各种活动的总和。本土课程资源的挖掘和利用旨在让幼儿园课程"适宜于幼儿的身心发展规律和学习特点,适宜于幼儿的生活环境,适宜于幼儿所处的特定文化"。丰富的、独具特色的本土课程资源,能够让幼儿园课程更加适宜、更加生动,也更加有效。

3. 充分认识本土课程资源的丰富与优秀

地处秦淮源头的溧水,素有"天然氧吧"之称,亦有"活力新城"美誉,山水资源丰富,风景名胜和文化古迹众多,当下更聚焦经济发展和科技进步,现代化的步伐不断推进,各类特色节庆活动和高新科技也声名远扬。这些独具地域特色的丰厚资源为幼儿园课程建设提供了良好的基础条件。

4. 充分认识课程资源挖掘与利用存在的问题

现状调查表明：受专业能力限制，区内教师还不能全面而系统地认识课程资源，教师的课程资源意识有待加强，课程资源挖掘与利用的能力有待提升。另外，课程资源本身具有的广泛性、多样性和价值潜在性等特点，造成了课程资源纷繁复杂、难以整理的现状，也加大了教师挖掘与利用课程资源的难度。区域和幼儿园层面都缺乏对幼儿园课程资源挖掘与利用工作的系统规划。这些现状直接影响教师开发和利用课程资源的效率和水平，制约了区域幼儿园课程质量的提升。

5. 充分认识区域推进幼儿园课程资源挖掘与利用的优势

研究表明：利用区域推进幼儿园课程资源挖掘与利用有着无可比拟的优势。首先，立足于区域现实情况规划的幼儿园课程资源挖掘与利用方案才更具有针对性。其次，区域能够为开展幼儿园资源挖掘与利用提供政策推动、财政支持、资源配置和教师培训等方面的便利。最后，由于区县管理范围具有直接性，从区域层面推进幼儿园课程资源挖掘和利用能提高相关政策推行和决策实施的有效性。同时，从区域层面推进幼儿园课程资源挖掘与利用能催生相关的学习合作共同体，生成协作研究机制，有助于整合区域范围内的课程资源，实现课程资源共享。虞永平在《着力研究区域推进，实现课程游戏化项目新突破》一文中指出：区域推进的基本含义就是在县区范围内全类覆盖、全员参与、全面推进，区域推进能发挥"填洼效应"，在区域内消除低质幼儿园，区域推进也能产生"共鸣效应"，在区域内实现研究成果共享。

在此背景下，我区立足现有实际，从协同挖掘与利用本土课程资源入手，全面启动幼儿园课程改革，提升教师专业素养与能力，取得区域课程游戏化项目建设成效，整体推进幼儿园课程质量提升。

（二）培训

1. 强化理论学习，课程资源意识逐渐增强

通过专家讲座、专题研讨、抽查测评等形式引领教师深入学习《幼儿园工作规程》《幼儿园教育指导纲要（试行）》《3—6 岁儿童学习与发展指南》《幼儿园保育教育质量评估指南》等，理解儿童学习方式和特点，珍视游戏与生活的价值，立稳正确的儿童观、游戏观和课程观。聚焦"本土课程资源的挖掘和利用建设"项目展开一系列的专题学习和培训：一是搜集研究关于课程建设、课程游戏化建设、课程资源挖掘与利用等方面的文章或书籍；二是直接参与中国儿童少年基金会"关于农村幼儿园教师课程

资源开发和利用能力提升项目"的专题培训,依托相关公众号平台随机进行针对性的学习,引领教师明确幼儿园课程资源挖掘与利用的意义和目标,增强课程资源意识及挖掘利用水平。同时,根据阶段性研讨话题,选择专业书籍进阶阅读书目,布置进阶阅读与实践任务,搭建融阅读反思、观察实践、分享交流、专业指导为一体的学习空间,帮助教师实现自主可持续发展。

2. 强化协同共建,课程资源开发扎实推进

(1)力争行政护航,保障项目建设全面展开

区教育局高度重视"区域推进课程游戏化项目"建设,出台了《关于开展溧水区幼儿园课程资源开发利用的通知》《关于建立课程建设研究共同体的通知》等文件,从经费的投入和使用、人员的配备和培训、教研管理、课程建设等方面制定了相应办法;进一步建立健全了区教育局分管领导牵头负责、学管中心行政负责项目推进工作的全程监管,教研负责区域课程游戏化项目具体实施,幼儿园协同建设的工作机制,全力为项目实施保驾护航。

(2)依托专家引领,推进项目建设深入实施

项目实施过程中,以虞永平教授为首的专家团队先后多次亲临现场指导区域课程建设:前期,详细了解溧水区晶桥镇中心幼儿园(简称"晶幼")、溧水区永阳街道中心幼儿园(简称"永幼")两家先行试点园的课程资源调查情况,并重点就如何用好本土资源提出了建设性意见;中期,实地考察了溧水区东屏街道中心幼儿园(简称"屏幼")、溧水区白马镇中心幼儿园(简称"白幼")两所中心园对课程资源挖掘与利用情况,聚焦"如何开展园内外课程资源调查""资源开发利用与幼儿园课程建设""课程资源挖掘与利用的规划"等专题进行了现场培训;之后,虞教授不定期深入多家园所现场,听取各幼儿园的课程建设阶段性研究工作汇报,肯定创新实践的同时,对进一步深化课程建设给予了针对性指导,并鼓励我们继续对溧水的本土资源进行充分挖掘与利用,以此构建符合自身规律的、具备本土特点的幼儿园课程。在专家的引领下,教师对课程游戏化项目建设的目标与宗旨更加明确,建设思路和实施路径更加清晰,建设的信心与决心更加坚定。

(3)借助模式创新,督促项目建设有序运行

一是进一步健全了教研组织。成立了"课程资源建设研究共同体""课程中心组""课程联盟"等新的研究团体,为课程资源开发利用搭建更加丰富、更加多元的研究平台。二是全新架构了"1+3+4"的课程管理网络。建立了"1"个以虞永平教授为首的专家团队;按照课程质量水平,将全区所有成型园组建成"3"个层次的课程联盟;再以

四大教办园为引领重新划分东、南、西、北四个教研片区,形成"4"大教研共同体,完善了区、片区和幼儿园三级教研网络。纵横交错的教研网络覆盖区域内的每一所幼儿园、每一位教师。三是形成了教研调研机制。通过问卷调查、访谈等多种形式了解幼儿园在课程资源挖掘与利用方面存在的困惑、亟待解决的问题,理性分析其主要成因,并针对性地提出破解策略和优化建议。四是进一步完善了评估考核。以《纲要》《指南》精神为指导,依据2020版《江苏省优质幼儿园评估标准》,立足我区幼儿园发展实际,修订了《溧水区幼儿园办园水平评估考核细则》,将幼儿发展评价、教研管理、课程建设等质量发展指标全部纳入办园水平评估和园长绩效考核,以此督促幼儿园建设好游戏化项目。

(4)发挥教研力量,助力项目建设有效落实

一是分别组织园长、业务园长深度领会《溧水区区域推进幼儿园课程资源开发利用三年行动方案》的内涵。二是对每一所幼儿园制订的"课程资源开发利用三年实施计划"进行认真审议和指导。三是围绕"幼儿园本土课程资源开发与利用"专题组织了系统的理论培训。四是深入调研了全区建设现状,针对存在的困惑与问题开展了沙龙式研讨。五是举办了全区幼儿园课程资源利用研讨会,提供平台交流实践,让优秀成果在交流分享中实现效益最大化。六是构建幼儿园课程数字化资源库和分享交流机制,逐步实现区域课程资源共享,提升课程资源利用的效率和水平。

二、自然资源的挖掘

悠悠秦淮,迤逦无想。千年古邑,四季芳华。溧水这片沃土,气候温润、水质清澈,孕育出了大量的原始植被和大批特色农作物,同时哺育了种类繁多的动植物资源。无想山景、天生石桥、石臼湖水、万亩梅林……目之所及,尽是好景色。这些近在咫尺的优质资源为幼儿亲近大地、回归自然,在自然中游戏、观察、探索,体验人与自然和谐共生提供了充分的物质基础。因此,我们以乡镇幼儿园为单位,组织教师立足本区域自然资源现状,从多个维度对溧水区的自然资源进行了调查和梳理,旨在从贴近幼儿的生活经验入手,引导幼儿与本地区特有的环境、材料产生互动,在满足幼儿兴趣及发展需要的基础上,"因园制宜"充实幼儿活动,在寻求资源与幼儿活动相融相通的过程中,努力使课程回归幼儿、回归生活,更加鲜活,更具本土特色。

案例一

基于儿童立场的园内资源调查行动

——洪蓝街道中心幼儿园园内自然资源调查

南京市溧水区洪蓝街道中心幼儿园虽地处农村，却是异地新建的一所高标准现代化园所，占地广、空间足，设施先进、设备齐全。立足"自然生态·崇善尚美"的发展理念，我们整体规划户外空间，科学布局场地资源，努力为幼儿亲近自然、感受生命提供最大支持。当下的洪幼春华秋实，夏菡冬蕴，鸟儿飞，虫儿忙，篱落疏疏，小径幽幽，我们置身其中，可识瓜果蔬菜，可辨百卉，可观四季轮回，可感万物可爱。自然生态的环境资源，不仅为幼儿自主探究提供了"活"教材，也为幼儿园"生态式美育课程"建设提供了有利条件。实践中，我们从理论学习和研讨入手，通过多种方式对园内自然资源进行盘点梳理，提升教师资源意识，促进幼儿经验成长，努力让"自然"成为幼儿园的课程底色。

一、以科学资源观武装头脑

工欲善其事，必先利其器。为了让教师们能够在正确理念的引领下科学实践，我们聚焦"课程资源"展开了专题培训，强化理论学习，以理论指引行动。首先，加强对《纲要》《指南》的学习，帮助教师重塑正确的儿童观、教育观和课程观；其次，认真梳理相关研究文献，引导教师深度理解幼儿园课程的内涵，正确把握课程资源与幼儿园课程建设及儿童发展之间的关系，增强教师对本土课程资源的"敏锐嗅觉力"；最后，组织教师开展进阶阅读活动，针对性地推荐书目供各层次教师边学习边实践，为教师开展课程建设实践提供"拐杖"，不断提升教师挖掘、利用课程资源的能力。

二、以儿童立场践行资源调查

我园具有丰富的自然资源，但是教师们对于自家的宝贝却知之甚少。园内到底有哪些资源？这些资源对孩子们来说有意义吗？我们可以通过哪些方式来调查？利用资源能开展哪些活动呢？教师们针对这些问题展开研讨。

"幼儿园的资源太多了，有植物、动物，还有沙池……我们按种类进行调查吧。"

"幼儿园的区域多，我建议可以分区域梳理。"

"我们园每一季的景色都不一样，我觉得根据季节梳理也可以，春夏秋冬四季都各有特点。"

"资源开发都是为了给孩子用，让孩子们在与资源的互动中获得发展，我们也可以从孩子活动需要的角度来调查梳理。"

．．．．．．．．．．

通过大家的研讨,我们最终决定通过多样化的调查路径,系统梳理园内的自然资源,列出清单,以便为幼儿的全面和谐发展提供物质支持。

(一) 摸清家底——全方位普查园内自然资源

俗话说,没有调查就没有发言权。为了帮助教师全面了解园内自然资源的基本情况,我们精心设计调查表,组织教师围绕名称、种类、特点、数量、位置等内容对园内自然资源展开地毯式调查。不查不知道,一查"哈哈笑",原来幼儿园的"宝贝"这么多:各类花、草、果木达 80 种左右,其中草本类 34 种,如黄金菊、鼠尾草、佛甲草等;木本类有 24 种,如樱桃树、橘子树、桃树等;灌木类有 9 种,如杜鹃花、绣球花、桂花等;藤本类 4 种,百香果、金银花、牵牛花和葡萄;蕨类有 2 种,红盖鳞毛蕨和波士顿蕨;水生植物 5 种,如睡莲、金鱼藻、菖蒲等。幼儿园不仅有丰富的植物,各种小动物也不少,例如小昆虫、小鱼虾、鸡鸭鹅等,还有沙、水、石及不同材料的路面、触摸墙等。"家底"如此丰厚,我们不仅要让教师们感到骄傲,更应该让孩子们感到自豪。为了让幼儿"看得见"资源,我们组织大班组教师和幼儿通过探园活动,共同绘制出园内课程资源地图。当形象生动的图标图示跃然纸上时,教师们个个坚定地表示:绝不能"捧着金饭碗要饭吃",让这么多的特色资源白白浪费。

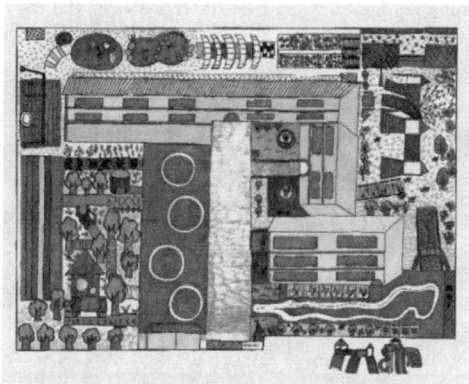

图 1　教师手绘的课程资源地图　　图 2　幼儿手绘的课程资源地图

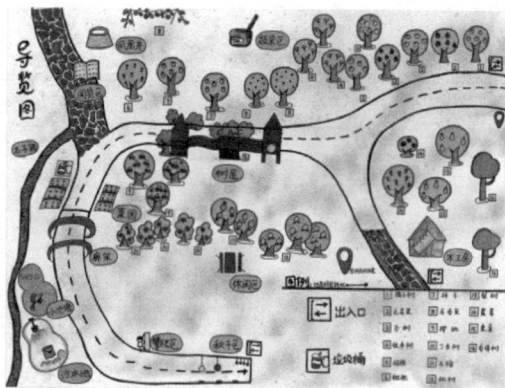

(二) 价值研判——多维度盘点园内自然资源

虞永平曾寄语南京市鹤琴幼儿园"只有看得见儿童,才能找得到课程"。我们意识到,虽然幼儿园里充满着鲜活的课程资源,但教师需要站在促进儿童学习与发展的立场,研究分析资源的价值,并将这些资源设计成生动有趣的多样化活动,让儿童忙在其中、乐在其中,才能真正促进他们的经验生长。实践中,我们关注儿童的年龄特点和学习方式,关注儿童的生活经验、兴趣与需要,努力在丰富的资源中构建有助经验生长的课程内容,逐步构建并完善幼儿园课程资源清单。

1.以场地为线索盘点资源,感知资源的多样性与独特性

资源地图给人最直观的印象就是区域性特征明显,每一块小园子都独具特色。于是,我们从幼儿的兴趣和需要出发,以场地为线索对园内资源进行盘点,致力于满足各年龄段幼儿探究动植物的多样性及基本特性的需求。生态园里的植物种类繁多,幼儿可以悠然赏花,静待发芽,在感受、发现和欣赏自然美景中提升审美感知,增强创造意识和能力。百果园里一年四季花果飘香,幼儿可以与百果嬉戏,与落叶共舞,在采摘果实的过程中感受植物成熟的魅力,体验劳动的乐趣,获得丰收的喜悦。农耕园里,春种、夏长、秋收、冬藏,伴随四季的交替,菠菜、萝卜、蚕豆、油菜、茄子、花生、黄瓜……实现了出苗、长叶、开花、结果的完美蜕变,幼儿能在播种、护理等活动中激发对种植的好奇,提高动手能力,提升生活经验。养殖园里的小昆虫、小鱼虾、鸡鸭鹅等,可以满足幼儿的探究兴趣和欲望。幼儿看小蚂蚁搬家,听蟋蟀们歌唱,还能在饲养活动中照料小动物,萌生关心爱护生命的情感,体验人与自然和谐相处的美好景象。嬉戏园里的小池塘、石头路、大沙池、木栈道也是幼儿的乐园,他们可以尽情玩水、玩沙、玩泥巴,在动手动脑的探究中形成积极的科学态度,提升探究能力,不断积累科学知识和经验,激发探索自然现象奥秘的兴趣和需要。

表1　园内自然资源清单(依据场地)

资源场所	资源名称	资源特点	对儿童发展的价值	可开展的活动
生态园	黄金菊、杜鹃花、金银花、绣线菊、银叶菊、鼠尾草、百子莲、迷迭香、锦绣苋、木香、美人蕉、铁线莲、紫藤、黑麦草、佛甲草、粉黛乱子草、蒲苇	种类繁多,色彩缤纷,花期不一,形态各异	感知植物的多样性,丰富审美情趣和审美经验,提升想象与创造能力及科学探究能力	科学探究 艺术表现 区域游戏 环境创设
百果园	百香果、樱桃、菲油果、杨梅、枇杷、桃、桑葚、蓝莓、葡萄、梨子、橘子、柿子、石榴	品种丰富,形态各异,果期不一,习性各异	探寻百果生长及成熟的奥秘,亲身体验丰收采摘的乐趣	采摘实践 科学探究 区域游戏 艺术创造 生活活动
农耕园	南瓜、莴苣、韭菜、菠菜、大白菜、豇豆、辣椒、萝卜、土豆、水稻、小麦、玉米、山芋、芝麻、向日葵、花生、油菜、棉花	丰富多样,外形特征明显,生长方式和生长环境各不相同	丰富种植经验,提高劳动技能,感受劳动的意义	种植活动 科学探究 区域游戏 生活活动 体育活动

资源场所	资源名称	资源特点	对儿童发展的价值	可开展的活动
养殖园	兔子、鸡、鸭、鹅、小蚂蚁、西瓜虫、蚕、小蝌蚪、泥鳅、龙虾、金鱼、乌龟	基本特征显著，生活习性各具特色，不具备攻击性	提高观察探究能力，增强爱心和责任心，初步认识人与动物的生态关系，萌发尊重生命的意识	科学探究 饲养活动 区域游戏
嬉戏园	水、泥、沙、石头、树枝、树叶	无生命物质种类丰富，形态各异，可塑性强	感知无生命物质的属性特征，探索其特点，利用操作和创作的机会，提升探究能力和表现创造力	环境创设 科学探究 游戏活动

2. 以季节变化为线索梳理资源，体验季节对动植物的影响

春夏秋冬，四季轮回，是大自然赐予幼儿感知生命、感受成长的最好礼物，而幼儿园里春耕、夏耘、秋收、冬藏能为幼儿直接感知生命提供最好的机会。为此，我们认真挖掘蕴含生命教育价值的各类资源，以季节变化为线索进行梳理，帮助幼儿感知动植物在不同季节的特点和变化，了解季节对动植物的影响。

春天，风和日丽，大地复苏，树木吐绿发芽，百花竞相开放，幼儿可以在寻、观、探、玩之中感受美、欣赏美、创造美，领略花之韵、芽之味。夏天，绿树成荫，鸟飞虫鸣，园内花草树木郁郁葱葱，鸟语、蛙鸣，知了的啼叫、萤火虫的闪烁，幼儿会争先恐后去观察发现，去探究表征，丰富感性经验，增强对动物生命生长的认知。秋天，金风送爽，丹桂飘香，树叶在变黄飘落，丰硕的果实却挂满了枝头、压弯了树梢；田野里一片丰收景象，小动物们却在忙着储存过冬食物，幼儿可以捡树叶、赏秋景、采果实、收粮食……在亲身体验中感知春华秋实。冬天，寒风凛冽，白雪皑皑，植物枯萎，动物冬眠，幼儿可以对雪、雾、冰、霜等自然现象进行感知探究，在感受季节特点的基础上发展科学探究能力。

表 2　园内自然资源清单（依据季节）

季节名称	季节特点	对儿童发展的价值	可开展的活动
春	气候温润，春光明媚，万物复苏，植物发芽吐绿，动物繁衍生息，充满生机与活力	感知春天的美景，能发现春天的变化，知道春天是播种和植物生长的季节。主动参与外出参观、种植、探索、交流等活动，学习用各种方式表达自己对春天的感受	科学探究 户外写生 种植活动 艺术活动 游戏活动
夏	天气炎热，偶有暴雨雷电，植物枝繁叶茂，昆虫频繁出没	观察、感受夏季的特征及动植物和人们在夏季的变化与活动，聆听大自然的风声、雨声、雷声和池塘中美妙的奏鸣曲	科学探究 数学认知 音乐活动 语言活动 区域游戏

续　表

季节名称	季节特点	对儿童发展的价值	可开展的活动
秋	秋风萧瑟,树叶飘落,水果、农作物等成熟,小动物养精蓄锐	有观察的兴趣,能探索、发现秋季自然景色的变化,认识秋天里特有的植物和农作物,探索大自然的奥秘,体验收获的快乐	实践采摘 科学探究 数学认知 环境创设 区域游戏 生活活动
冬	气候寒冷,树木枯萎,小动物冬眠,雾雪霜冰等气候现象明显	能从周围环境的变化中感知冬天的季节特征,探索冬季特有的自然现象的奥秘,学会快乐、勇敢地面对冬日的严寒	科学探究 数学认知 体育锻炼 区域游戏

3. 以资源特点为依据筛选资源,对价值进行分析与判断

由于不同资源有不同的特性,而且幼儿的兴趣和需要不同,我们的课程组织形式也不尽相同。生态园里的百花、农耕园里的农作物、嬉戏园里的小池塘等资源内涵丰富,能够支持幼儿开展综合性的活动,因此,我们可以以教育内容的整合为目标,围绕某个中心形成活动主题,以主题课程模式开展多样化活动,促进幼儿完整经验的获得。例如大班主题"花花世界",通过寻花、探花、创美等系列活动,让幼儿在直接感知、亲身体验、实际操作中感知花的多样性和美。首先,在"寻花"之旅中,教师引导幼儿进行观察、认知和表征,了解春天花的多样性及花的个性特征。其次,根据幼儿的兴趣,师幼共同设计"秘密花园"调查表,教师引导幼儿以所见到的最喜欢的花儿为线索,和同伴、家长通过讨论、交流和查阅资料等形式在亲身体验中寻找答案,感知花的生长变化,体验花与自然环境的关系。最后,教师可以将各类"花"材料请到班级活动区域,美化环境、丰富游戏,制作干花、酿制花茶,进行艺术插花和创意写生,利用花瓣进行拓印、扎染等,让幼儿在多样化的实际操作中收获感性经验。而对于百果园中的石榴、杨梅、枇杷、百香果等,养殖园里的鸡、鸭、鹅、小兔等,幼儿都有一定的经验,我们便以幼儿的原有经验为起点,以幼儿关注的兴趣点为依托设计生发一系列支持幼儿深度学习的项目活动,让幼儿在不断地发现问题—分析问题—解决问题的过程中自主建构新经验。比如,当又大又圆的石榴羞红了脸、笑弯了腰,甚至熟到裂开,幼儿及时关注到了石榴的变化,对此产生强烈的探究兴趣和欲望。我们随即开展"石榴丰收啦"课程实践活动,通过鼓励幼儿观察思考、寻找工具、尝试采摘、收获品尝等,支持幼儿在直接感知、实际操作和亲身体验中形成新经验,提升探究新问题的行动力。针对园内一众极具观赏价值的奇花异草,如迷迭香、铁线莲、蓝雪花、桂花、波士顿蕨、小兔子草、象耳芋、金叶过路

黄、粉黛乱子草、醉鱼草等，它们外形特征显著，我们可以生成基本活动，让幼儿通过感知、欣赏、表征生成关键经验、提高审美情趣。

表3 园内自然资源清单(依据活动类型)

课程模式	资源特点	资源	对儿童发展的价值	可开展的活动
主题活动	资源价值丰富，活动组织形式多样，指向儿童的全面发展	花、草、树、中草药、石头、小池塘、各类农作物等	丰富感性经验，获得整体发展	集体活动 日常活动 区域活动 环境创设活动 家园联系
项目活动	易于幼儿发现问题，随机生成教育契机，围绕问题开展探究活动	金银花、爬山虎、石榴、百香果、菲油果、杨梅、枇杷桃、桑葚、梨、橘、柿子、银杏、鸡、鸭、鹅、小兔等	提高实践能力、探究能力和分析能力，提高活动的主动性和积极性	集体活动 区域活动 生活活动 环境创设活动
基本活动	有显著的外形特点，变化量较少，能够满足幼儿对某一领域的兴趣需要	绣球花、迷迭香、杜鹃花、野菊花、美人蕉、铁线莲、蓝雪花、桂花、麦冬、波士顿蕨、小兔子草、紫藤、象耳芋、金叶过路黄、粉黛乱子草、醉鱼草等	丰富各领域关键经验，促进认知能力、审美能力的发展	语言活动 艺术活动 科学探究活动 数学认知活动

三、资源调查收获多

通过本次对园内自然资源的调查梳理，教师们在挖掘资源生成幼儿活动的方向上有了更加清晰的思路，从关注教材转向关注幼儿的生活，从研究文本转向研究幼儿的生活、幼儿的兴趣及需求，研究幼儿获得经验的方式和途径。通过一次次"理论学习—实践反思—经验提升"研究模式的轮回，教师们充分理解资源的挖掘、课程的开展应以幼儿的生长为目的，应致力于帮助幼儿获得有益于生长的经验。与此同时，园内资源调查行动撬动了园所课程的持续变革，课程的走向、课程的内容、课程的组织形式都在随着幼儿的兴趣和需要不断生发，彰显着生机勃勃的成长气息。后期我们将在对资源价值分析的基础上再精准运用，在资源的运用形式上更加多样化，推进园内资源班本化主题课程探究的适宜性和有效性。

（南京市溧水区洪蓝街道中心幼儿园）

案例二

与生命相约，来一场与大自然的美丽邂逅

——白马镇中心幼儿园园外自然资源调查

亲近自然、探索自然是儿童的天性，成人应把大自然还给儿童，让儿童在大自然中获得新知，在天性的释放过程中完成认知构建。我园地处丘陵山村，每到春夏之时，山花烂漫，茶香芬芳；每到秋冬之际，虾肥蟹美，五谷飘香。周边既有"农业硅谷"之称的国家农高区，还集聚着省农科院、南农大、南林大等科研院所及黑莓、蓝莓等生物农业产业示范园，丰富的自然资源宝库为幼儿探索自然生命、理解生命的来源，学会与自然和谐共处提供了先天优势。

| 图1　江苏省农业科学院 | 图2　江苏南京国家农高区 |

资源这么多，哪些才是我们需要的课程资源呢？我们该怎样去调查，如何进行筛选呢？实践中，教师们围绕"什么是课程资源？怎样做好课程资源的调查工作？如何做好挖掘与利用工作？"等问题率先展开研讨。研讨中大家各抒己见，有教师说："课程资源就是与孩子们相关的一切东西。"有教师说："孩子喜欢的、能促进孩子发展的就是课程资源。"也有教师质疑："与孩子相关的资源太多，我们怎么收集、怎么分类呢？"针对教师本身对课程资源理念认知不足的情况，我们第一时间想到借助书籍进行有针对性的理论学习，通过组织教师深入学习《纲要》《指南》，不断巩固正确的儿童观、课程观和教育观；通过开展进阶性阅读《幼儿园课程资源丛书》，进一步强化教师对课程资源的认识：幼儿周围客观存在的都是潜在资源；潜在资源要变成课程资源就需要与幼儿发生多元的关系；课程资源调查、挖掘和利用的过程就是促进师幼经验生长的过程。

图3　教师开展理论学习

《纲要》指出,教育活动的内容"既贴近幼儿的生活来选择幼儿感兴趣的事物和问题,又有助于拓展幼儿的经验和视野"。这句话犹如一盏明灯,给迷茫的我们指引了方向。我园周边的地域特征明显,动植物资源丰富,还有极具优势的农科院等社会机构,这些亟待开发的资源近在咫尺。秉承以幼儿为本的观念,从幼儿的角度出发,我们开始了调查行动。

一、从幼儿兴趣出发开展调查实践

幼儿与动物之间有着与生俱来的情结,和小动物们在一起,他们总有说不完的话,做不完的事儿。我园孩子接触小动物的机会可不少,田野里、家圈中,随处可见。他们认识哪些,了解哪些,又会喜欢哪些呢? 为了全面掌握幼儿的已有经验和探究兴趣,我们面向全体幼儿发放了调查问卷"我的动物朋友",结果显示他们喜欢的动物有30多种:其中无脊椎动物有节肢动物15种;脊椎动物有鸟类4种,哺乳类4种,鱼类4种,爬行动物1种;而幼儿最喜欢的要么是可爱的小昆虫,如小蚂蚁、小蚂蚱、小瓢虫、小蜻蜓等,要么就是自家养的最熟悉的,如蚕宝宝、大龙虾、大螃蟹、小鸡、小鸭、小兔子、小山羊等。此次调查活动仿佛一下打开了幼儿的话匣子,不仅拉近了幼儿和动物之间的距离,幼儿相互之间也因为有了共同话题而密切交流,他们每每拿起自己的调查表,都滔滔不绝:这是我家养的蚕宝宝,它会吐彩色的丝,结彩色的茧哦;这是石臼湖大毛蟹,它是横行大将军,还是溧水名牌呢;这是我调查到的小蚂蚁,我知道很多关于蚂蚁的秘密……果然,兴趣就是最好的老师,幼儿关于动物世界的经验还真不少。他们还会有什么感兴趣的问题吗? 他们还想了解什么? 他们还可以做些什么? 为了进一步丰富幼儿的感性经验,支持幼儿在与小动物的亲密接触中获得心灵与精神的和谐发展，我们以谈话的形式再次展开调查。我们围绕"你最想了解的动物是什么？最想知道的秘密是什么？幼儿园的饲养区你希望养什么？你会为它做什么？"等主题与幼儿进行谈话交流，通过调查找准幼儿的探究兴趣点，把握幼儿当下的学习需要，根据动物的属性特征进行分类，筛选出适宜幼儿饲养或观察认知的对象。

表1 生活中的动物朋友调查清单

资源类型		资源名称	生活习性	对儿童发展的价值	可开展的活动类型
动物	无脊椎动物	节肢动物	蜗牛、西瓜虫、蚯蚓、知了、蚂蚁、蜜蜂、蝴蝶、蜻蜓、蚂蚱、天牛、瓢虫、萤火虫、蚕、螃蟹、龙虾	昆虫喜欢潮湿的环境，生于原野草丛、矮林、灌木，平时隐藏在草中，或在植物茎杆上爬行、栖息、觅食。主要吃植物的茎、叶、瓜、果等。螃蟹喜欢水质清澈、溶氧量充足、水草丰盛的水体。龙虾喜欢荫蔽环境，常在淤泥浅薄处，属于杂食性动物	了解昆虫、螃蟹、龙虾、鱼类的基本外形特征、生活习性和生存环境的适应关系。通过亲近、观察小动物，激发探究欲望，体验探究过程，从而提高探究能力	观察活动 认知活动 科学活动 探究活动
		鱼类	泥鳅、黄鳝、草鱼、黑鱼	水生动物对人类有一定经济价值，不同的水产动物都有各自不同的生物学特性		
	脊椎动物	鸟类	鸡、鸭、鹅、鸽子	家禽生长迅速、繁殖力强，短时间内能生产大量的肉、蛋产品。猪、牛、羊喜欢在清洁干燥的地方生活，有较强的合群性，也是素食动物，喜欢吃青草、牧草、红薯藤、水花生、玉米、小麦苗等	通过直接感知、实际操作、亲身体验，学习科学地照料小动物，培养爱心与责任感，学会与小动物和谐相处	饲养活动
		哺乳类	猪、羊、牛、兔子			
		爬行动物	甲鱼	甲鱼是栖息在水底的两栖爬行动物，主要生活在水中，只有产卵的时候和夏季觅食的时候才会爬上岸。食性杂，会吃小鱼、小虾、青蛙、蚂蚱、动物内脏、蚯蚓等		

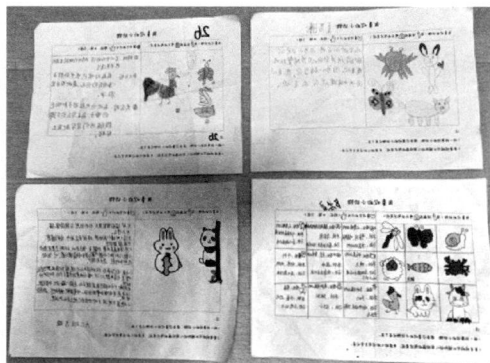

图4 幼儿的动植物调查表

图5 幼儿相互交流调查表内容

二、从幼儿生活出发开展调查实践

家长们"日出而作，日落而息"的平凡日常，造就出了古老乡间生生不息的人间烟火，一望无垠的田野，果木为山坡铺绿，高粱为沟渠添彩，稻谷为大地增香。生动的生活画卷为幼儿感知四季，了解农耕，学习尊重劳动、珍惜粮食提供了"活"教材。于是我们最大限度地发挥家长优势，面向家长朋友进行了本地农作物的大调查，通过统计共整理出各类农作物高达70多种。周围生活中一下子涌现这么多的资源，教师们却犯起愁来，不知该如何下手。常言道，众人拾柴火焰高。于是我们采用集体研讨的形式，旨在凝聚大家的智慧，依靠团队的力量，梳理出资源清单。

"水稻、小麦这些资源是粮食啊，我们可以鼓励幼儿尝试割稻子、收小麦，体验一下嘛。"

"我们白马可是黑莓、蓝莓之乡，这么有特色的水果资源我们一定要好好利用。"

"我们幼儿园有种植园地，我们可以组织孩子参与种植、照料一些常见的蔬菜，要把园地利用起来。"

············

我们从教师们你一言我一语的交流中可以看出，大家已经自然地按照农作物的属性开始分类。于是我们进一步梳理出：水稻、玉米、小麦等粮食作物12种；蓝莓、黑莓、桑葚等果类20种；油菜、芝麻、向日葵等油料作物5种；金银花、蒲公英、薄荷等药用类10种；各类蔬菜24种。与此同时，依据资源收集的目的是服务于活动，我们组织教师围绕"哪些是幼儿熟悉的农作物？哪些农作物对幼儿的发展有价值？有什么价值？能否促进幼儿的经验生长？可以利用这些农作物资源开展哪些活动?"等问题展开研讨,对照《纲要》《指南》文件精神,梳理出以下资源清单。

表2　我知道的农作物调查清单

类别		名称	用途	对儿童发展的价值	可开展的活动
农作物	粮食作物 谷物	水稻、玉米、小麦	食用、生命的基础	感受农耕文化,体验丰收的辛苦与乐趣,感知粮食来之不易,学会珍惜粮食,珍惜他人的劳动成果	参观考察活动、劳动实践活动、写生活动
	豆类	蚕豆、绿豆、黄豆、红豆、黑豆			
	薯类	红薯、马铃薯、紫薯			
	经济作物 油料作物	油菜、芝麻、向日葵、有机大豆、小籽花生	食用、工业、医疗原料	认识各种油料作物,知道其基本特征,在探索油料作物的用途中初步感受油料作物的神奇,以及油在我们生活中的重要价值	
	蔬菜作物	黄瓜、南瓜、冬瓜、丝瓜、苦瓜、西红柿、菠菜、青菜、萝卜、白菜、花菜、茄子、辣椒、大葱、大蒜、韭菜、洋葱、莴笋、芹菜、豇豆、豌豆、毛豆、刀豆、秋葵	食用、营养价值高	感知蔬菜的不同特征和生长方式,了解蔬菜的营养价值,激发对蔬菜的喜爱,养成不挑食的好习惯	种植活动、比较分类活动
	药用作物	金银花、蒲公英、薄荷、香椿、菊花、苜蓿草、狗尾巴草、栀子花、艾蒿	作医药用和营养保健用	初步了解药用植物的生活习性和价值,发现其神奇功效,萌发对大自然的喜爱之情	观察认知活动、科学探究活动、品尝活动
	果类	蓝莓、黑莓、无花果、杨梅、青梅、黄桃、草莓、枇杷、红枣、柿子、橘子、葡萄、桑葚、石榴、柚子、山核桃、西瓜、羊角蜜、樱桃、甘蔗	食用,植物繁殖	通过观察与比较分析,发现不同水果的特征。探索和感知水果的生长条件及不同生长阶段的变化,进一步激发爱家乡的情感	

三、从幼儿经验出发开展调查实践

享有"农业硅谷"之称,也是长三角唯一的国家级农高区就在我们身边,这么难能可贵的资源理所当然成了我们调查关注的重点。什么是农高区?南京农高区里是什么样的?带着疑问,教师们查询网络自学起来。信息显示,白马农高区以绿色智慧农业为主题,以生物农业为主导产业,具体来说,这里是一个神奇的植物工厂,不用土壤,不需要阳光,只利用智能植物生长系统进行环保高效栽培,生产周期短,产量却翻好几倍。这里的蔬菜瓜果都是无污染、无虫害、无菌、绿色有机农产品;这里所有的树木、农作物都是喷滴灌,采用物联网技术,可远程操控。它是未来高科技农业的先行示范研究基地,是当前国内智慧农业的顶尖代表。为了让幼儿能够直接感知、亲身体验身边的科技农业，我们和幼儿一起满怀期待地走进了农科院。只见温室大棚里满是蓝莓、黑莓、生菜、菠菜、水果黄瓜、悬空西瓜等几十种优良果蔬育苗；室外大片的农田交织：粉色的油菜花绚烂开放，可食用榨油，可代替燃料，金黄色的水稻、青油油的麦田、几百个品种的桃树、30多个品种的葡萄等等。从开始参观到游览结束，幼儿的"哇哇"声不绝于耳，大家都被现场形形色色的植物深深震撼，更为家乡能拥有这么先进的高科技农业技术而感到无比自豪。为了让幼儿深入了解绿色智慧农业与我们家庭传统农业的差别，感受高新科技的先进和中国人的智慧，我们邀请了农科院专家现场给幼儿边演示边讲解，并面对面接受幼儿的访谈。生动形象的演示、浅显易懂的讲解，激发了幼儿爱家乡、爱科学，立志长大为家乡建设而不懈努力的情感。

在探秘农高区的过程中，我们感慨于植物的多样化，惊叹于高科技的生物农业技术，体验到发现的乐趣，拓宽了视野，增长了见识。我们对其中蕴含的宝贵资源进行了梳理，见表3。

表3　国家农高区资源调查清单

资源类型		资源名称	简介	对儿童发展的价值	可开展的活动
社会资源	社会机构	农科院	白马农科院主要负责农业科研工作，承担着农业发展、科学研究、技术推广、人才培养等任务	能够直接感知、亲身体验身边的科技农业，感受中国人的智慧，为自己的家乡而感到自豪	社会实践活动、参观访问活动
	农业专家	许桂俊、吴文龙、张合林、万云龙	许桂俊：南农大设施农业专业，现担任植物工厂技术主管； 吴文龙：省中科院植物研究所研究员，从事黑莓、蓝莓新品研发； 张合林：农科院葡萄园管理人员； 万云龙：省农科院蔬菜研究所副所长		
自然资源	优质林果	血桃、蟠桃、蓝莓、黑莓、杨梅、茶树、桑树、红叶石楠、柚子、青梅、薄壳山核桃、无花果、青钱柳、金银花、梅花、海棠、玫瑰花、紫藤花、油菜花	树林、果木、花卉等是农产业的重要组成部分，通过高科技进行培育、种植，产量高、质量好	感知和发现优质林果的基本特征、习性和生长环境，感受高科技的先进	品尝活动、观察认知活动、种植活动、对比分析活动

资源类型		资源名称	简介	对儿童发展的价值	可开展的活动
自然资源	有机农产品	兔眼蓝莓、北高丛蓝莓、三冠王黑莓、有机杂粮、有机大米、浮山小籽花生、水果玉米、有机大豆、有机油菜、奶油草莓、羊角蜜	这些是纯天然、无污染、高品质、安全营养的高级食品,它们是根据有机农业原则和有机农产品生产种植,并通过有机食品认证机构认证的	了解有机农产品的不同特征和生长环境,了解它们与传统农产品的区别,知道它们是健康的食品并产生喜爱之情	品尝活动、参观考察活动

图6　幼儿参观高科技农业种植园

图7　农高区里的有机蔬菜

课程资源是幼儿活动的基础,也是幼儿与环境相互作用的主要对象。课程资源的挖掘增强了教师的课程资源意识。资源的有效利用让我园的课程活动更加丰富多彩,也更加具有地域特色和乡土气息。本土典型课程资源被成功转化为生动、有趣的活动,这让幼儿有了更多亲近自然、探索生命之奇妙、感受家乡之美好的机会,有效促进了幼儿经验的生长,使他们感受到了生活的美好与快乐,让他们充满信心地走向未来。

(南京市溧水区白马镇中心幼儿园)

案例三

在探寻中收获　在探究中成长
——东屏街道中心幼儿园自然材料调查

皮亚杰提出:"儿童的智慧源于材料。"材料在游戏中是幼儿想象创造的基础,"提供什么样的材料""怎样提供材料"都蕴含着丰富的教育价值。自然材料是链接幼儿与大自然的钥匙,幼儿在拾捡、收集、游戏、思考中能激发探索大自然的好奇心。我园地处溧水的东郊小镇,坐落在著名的大金山风景区和美丽的东屏湖之间,周围环境优美,自然资源唾手可得,为幼儿的学习和生活提供了丰富的活动材料,也为幼儿园课程游戏化建设提供了源头活水。

一直以来,对于什么是课程资源、周围到底有哪些有价值的课程资源以及该如何挖掘利用好本土课程资源,我们感到十分困惑和迷茫。2020年秋的一次偶然机会,虞永平教授来我园调研,看着自然角满是堆砌的南瓜、葫芦、芦苇、蚌壳等自然材料时,他亲切地说道:"这么好的资源用起来远比放在这边看有意义。"意味深长的一句话,让我们茅塞顿开:原来资源就在身边,教师需要一双发现的眼睛;课程资源的价值是让幼儿用而非让幼儿看,教师需要具备将资源转化成活动的能力。随后,虞教授一边耐心讲解一边亲自带领我们在园所周边找资源,在他的引领启发下,教师们对课程资源逐渐有了敏感性,挖掘和利用本土课程资源的行动信念也愈发坚定。

一、材料资源大搜寻

自然生态的大金山、碧波浩渺的东屏湖、广阔多变的田野丘壑,处处是美景,处处蕴含教育契机。《纲要》指出:"城乡各类幼儿园应从实际出发,因地制宜地实施素质教育,为幼儿一生的发展打好基础。"为此,全体屏幼人立足自身实际,全面开启了本土课程资源的调查探索与实践,努力将这些无声的自然材料变成支持并促进儿童智慧成长的"活教材"。

1. 山间寻宝

"大金山上有什么? 哪些可以用呢?"围绕这一关键问题,教师们展开了热烈的讨论。

"大金山上最多的是各种各样的树木。"

"大金山上有莲花池。"

"大金山上有成片的竹林。"

"里面有野花、野果,还有很多野菜。"

············

既然大金山上面这么多的宝贝,那我们到底要去找什么呢?

"可以收集各类树叶给小朋友做装饰画!"

"可以采集残荷放在美工区,美化环境。"

"可以将竹子带回来加工用于孩子体锻。"

············

教师们在你一言我一句中确定了寻宝清单,接着规划了寻宝路线,并分组展开山间寻宝活动。不到半天的时间教师们满载而归。大家惊喜地发现:大金山里的自然材料可真多，种类远比想象中更丰富。

2.湖间寻宝

教师们的屏湖寻宝之旅展现出了更为明确的目的性和积极的行动力，每位参与者都满怀信心，准备充分。为了确保寻宝行动的顺利进行，教师们事先通过网络搜索，详细了解了东屏湖地区的各类资源信息，为寻宝行动奠定了坚实的基础。随后，根据各自班级主题教育活动的需求，教师们精心梳理出了一份详尽的资源清单。在行动过程中，教师们分成湖边和湖中两个小组，分别进行细致的调查和搜寻工作。湖边的芦苇、菖蒲、狗尾草，以及湖中的螺蛳、河蚌、小龙虾等自然资源，都成为教师们收获的宝藏。整个寻宝过程既体现了教师们的专业素养，也展示了他们对教育事业的热爱与执着。

3.田间寻宝

面对生机勃勃的广阔田野，生活在农村的幼儿知道些什么？喜欢什么？他们可以做些什么？这些问题成了田间寻宝活动的核心问题。为此，园部设计了问卷，面向全体幼儿和家长展开调查，结果发现：幼儿会拾稻穗、掰玉米、拣棉花；他们最喜欢逗蚂蚁、捉蜻蜓、捞蝌蚪，还喜欢在田间奔跑、捉迷藏……于是，以亲子收集形式的田间寻宝活动开始了，一时间幼儿园收集箱里的宝贝不计其数：稻草、棉花、葫芦、秸秆一应俱全，南瓜、绿豆、山芋、花生等丰富多彩；班级的自然角也因为小蚂蚱、小瓢虫、小蚂蚁的到来而更加热闹。

看着幼儿园处处都是自己熟悉而喜欢的事物和材料，幼儿时而驻足欣赏，时而结伴交流，兴趣盎然，开心不已。而亲历一系列寻宝实践的教师们则对资源有了更加深切的认识，对本土课程资源挖掘利用的意义和目标也更加明晰。在此基础上，我们首先按照材料的来源地对搜集而来的自然资源进行了初步的划分和统计，并组织教师和幼儿绘制出生动形象的本土课程资源地图。

表1　周边自然物资源调查清单

山林资源	湖泊资源	田野资源
树叶、树枝、树根、竹竿、野果、野花、藤蔓、各种时令水果等	芦苇、菖蒲、狗尾巴草、螺蛳壳、蚌壳、鹅卵石、青蛙、鱼、虾、螃蟹等	稻草、棉花、葫芦、玉米芯、秸秆、山芋、南瓜，以及各类干果、各种昆虫等

二、课程资源巧开发

幼儿的经验是在接触材料、使用材料的过程中逐渐丰富起来的，材料的多样化一定程度上决定了幼儿经验的多样性。我园周边的自然材料如此丰富，它们的教育价值在哪里？它们能更好地促进幼儿经验的生长吗？幼儿园该如何选择利用？我们采取的策略是提供充分的材料支持游戏的进行，鼓励幼儿在游戏中进行探索和发现，并紧随其步伐，有效地开发与利用资源。

（一）以材料的适宜性为依据选择资源内容

大金山植被丰茂、东屏湖物产丰富、田野丘壑春华秋实，自然生态的周边环境赋予我们取之不尽的天然材料，花草树木、山石水土、鸟兽虫鱼等独具地域特色的自然材料不仅为幼儿探索、认知世界提供了物质基础，也成为幼儿进行操作和创造的绝好材料。一片叶子、一朵野花、一粒粮食等蕴含着宝贵的教育价值，我们可以经常带幼儿接触大自然，通过捡落叶、采野花、参与春种秋收等，让幼儿感知不同植物的不同特性，了解人们的生活与自然环境的密切关系，知道要尊重劳动，保护环境。一根树枝、一把细沙、一颗石子，不同的自然材料具有不同的属性、不同的肌理效果以及不同质感，我们可以和幼儿一起讨论常见自然材料的用途，支持幼儿通过动手操作萌发好奇心与探究欲望，也可以鼓励幼儿通过表达表征进行环境创设，还可以将材料投放到各类区域游戏活动中，满足幼儿想象创造的需要。一只蚂蚁、一只小羊、一缸鱼虾，这些动物朋友对幼儿有着天生的吸引力，我们可以引导幼儿观察探究，让幼儿在观察比较、饲养照料的过程中感知不同动物的显著特征，丰富感性经验，提升探究能力，初步理解人与动物的生态关系。

《指南》中指出："幼儿的学习是以直接经验为基础，在游戏和日常生活中进行的。"为此，我们组织教师从幼儿的学习方式出发，针对如何筛选出适宜的自然材料展开研讨：

"孩子年龄小，安全意识不足，我们提供的自然材料一定要确保安全和卫生。"

"孩子们在游戏活动中对材料的需求量大、利用率高，那些不便保存、过于稀缺的自然材料价值不大。"

"对对对，我同意，随处可见可取的又经济的材料应该是我们的首选。"

"我们提供的材料最好能满足孩子们一物多玩的想法，这样他们想象和创造的空间会更大。"

……………

在集体智慧的力量下，教师们梳理出了我园自然资源筛选的原则：安全、便捷、经济和开放。实践中，我们遵循以上四项原则，组织教师们从对幼儿发展的价值角度预设可开展的活动，对收集来的材料资源进行综合研判，筛选出适宜的课程资源内容，支持和满足幼儿通过直接感知、实际操作和亲身体验获取经验的需要。基于以上研判，我们对周边自然物资源再次进行筛选和梳理。

表2　周边自然材料调查清单

材料类型	材料名称	对儿童发展的价值	可开展的活动
植物	野果、野花、藤蔓、竹子、芦苇、菖蒲、狗尾草、南瓜、葫芦、花生、玉米、山芋、水稻、小麦、稻子，以及各类果实、各种种子等	感知不同植物的不同特征与习性，了解人们的生活与自然环境的密切关系，知道要尊重劳动，保护环境	科学认知活动、种植实践活动、环境创设活动、区域游戏
动物	蚂蚁、蚯蚓、蚂蚱、西瓜虫、蝌蚪、青蛙、鱼、虾、螺蛳、河蚌、螃蟹、小鸡、小羊等	感知不同动物身体组成部分的显著特征，丰富感性经验，提升探究能力，初步理解人与动物的生态关系	科学认知活动、饲养活动、区域游戏、生活活动
无生命物质	鹅卵石、树枝、树根、稻草、玉米芯、秸秆、各类干果、果壳、蚌壳	感知不同自然材料的不同属性、不同肌理和不同质感，增强好奇心与探究欲望，提高动手操作和想象创造能力	环境创设活动、游戏活动

（二）以促进幼儿全面发展为尺度挖掘资源价值

通过此次梳理，教师们对周边的自然材料资源特点有了深入的理解，能够从为幼儿所用的角度进行价值研判，然而幼儿的发展是一个整体，包含动作、认知、情感等多方面的相互协调发展，资源不仅要为幼儿所用，还要为幼儿的发展所用。因此，为了让资源真正促进幼儿身心全面和谐发展，我们以《纲要》《指南》中各领域幼儿学习与发展的目标为指引，对已有自然材料的价值进行挖掘和分析判断，提炼出各领域中关于自然材料运用的关键经验，逐步构建形成园本课程资源清单。

表3　园本课程资源清单

关键经验	发展目标	资源名称	资源价值	可开展的活动
科学探究	亲近自然，喜欢探究；能感知和发现动植物的生长变化及其基本条件；具有初步的探究能力	各种昆虫、各种水果、各类农产品以及各类种子	提升观察能力、记录能力、探究意识与技能、解决问题能力	科学探究活动、种植活动、区域游戏
数学认知	初步感知生活中数学的有用和有趣；能感受事物的数量关系	秸秆、竹竿，各种水果、各种农作物	测量比较，分类数数，区分物体的粗细、厚薄、轻重	数学认知活动、生活区游戏
艺术表现	丰富感性经验，萌发表现美、创造美的情趣	树枝、树叶、树根、野花、松果、稻草、藤条、芦苇、竹筒、石头等	丰富审美情趣、学习欣赏与表征、提升想象与创造能力	环境创设、美工区游戏、建构区游戏、音乐区游戏、表演游戏
动作发展	发展动作，提高体能	竹竿、稻草、松果、芦苇、麻绳等	开展多样化、开放式体育活动	晨间锻炼、户外体育活动

关键经验	发展目标	资源名称	资源价值	可开展的活动
语言发展	愿意讲话并能清楚表达	各种水果、各种昆虫、各类农产品、各类种子	为幼儿自由表达提供话题、体验语言交往的乐趣	语言活动、表演区域游戏
社会适应	爱父母长辈、爱老师、同伴,爱集体、爱家乡、爱祖国	美丽的山水、丰富的物产、发展的家乡、勤劳的人们	为参观游览、劳动实践提供场地、机会	社会实践活动、家乡代言人主题活动

(三) 以多样化的实施路径挖掘利用资源

幼儿的身心发展规律和学习特点决定了幼儿园课程的实施路径包含教学、生活、区域游戏、环境创设、家园共育等多种形式,真实生动、开放多元的自然材料不仅能为幼儿一日活动的组织奠定物质基础,也为幼儿多样化经验的获得提供支持。以芦苇为例,它不仅常见于幼儿园附近,也因其外形独特、四季变化鲜明等特征而成为我园首要开发对象。对照《指南》中各领域教育建议,我们规划将其投放进大班幼儿的项目化学习活动中。为了收集芦苇,我们发动了全体幼儿及其家长参与,过程中双方积极沟通,一致行动,还增进了亲子情感。当毛茸茸如梦幻般美丽的芦苇来到幼儿面前时,形式多样的活动便也随之而来:用它洁白如雪的花絮装饰幼儿园大厅、点缀幼儿园长廊、美化班级的自然角;用它长短不一的苇秆比高矮、跳格子、拼创意……随着活动的不断深入,幼儿对芦苇的兴趣日益浓厚,不但对材料式的芦苇百玩不厌,而且对整个芦苇的生长变化也产生了进一步的探究欲望。芦苇叶子可以做什么? 春天的芦苇是什么样的? 芦苇什么时候开花? 我们把芦苇采回来它还会再长吗? 追随幼儿的兴趣,跟随他们的问题,我们尝试在幼儿园的小池塘中和幼儿一起开展了芦苇种植活动,并在四季的观察中有了一段难忘的体验。幼儿在与芦苇的亲密接触中,不仅丰富了感性经验,增强了动手操作能力,感受美、欣赏美、创造美的能力也得到了提升,幼儿亲近自然,热爱家乡的情感也在不知不觉中得到升华。自然材料的开发利用有效促进了幼儿的主动学习和经验生长。

两年的探索实践让我们越发感受到课程资源的重要性。在对周边自然材料的调查中,幼儿的学习场域从教室走向了大自然;幼儿的学习方式从集体教学走向直接感知、实际操作和亲身体验的多样化活动。教师的课程资源意识不断增强,资源挖掘和利用的能力不断提升,幼儿园课程也在向着生活化、游戏化、经验化的目标迈进。我们将继续关注幼儿的生活,关注周边环境中的"活教材",进一步深化本土课程资源的挖掘与利用,为促进幼儿全面和谐发展不断努力。

(南京市溧水区东屏街道中心幼儿园)

案例四

极美溧水,行走的风景

——晶桥镇云鹤幼儿园自然资源调查

溧水,山川秀丽,风光旖旎:无想山满目葱翠,胭脂河曲折蜿蜒,天生桥巧夺天工,石臼湖烟波浩渺……山、水、林、湖各具特色,构成了自然生态的"天生溧水"。溧水,土地肥沃,物产丰饶:稻米种植已有500多年历史,素有"江南粮仓"之称。近年来,凭借"大健康"的资源禀赋,开发的草莓、青梅、杨梅、蓝莓、黑莓等多种高附加值农产品畅销全国,牡丹、玫瑰、郭兴庄园、阡陌花开等节庆品牌吸引无数游客观赏。作为拥有丰富本土自然资源的我们,应努力发挥优势,充分挖掘环境中的课程资源,让儿童在自然中游戏,在自然中探究,在自然中获得经验。

晶桥镇云鹤幼儿园地处溧水东南一角,是一所相对偏远的农村幼儿园,留守儿童较多,踏青、远足、亲子同游等户外实践活动深受欢迎。为了满足幼儿的需求,也为了更好地发挥本土资源的课程效益,让幼儿在与大自然的亲密互动中积累有益的经验,萌发爱家乡、爱劳动的美好情感,我园组织教师对周边资源进行了调查和梳理。

一、全面撒网,初步调查

溧水处处是美景,美景各不同。我们调查什么,该如何去调查呢?基于以上问题,教师们展开了研讨:

"是要调查类似天生桥这样有名的地点吧?"

"最好离我们近一点,这样带孩子出去户外实践也方便。"

"就我们一个镇恐怕太局限了,溧水的其他乡镇也有很多美景呢,再说了,交通现在也很方便。"

"一定是要调查适合带孩子去开展户外实践的场所,我们先发问卷问问大家都去过溧水哪些好玩的地方吧!"

…………

最终,大家一致决定先对全区所有的自然景点和场所进行搜集,先做到全面了解,再具体了解。于是,我们面向全体教师、幼儿及其家长发放调查问卷,内容涉及

"你去过溧水哪些风景优美的地方？在哪里？玩些什么？你还想去哪里玩？"等，同时通过网络搜索及相关文献查阅等途径进行信息收集，共汇总出溧水适合幼儿开展户外实践活动的场地资源34处。

这么多风景优美且适合幼儿开展活动的场地资源，该如何分类呢？这又让大家犯了难。大家在教研时纷纷沉默了，过了一会儿，突然有个声音传来："都说书中自有黄金屋，我们作为幼教工作者，当然要第一时间对标《指南》《纲要》！"这声音虽不响亮，却犹如一盏明灯给大家指明了方向，于是我们翻开了宝藏典籍，果然有所收获。《指南》指出，要经常带幼儿接触大自然，和幼儿一起通过户外活动、参观考察、种植活动等，感知生物的多样性和独特性，丰富感性经验，了解其生长发育、繁殖和死亡的过程。于是，我们秉持户外场地环境作为室内空间延伸的原则，尝试以组织幼儿开展户外活动、参观考察、种植活动为目标，将汇总来的资源以适合幼儿参观游览的青山绿水、适合开展户外活动的公园、适合亲子采摘的果蔬园和适合幼儿体验农事种植的家庭农场这四个维度对资源进行了梳理，具体统计见表1。

表1　幼儿园实践活动资源清单

青山绿水	公园	果蔬园	家庭农场
无想山 大金山 回峰山 秋湖山 东庐山 胭脂河 石臼湖 东屏湖 卧龙湖	牡丹园 玫瑰园 梦华苑 郭兴庄园 阡陌花开 秦淮梅园 无想水镇 幸庄湿地公园	傅家边草莓园 芊芊杨梅园 黑莓种植园 食里果香·百果园 九塘葡萄园 枫香岭樱桃园 白鹿苑生态园 严海桑果采摘园 真喜果蔬采摘园 富禾蓝莓采摘园	丽山音乐农场 曹庄富硒生态园 望悠谷茶园 无想自然学校 特殊教育学校社会实践基地 石臼湖生态农业水稻基地 龙吟湾亲子农趣文化创意园

二、瞄准资源，深入了解

通过初步的调查了解，我们不难发现自然生态的"天生溧水"并非徒有虚名，不管是青山绿水、花园景区、果蔬基地，还是家庭农场等，资源都非常丰富，能够支持并满足幼儿在自然中游戏、探索，与之产生互动。可是面对如此丰富的资源，教师们又提出了问题："胭脂河、无想山我们都熟悉，可是像白鹿苑生态园，我们也没去过，都不知道它在哪里，更不知道里面有些什么玩的地方了。"华老师立刻掏出了手机，查了查，然后对着念道："它位于东屏镇白鹿岗村，里面包括金陵黄枫观赏园、亲子游乐园、果树栽植园、有机蔬菜种植园、农耕文化展示园和特色水产园六大园区，网上是这么说的,但是我也没去过。"从教师们的对话中我们能够感受到,调查出来的场地资源都独具特色,有挖掘和利用的价值,但教师们并不了解所有的场地资源位置和其本身的特点等。为了帮助教师厘清场地资源的基本概况,摸清其价值,我们从地理位置和资源本身的典型特点入手,采用了实地探寻、网上查阅等形式瞄准资源,有针对性地进行了第二次梳理,这为我们后续对场地资源进行开发和利用奠定了基础。

通过此次的实地考察和梳理,教师们惊叹于溧水胜景的魅力。我们一同领略了融湖光山色为一体的"溧水第一胜景"无想山,游览了素有"日出斗金,日落斗银"之称的天然淡水湖泊石臼湖……青山绿水中植被资源、水产资源丰富,幼儿能够在参观游览、亲近自然中开阔眼界,感受动植物种类的多样性,并且能够通过直接观察比较,思考动植物的特征、习性等与环境的关系。我们也一同感受了初秋吐露粉蕊,如梦似幻的郭兴庄园,欣赏了百花争艳的牡丹园、玫瑰园,这些地方不仅能够丰富幼儿对于植物种类的知识储备,还为教师组织户外活动提供了充分的场地条件。幼儿可以在公园里主动探究,开展写生、户外游戏等活动,获得愉悦体验。与此同时,我们也一同走进了硕果累累的采摘园,进行了采摘活动初体验,当教师从"儿童视角"亲身体验时,其感受更为直观。新鲜美味的果蔬,既丰富了幼儿的生活经验,让他们能够近距离地感受植物生命果期的魅力,探寻到果蔬植物生长成熟的奥秘,也能让他们亲身体验采摘乐趣,享受活动的愉悦感。教师们也一起参与体验了生态园里独特的农事活动,在广阔的田野中参与劳动,既能积累丰富的生活经验和劳动技能,强健体魄、磨炼意志,也能在劳动中体会到付出的价值和收获的喜悦,感受劳动最光荣。

三、挖掘价值,筛选资源

调查现有资源的最终目的是将其转化成为幼儿所用、为幼儿受用的课程资源。那么我们的资源如何对接幼儿呢?课程与资源之间的联系到底在哪里呢?这些场地资源可以为我们开展具体的活动提供什么样的支持呢?不同年龄段的幼儿学习目标的差异性又如何体现呢?这些都是我们需要进一步思考和研究的。于是,针对以上问题,我们组织教师再次研讨。此次研讨过程中我们从不同年龄段的幼儿发展需要出发,在对资源价值进行深度理解和挖掘的情况下筛选梳理出可以开展的活动,体现出层次性。

首先,我们依然是深度领会《指南》精神,解读不同年龄段幼儿的发展特点和需要;其次,我们分年级组对之前梳理出来的资源进行再次划分,着重考虑资源本身的特点,包括植物种类的多样性、场地类型的适宜性、技术引进的高端性等,将具体的资源划分到不同年龄段中。教师们再根据实地考察体验和经验预设可开展的活动,梳理出三类资源清单,提高资源选取和使用时的实操性,其目的是让幼儿体验在自然中参与不同实践活动的乐趣,在参与户外活动中获得认知、情感、探究等多方面的发展。

表2　幼儿园幼儿参观考察资源清单

年龄段	资源名称	资源特点	对儿童发展的价值	可开展的活动
小班	无想山、天生桥风景区、丽山音乐农场、幸庄湿地公园	1. 自然景观特点浓郁;植被资源丰富;拥有贴近幼儿生活的动植物。	亲近自然,感知生物多样性	参观游览活动、观察认知活动
中班	牡丹园、玫瑰园、无想山森林公园	2. 特色景观资源和乡村旅游业独树一帜;花卉品种繁多,适合观察比较。	亲近自然,关心周围环境、爱护动植物	参观游览活动、花卉认知活动、户外写生活动
大班	郭兴庄园、阡陌花开、大金山风景区、梦华苑、白马国家农业科技园	3. 综合类景区涉及社会文化资源、农业高新资源等,适合幼儿探索发现。	亲近自然,喜欢探究、关注和了解自然、科技产品与人们生活的密切关系,逐渐懂得热爱、尊重、保护自然	参观游览活动、户外写生活动、户外游戏、了解农耕科学技术

表3　幼儿园幼儿户外活动资源清单

年龄段	资源名称	资源特点	对儿童发展的价值	可开展的活动
小班	傅家边草莓园、枫香岭樱桃园、严海桑果采摘园	水果种类丰富,季节性较强,涉及现代农业技术	认识各种常见的水果,积极参与探索实践活动,体验发现的乐趣	亲子采摘活动
中班	芊芊杨梅园、真喜果蔬采摘园、富禾蓝莓采摘园		了解家乡的特色水果,积极参与实践探索活动,了解季节对植物和人的影响	亲子采摘活动
大班	食里果香·百果园、白鹿苑生态园、黑莓种植园		了解现代农业技术支持下的家乡特色水果的种植技术,认识各种不同水果蔬菜的生长环境,体验动手参与实践探索的快乐	亲子采摘活动、集体体验活动

表4　幼儿园幼儿农事体验活动资源清单

年龄段	资源名称	资源特点	对儿童发展的价值	可开展的活动
小班	龙吟湾亲子农趣文化创意园、特殊教育学校社会实践基地	1. 场地广阔，适合幼儿体验插秧、采茶、摘棉花、打板栗、挖荸荠、填土施肥等农事体验活动。2. 拥有专业化的技术支持，适合幼儿体验割稻子、种植蔬菜、挖笋等农事活动。	丰富生活经验，近距离地感受植物生命各时期的魅力，在亲身体验采摘乐趣的同时，感受到劳动与丰收的喜悦	亲子活动、户外种植活动
中班	曹庄富硒生态园、望悠谷茶园		积累丰富的生活经验和劳动技能，强健体魄、磨炼意志，也能在劳动中体会到付出的价值和收获的喜悦，感受劳动最光荣的快乐。	亲子活动、户外种植活动
大班	石臼湖生态农业水稻基地、郭兴庄园		初步感知劳动的艰辛与乐趣，学会尊重他人的劳动付出；懂得人人都要劳动、劳动成果来之不易的道理。	认知活动、户外种植活动

四、收获和感悟

幼儿天生是自然之子，《纲要》中明确指出：应分利用自然环境和社区的教育资源，扩展幼儿生活和学习的空间。通过本次调查梳理，我们愈发明确了建设开发自然场地课程资源的重要性。在调查过程中，我们致力于引导幼儿"走出园所，走向自然"，带他们走进多元开放的真实场域，领略原生态的自然色彩，倡导其直接感知、实际操作，与环境材料相互作用，引发幼儿主动学习和探索，使其获得对本土自然资源的深层认知，从而萌发爱家乡、爱劳动的美好情感，促进幼儿全面协调发展。教师的课程资源意识也在调查和梳理的过程中得以提升，通过多轮的研讨、实践、总结，教师牢固树立了"以儿童为本"的课程理念，更加明晰课程资源选取的依据和原则，能够关注生活的教育价值，提高了自身的专业素养和课程开发能力。与此同时，我园结合溧水本地自然场地资源的优势，尝试开发利用此类课程资源，在丰富我园课程建设内容的基础上，使园部的课程建设更有抓手，幼儿园的课程建构进一步趋向生活化、本土化。

我园现在是在调查收集周边的自然场地资源，以预设或实践活动场地的形式对其进行个别利用，后期我们将鼓励教师在关注幼儿兴趣需要的基础上，对以上资源进行多元形式课程活动的生发，帮助幼儿在直接经验的基础上生成更多优秀的品质。我们充分认识到，只有当资源真正地落实到活动中，与幼儿产生交互作用时，课程资源才得以活化。我们的资源调查并没有止步，因为真正服务于幼儿的课程资源，往往需要根据幼儿在真实活动中的反应而进行不断调整，它永远呼唤着超越生活的发展诉求，我们只是迈了一小步，后面将继续稳步前行，努力追求在不断实践反思中促进幼儿认知、能力、情感等多方面发展。

（南京市溧水区晶桥镇云鹤幼儿园）

案例五

小农场里的大生活
——晶桥镇中心幼儿园自然资源调查

《指南》指出:"幼儿园要支持幼儿在接触自然、生活事物中积累有益的直接经验和感性认识。"我们晶桥镇中心幼儿园位于溧水最南端,3轨6个班,占地面积7 984.3平方米,建筑面积2 954.2平方米,绿化面积5 100平方米,其中田园种植面积高达1 000平方米。作为一所乡镇园,我们有着得天独厚的田园种植资源,教师应该在追随幼儿兴趣需要的基础上,充分挖掘种植资源的优势,组织开展适宜的活动,让幼儿去和大自然交朋友,从而获得经验的生长和综合能力的提升。然而,我园教师队伍趋于青年化,教师对于种植资源的经验不足。为了进一步增强幼儿对农作物的认知,在亲身体验中获得成长,也为了增强教师对种植资源收集调查的意识,做好支架,使种植资源在幼儿活动中被充分利用,促进幼儿发展,我园组织幼儿及教师共同对农村种植资源进行了一系列的调查和梳理。

一、小农场农作物大征集

我园的小农场占地面积这么大,具有如此丰富的土地资源,我们可以在上面种些什么呢?教师将这个问题抛给了幼儿。幼儿给出了五花八门的答案。

"西瓜吧,我喜欢吃西瓜!"

"草莓可以吗?我放假的时候和爸爸妈妈采过草莓呢!它也长在土里。"

"我想种西红柿!老师,可以吗?"

....

每个孩子都露出真挚的眼神,他们都想要在这块土地上种自己喜欢的农作物。班级教师在集中反馈幼儿意见的时候纷纷表示犯了难:到底我们这里的土地适合种什么呢?我们身边有哪些可以种植的农作物呢?教师在研讨后,决定针对以上问题展开实际调查。

园部借助小农场的场地资源,设计了"小农场农作物大征集"活动,面向幼儿和教师分别发放调查问卷,幼儿将与家长合作完成问卷内容。此次征集活动旨在通过多方位的信息收集,调查溧水本地适宜栽种的农作物种类名称,将资源汇总,在丰富幼儿及教师生活经验的同时,也为幼儿自主选择种植的农作物做准备。

幼儿和教师通过询问走访、查阅资料、实地勘察等形式完成了调查问卷,园部组织教师对班级幼儿及本班教师调查到的内容进行了分享，通过交流大家将适宜在溧水本地栽种的、日常农家用于生活的农作物，按粮食作物和经济作物进行了梳理归类。

表1　小农场农作物调查清单

类别		名称
粮食作物	谷物	水稻、冬小麦、冬大麦、玉米
	豆类	豌豆、蚕豆、青扁豆、紫扁豆、黄豆、黑豆、红豆、绿豆、绿黄豆
	薯类	马铃薯、紫薯、红薯、地瓜
经济作物	纤维作物	棉花
	油料作物	花生、油菜、芝麻、向日葵
	糖料作物	甘蔗
	三料作物	大葱、蒜、香菜、生姜
	蔬菜水果作物	黄瓜、西瓜、南瓜、冬瓜、丝瓜、倭瓜、福寿瓜、香瓜、苦瓜、瓠瓜、菜瓜、莴苣、西葫芦、大番茄、小番茄、紫茄子、白茄子、绿茄子、空心菜、苋菜、木耳菜、青菜、药芹、越冬西芹、冬春西芹、生菜、韭菜、西兰花、花菜、卷心菜、菠菜、大白菜、矮脚黄、长杆青菜、春卷心菜、豇豆、四季豆、芸豆、刀豆、红辣椒、青辣椒、朝天椒、灯笼椒、菊花菜、白萝卜、胡萝卜、洋花萝卜、茼蒿

二、春种秋收我知道

通过第一轮的调查，幼儿和教师们对溧水本地适宜栽种的农作物有了整体的认识和了解，大班教师带着班级幼儿整理出了一张农作物资源图，并与小中班幼儿进行分享。为了让每一名幼儿都有动手操作实践的机会，我们将土地进行了合理分配，各班级都拥有了自己的一份土地资源。土地分完了，又有了这么多可供选择的农作物，下面就轮到各班孩子们大展身手啦！

在准备种植之前，刚好是我们分年级组开展的春季微远足外出实践活动。教师主要以观察身边的农作物为主线，设计此次活动方案。在活动结束后反馈总结时，中二班的赵老师向大家分享了她们班上的孩子和搭班诸老师的一个小故事。

活动中，教师有意识地引导幼儿多观察附近田里的农作物。她们班的蕊蕊小朋友，边走边用手指了指田间一小片开着淡紫色花的植物，问道："诸老师，这个是什么呀？你知道吗？它是紫色的花呢，那个黑黑的点点好像眼睛呀！"诸老师顺着她指的方向看了过去："这——这是——我来搜一下。"诸老师掏出手机，打开了识图软件："这是蚕豆花，到了四五月份，就能结出蚕豆宝宝啦！""蚕豆我知道，我妈妈在家煮过给我吃呢！"一旁的苗苗听完立刻接话道。

这件小事让教师们感受到不仅孩子们对农作物在不同生长阶段的样貌会出现认

知上的问题,教师也有不了解的时候,更多的是知其然不知其所以然。如果这个蚕豆结出了果实,教师肯定能说出名称,可是它刚好在花期,并没有结果,所以才会出现这样的一幕。

每种农作物都是自然的馈赠,都具有各自鲜明的季节特点。虽然第一轮我们调查出了适宜种植的农作物,但是在实践过程中,对于农作物种植开花及收获的时间,大部分的孩子和教师都表示不太清楚。我们都知道,农事活动的开展又必须遵循自然规律,根据时令变化来进行,因此了解作物播种、收获的时间,知晓其生长周期就格外重要,这也促使了我们第二次调查的开展。

这次,园部组织教师更有针对性地对第一次调查出来的农作物进行二次梳理,以春夏秋冬四季为分界线,梳理出适合不同季节播种的农作物资源,列出其生长周期及收获的时间。本次调查是以查阅文献资料及走访询问的形式来开展的。

在这一轮的调查中,我们身边每日面朝黄土背朝天的父辈、祖辈就成了我们询问的主要对象。在周末空闲时,教师会回到乡下,走近村民,询问父辈、祖辈有关问题,而教师们在交流的时候也表示,老人们谈起自己引以为傲的土地时,常常是眉飞色舞,一说就停不下来,还有教师表示,自己甚至还被爷爷奶奶拉着去菜园子实地参观。谈论这个话题时,老人们的脸上都洋溢着灿烂的笑容,也许这就是他们对这片土地的热爱吧。

针对这一轮的调查,我们组织教师进行相应内容的研讨,将大家收集到的信息汇总,并以春夏季、秋冬季为划分依据,结合本区的地理位置特点,对在不同季节适宜种植的粮食作物和经济作物进行归纳和分类,制作相关表格,这样不同阶段农作物的样态就能一目了然,为后期指导幼儿开展种植、收获等农事活动提供了便利。

表2　本地域农作物季节性物候变化调查清单

季节	农作物种类		栽培方式	物候变化			
	种类	名称		播种期	定植期	花期	收获期
春夏季	粮食作物	水稻	露地	4月下旬～5月上旬	5月下旬～6月上旬	8月上中旬	10月下旬～11月上旬
		玉米	露地	4月上旬		6月上中旬	7月下旬
		马铃薯	露地	3月上旬		4月上中旬	5月上中旬
		甘薯	露地	2月下旬～3月上旬	4月上旬		6月下旬～8月下旬
		大豆	露地	4月上中旬		5月下旬～6月上旬	7月下旬～8月上旬

续　表

季节	农作物种类		栽培方式	物候变化			
	种类	名称		播种期	定植期	花期	收获期
春夏季	经济作物	棉花	露地	4月上旬	5月上旬	6月下旬～7月下旬	8月下旬～11月下旬
		花生	露地	4月下旬～5月上旬		6月下旬～7月上旬	7月下旬～8月下旬
		西瓜	露地	4月上旬	5月中旬	5月下旬～6月上旬	7月下旬～8月上旬
		丝瓜	露地	4月上旬	5月中旬	5月下旬～6月上旬	7月上旬～9月下旬
		南瓜	露地	4月上旬	5月中旬	5月下旬～6月上旬	7月上旬～9月下旬
		茄子	露地	12月中下旬	4月上旬	5月下旬～6月上旬	7月上旬～9月下旬
		辣椒	露地	12月中下旬	4月上旬	5月下旬～6月上旬	7月上旬～9月下旬
夏秋季	粮食作物	小麦	露地	10月下旬～11月上旬		4月上旬～5月上旬	5月下旬～6月上旬
		大麦	露地	10月下旬～11月上旬		4月上旬～5月上旬	5月下旬～6月上旬
		豌豆	露地	10月下旬～11月上旬		3月下旬～4月上旬	5月下旬～6月上旬
		蚕豆	露地	10月下旬～11月上旬		3月下旬～4月上旬	5月下旬～6月上旬
	经济作物	油菜	露地	9月下旬～10月上旬	10月下旬～11月上旬	3月下旬～4月上旬	5月下旬～6月上旬
		甘薯	露地	5月下旬～6月上旬	6月下旬～7月上旬		8月上旬～10月下旬
		白菜	露地	8月中下旬	9月中下旬		11月下旬～12月下旬
		萝卜	露地	8月中下旬			10月下旬～11月下旬
		黄瓜	露地	7月中下旬	8月上中旬	8月下旬	9月上旬～10月下旬
		番茄	设施	7月中下旬	8月上中旬	9月中下旬	10月下旬～11月下旬

三、种植资源怎么用

当教师们对本地可利用的农作物资源以季节性维度来划分时,除了深切地感受到溧水地区农作物资源丰富,还有一个最直观的感受就是我们一年四季都能够种植和收获,每一块土地都应被合理和有效地利用起来,尽显乡镇园所特色。

有效利用农作物资源,使其转换成课程资源,开展适宜的活动,让幼儿在我们这得天独厚的小农场里感受自然的魅力,让他们在播种、护理、收获的过程中,尽享植物生长和自我成长带来的快乐,这是我们所追寻的。

我们利用农场资源,鼓励各班级针对不同作物,结合季节特点,组织幼儿有针对性地开展种植、护理、采摘等小农场活动,定期组织教师参与观摩与研讨,形成特色园本教研活动。教师们采用小组活动、集体活动、邀请家长助教等多样化的活动形式,支持并鼓励幼儿在真切体验种植活动的过程中,增加对植物生长过程的了解,提高对植物生长条件的认识,从而获得多方面的经验,增进情感和能力。

我园"课程资源开发与利用工作小组"重视农作物课程价值的实现,经过多轮的实践探索,我们从种植环节、管理环节和收获环节入手,针对不同农作物种植空间的选择、种植方法、种植工具和合作方式的确定、护理注意事项、收获方式等问题进行梳理,同时重视农作物其他价值的实现,从而致力于丰富自身经验,为幼儿活动需要打牢基础。通过查阅资料、多方参与和实践操作,教师和幼儿在活动中更有抓手,增进了对农作物资源更深层次的认识。

表3　小农场资源种植环节使用指南

种植空间	农作物名称	适宜种植时间	播种方式	农作物名称
露天种植	冬大麦、青扁豆、紫扁豆、马铃薯、冬春西芹、春卷心菜	11月—1月	撒播	水稻、冬小麦、冬大麦、香菜、空心菜、苋菜、木耳菜、青菜、药芹、越冬西芹、冬春西芹、生菜、韭菜、大白菜、矮脚黄、长杆青菜
	菊花菜、花生、甘蔗、西瓜、南瓜、冬瓜、莴苣、西兰花	2—3月		
	丝瓜、苦瓜、瓠瓜、西葫芦、茄子、空心菜、苋菜、木耳菜、生菜、卷心菜、豇豆、芸豆	3—4月		
	黄瓜、水稻、福寿瓜、韭菜、刀豆、辣椒、玉米、红薯、紫薯、绿豆、红豆、地瓜、棉花	4—5月	点播	玉米、马铃薯、豌豆、蚕豆、青扁豆、紫扁豆、黄豆、黑豆、红豆、绿豆、绿黄豆、花生、芝麻、向日葵、黄瓜、西瓜、南瓜、冬瓜、丝瓜、倭瓜、福寿瓜、香瓜、苦瓜、瓠瓜、菜瓜、西葫芦、豇豆、四季豆、芸豆、刀豆、白萝卜、胡萝卜、洋花萝卜、茼蒿
	黄豆、黑豆、绿黄豆、芝麻、向日葵、刀豆	5—7月		
	甘蔗、油菜、大葱、小麦、豌豆、蚕豆、大蒜、香菜、药芹、菠菜、大白菜、青菜、萝卜、茼蒿	8—10月		

种植空间	农作物名称	适宜种植时间	播种方式	农作物名称
大棚种植	黄瓜、冬瓜、西葫芦、茄子等	2月下旬—3月初	种苗	紫薯、地瓜、油菜、棉花、大葱、莴苣、大番茄、小番茄、紫茄子、白茄子、绿茄子、西兰花、花菜、卷心菜、红辣椒、青辣椒、朝天椒、灯笼椒、菊花菜
	青菜、小白菜、西兰花等	3月上旬—中旬		
	辣椒、西红柿、花菜、白菜等	3月下旬—4月初		
	番茄、黄瓜、南瓜等	5月上旬—中旬		
	菠菜、生菜、青菜等	8月下旬—9月上旬		
	冬瓜、甜椒等	10月初—11月上旬		
	萝卜、韭菜等	11月下旬—12月初	扦插	甘蔗（甘蔗头）、蒜（蒜头）、生姜（发芽的生姜）、空心菜、番茄、红薯、木耳菜、香菜

表4　小农场资源护理、收获环节使用指南

护理注意事项	收获方式	农作物名称
浇水、捉虫、松土，观察农作物的生长变化并记录。特别提醒： 1. 水稻在旱地种植撒种盖土后浇足水盖上薄膜，待秧苗长到3厘米左右高掀开，当秧苗长到15—18厘米时，如果发现间距小，需要及时调整，避免后期影响生长。 2. 冬天护理马铃薯、西兰花、卷心菜等可以盖上稻草，避免冻坏。 3. 甘蔗长到2—3节时出现红色需要剥叶，如发现一棵里面长出来7—8根需要及时整理清除，只留4—5根。 4. 为提高作物发芽的速度，可以适时加上薄膜，但如豇豆发芽出来时温度很高，需要及时对薄膜进行戳洞，注意保湿。	刈割法	水稻、冬小麦、冬大麦、玉米、芝麻
	掘取法	马铃薯、花生、白萝卜、胡萝卜、洋花萝卜、紫薯、地瓜、生姜、红薯
	采摘法	香菜、空心菜、苋菜、木耳菜、青菜、药芹、越冬西芹、冬春西芹、生菜、大白菜、矮脚黄、长杆青菜、韭菜、豌豆、蚕豆、扁豆、向日葵、黄瓜、西瓜、西葫芦、豇豆、四季豆、芸豆、刀豆、茼蒿、油菜、棉花、大葱、莴苣、大番茄、小番茄、紫茄子、白茄子、绿茄子、西兰花、花菜、卷心菜、红辣椒、青辣椒、朝天椒、甘蔗

　　本着资源收集的意义是支持儿童的学习和发展这一理念，我们将上述资源清单进行汇总整理，形成文本资料，班级教师在开展活动时如有需要可以随时调取资源，支持幼儿活动；在梳理资源时我们采用层层递进的形式，先从内容入手，其间结合时节时令等自然特点，最后落脚在如何操作，在实践中满足幼儿经验的增长；资源的筛选需满足不同年龄段幼儿的发展需要，同种资源对于不同年龄段的幼儿的价值也不尽相同，因此，我们也在农作物资源的开发和利用过程中不断尝试、总结反思，尝试带

领幼儿走进田园,走向生活,挖掘田园中深藏的秘密,寻找生活中的知识经验,将课程资源的价值最大化,力求形成因地制宜的小农场特色课程。

种植活动是以小见大,让幼儿身体力行的活动。大自然是培养幼儿审美情感的丰富源泉,种植活动只是它一个小小的索引。我园地处农村,四季变化的农田,农作物的种植、生长与收获,农村文化习俗就在我们的身边。"田园"既是教育的环境,也是教育的资源,更是教育的手段,孩子们对田园既熟悉又陌生,熟悉的是他们天天经过,目睹着大自然的变化,陌生的是那里面到底隐藏着什么。

近年来,我们依托小农场让孩子们近距离体验到了农作物的种植、生长与收获。在我们的幼儿园,小农场是孩子们争先恐后想去的地方,他们散步时、户外活动时,大多时候都会愿意驻足、俯身去看看农场里的新变化。小农场给了孩子们一个参与种植、观察与发现、实践探究、付出与收获的自由空间,在这里,孩子们分工、合作、交流、分享,获得有益的经验,得到全面发展。

(南京市溧水区晶桥镇中心幼儿园)

三、文化资源的挖掘

秦淮源头的溧水人文荟萃、灿若繁星,隋初置县,历经一千四百余载,流风余韵,绵延不绝。李白诗酒纵横,泛舟于石臼湖;周邦彦倦客江南,夏日踏访无想山……众多文人墨客曾来此游历,留下典故与传说,见证着历史的辉煌。红色李巷、长乐桥、永寿塔等文化古迹,承载着千百年来先辈们的汗水与辛劳;乌饭、青团、糍粑、蒿子粑粑等传统美食令人回味无穷,蕴藏着专属的家乡味道。在这里,民俗文化和非遗文化穿越了百年时光,匠心得以代代传承。优质本土文化资源经过历史的不断积淀、发展和升华,集合了本地独具特色的民俗民风民情,带着深刻的地方烙印,是一份宝贵的精神财富。基于以上认知,我们组织各乡镇幼儿园教师深挖当地的文化特色,鼓励他们从传统美食、传统习俗、名胜古迹、节庆活动等方面入手,多渠道调查筛选适切资源,形成在地文化资源清单,为幼儿开展文化体验活动提供有力支撑,为幼儿在知传统的基础上知传承而奠基,使园本课程内容更具适切性,促进幼儿隐性的情感、态度、价值观的发展。

案例一

文化资源为舟　快乐驭舟而行

——和凤第一中心幼儿园文化资源调查

地处溧水最南端的和凤镇,西临风光旖旎的石臼湖,北依景色优美的凤栖山,传说美丽的凤凰因仰羡石臼湖美景而落脚栖山,和凤镇名也由此而来。当下的和凤虽没有城市的车水马龙、繁华喧嚣,却在长年累月中积淀了丰厚的传统文化,每到重要的日子,各式各样的民间活动精彩纷呈:逛庙会、跳马灯、挑花篮、玩龙灯、划旱船等不胜枚举,其中,骆山大龙于2008年申请并成为国家级非物质文化遗产,2023年2月入选全国"一县一品",已成为溧水民俗文化的标志,史家村小马灯活动也极富特色,深入民心。这些释放着独特文化魅力的本土资源表达着人们对美好生活的愿景,质朴而智慧,纯净又璀璨。

充分挖掘和凤文化资源,可以让幼儿实际感受家乡文化的丰富与优秀,感受家乡的变化和发展,萌发爱家乡、爱祖国的情感;合理利用和凤文化资源,能帮助幼儿更加了解自己的家乡,感受家乡文化精髓的同时增强对家乡文化的认同感。此外,本土文化资源的开发与利用还可以丰富幼儿园课程内容,提升教师专业能力。因此,我们立足本园实际,从幼儿的生活中汲取素材和灵感,利用幼儿普遍熟知的、可接受的、具有典型意义的文化资源,将教育生活化,促进幼儿身心全面和谐发展。

一、多途径调查,了解溧水文化资源

和凤文化底蕴如此深厚,我们该从何处入手开展调查活动呢? 为保证调查的科学性和全面性,我们组织教师针对调查途径进行头脑风暴。"你们知道和凤有哪些特色的文化资源吗?""可以通过什么样的途径收集了解我们的本土文化资源呢?"研讨活动从这两个问题切入。

"跳马灯算是我们的一大特色。"

"骆山大龙是国家级非物质文化遗产,很有名。"

"我觉得去网上搜一定会有收获。"

"我们去翻《溧水县志》吧,里面肯定有所涉及。"

在大家的群策群力下,我们确定了调查的途径:采用调查问卷和访谈、实地考察、利用家长和社区资源、查阅书籍文献、网络检索等多种形式进行。在这个过程中,我们了解到溧水唯一的国家级非物质文化遗产——骆山大龙、江南第一板龙——何林坊双龙、

江苏省非物质文化遗产——打社火等。我们对本地方言、流传的戏剧、民间音乐、传统民间舞蹈、民间文艺活动等有了全面的了解,同时也感受到了散发着泥土芬芳的乡土民谣的魅力,搜索到了具有和凤特色的一系列民间游戏,等等。

图1 溧水史料

图2 溧水县志

多途径调查的形式丰富了我们的文化资源清单,初步调查后我们组织教师对典型资源进行梳理,按照民俗活动、民间游戏、民谣、方言等将其分为四大类,初步形成了我园的本土文化资源清单。

表1 本土文化资源清单

民俗活动	民间游戏	民谣	方言
骆山大龙	滚铁环	采茶灯	江淮方言
和凤小马灯	跳竹竿	打铁歌	吴语
山南剪纸	扇洋画	送房歌	客民话
虾子灯	抽陀螺	天要下雨	
陆家龙灯	拔根儿	小板凳	
划旱船	抖空竹	月亮毛毛	
挑花篮	城门城门几丈高	端阳	
推车舞	蒸馍馍	牵牛花	
河蚌舞	顶锅盖	屋里点个灯	
舞龙船	王婆婆快烧茶	打号麦子	
和凤社戏		金钩钩	

二、沉浸式研判,挖掘文化资源价值

随着本土文化资源调查的不断深入,我园的文化资源清单也在不断充实,但是如何深切地感受文化资源的魅力,深入挖掘文化资源的教育价值呢? 对照《指南》中社会领域的发展目标"运用幼儿喜闻乐见和能够理解的方式激发幼儿爱家乡、爱祖国的情感",我们感受到文化资源独特的教育价值:它不仅能够帮助幼儿了解家乡的风土人情,感受家乡文化的丰富和优秀,也能使幼儿为自己是溧水人感到骄傲和自豪。蒙台梭利说过:"我听过了,我就忘了;我看见了,我就记得了;我做过了,我就理解了。"为了切实加强教师对文化资源内涵的准确把握,我们采用体验式的方法对"和凤小马灯"进行深入调查,充分挖掘其蕴含的教育价值。

距离我园一千米左右的史家村的小马灯活动很有地方特色,它最大的特点是人小、马小、道具小,讨人喜爱。小马灯的内容以《岳飞传》《三国演义》等为背景,表演敲锣打鼓和古战争中的阵法,是农民喜庆丰收和欢度春节的重要民俗表演活动。一次"三八"妇女节,幼儿园举行了"妈妈的成长"分享交流会活动,有幼儿带来了妈妈的相册集,妈妈小时候跳马灯的照片吸引了很多幼儿的注意,大家很感兴趣,你一言我一语地讨论了许久。我们敏锐地察觉到这是一个很好的教育契机。于是,我们组织教师就"关于小马灯你知道多少""可以通过哪些途径来做调查"等问题开展了第一次研讨。

"我爸爸以前就是跳马灯的,我只是看过表演,由来的话我可以去问问他。"

"可以询问社区工作人员,他们对社区人文环境最了解。"

"我们班依依的爷爷会跳,他肯定知道不少,可以找他。"

"我爸爸也会,如果需要可以请他来教我们。 实践出真知,我们自己先尝试尝试。"

··············

通过大家的互动交流,我们逐渐明晰调查问卷可以从大数据的角度帮助我们分析经验基础,但是真正深入挖掘小马灯背后的文化资源内涵,我们需要从更多维度着手调查。于是,我们再次梳理,丰富调查形式。

(一) 调查问卷普查

我园大多数幼儿及家长是幼儿园附近村庄的居民,因此我们先从家长方面进行调查,对家长发放了调查问卷,预设了"你知道跳马灯活动吗""你跳过马灯吗""你所了解的跳马灯活动是什么样的"等7个问题。在调查统计中我们发现有70%的家长看过和凤小马灯表演,有20%的家长儿时参加过跳马灯活动,有90%的家长表示愿意让幼儿参与跳马灯活动,有的家长在调查表上画出了跳马灯的路线图,还有一部分

家长是村上马灯会的组织者,等等。看到如此丰富的家长资源以及家长积极支持的态度,我们对后续的调查更有信心了。

(二)走访社区,寻访艺人

接着,我们正式开启了寻访之旅。在走访社区、寻访艺人前,我们组织教师针对提问进行审议,最终,我们带着预设的"史家小马灯的由来？马灯有哪些队形？哪些角色？目前还有哪些人会跳？谁会扎马灯？"等问题走进了毛公铺社区。在这里我们的问题得到了一一回应,教师们对于马灯的传说、做法、跳法、故事角色、队形、所用的乐器等都有了更加深入的了解。与此同时,社区工作人员还鼎力相助,向我们推荐了马灯会的组织者,于是我们很快找到目前还会跳马灯、扎马灯的艺人史云和,他热情地接待了我们,带我们参观了马灯会,将放置于楼阁上的道具翻出,向我们一一进行解说。解说过程中他时不时冒出"哎,现在都没什么人跳了"的惋惜声。最后,他表示如果幼儿园有需要,他愿意到幼儿园现场教授,他的加入给我们这次的调查及后期的活动开发立下了一根"定海神针"。

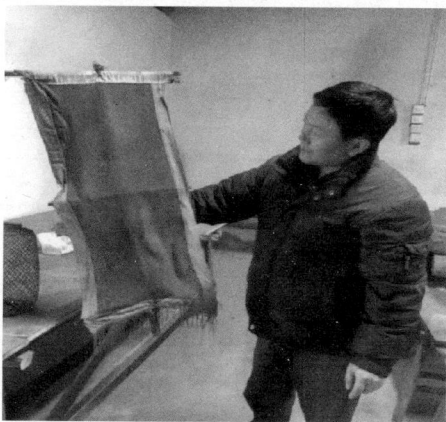

图3 马灯艺人展示马灯道具　　　　图4 马灯艺人制作马灯

(三)实践体验马灯文化

实践是检验真理的唯一标准。我们专程邀请了民间艺人来园对全体教师进行"和凤小马灯"的实操性培训。民间艺人向我们详细介绍了史家小马灯的发展历程及由来,让我们直观感受到和凤小马灯大放异彩的文化魅力。最精彩的环节便属艺人亲自向教师们教授跳马灯的队形、动作,给跳马灯配乐等,在锣鼓声中教师们体验了一场别开生面的跳马灯活动。通过这次沉浸式体验学习,教师不仅深刻感知到了溧水优秀民俗文化的风采,感受到了文化资源的独特价值,还更坚定了将家乡文化引入幼儿园活动的想法。

图5 马灯艺人展示马灯道具

图6 教师在学习马灯队形

通过对小马灯活动展开的系列调查，教师对于文化资源调查的路径有了更加清晰的认知，于是我们组织教师参照这一调查路径，针对之前资源清单上的其他文化资源也从问卷调查、走访、实操体验等方面展开调查，旨在充分了解文化资源的内涵，在此基础上对文化资源从资源类别、资源名称、对幼儿的发展价值等方面进行集中分类审议，预设可开展的活动。具体见表2。

表2 本土文化资源调查清单

资源类别	资源名称	对幼儿的发展价值	可开展的活动
民俗活动	骆山大龙 陆家龙灯 山南剪纸 虾子灯 和凤小马灯 划旱船 挑花篮 推车舞 河蚌舞 舞龙船 和凤社戏	了解溧水的风土人情，充分感受、体验溧水民俗文化的精髓，感受节日的欢乐、生活的美好，增强对溧水民俗文化的认同感，激发对家乡、对劳动人民智慧的热爱之情	民俗观赏实践活动、表演区游戏活动、开展"民俗节"体验活动（例如：二月二龙抬头、民俗文化"童"传承、萌娃逛庙会等）、生成相关主题活动
民间游戏	滚铁环 跳竹竿 扇洋画 抽陀螺 拔根儿 抖空竹 城门城门几丈高 蒸馍馍 顶锅盖 王婆婆快烧茶	促进体能、认知能力等各方面的发展；培养主体能动的学习品质；促进合作交往能力的发展；有助于积极情感的培养及个性的发展；感知民间游戏的乐趣	区域游戏活动、户外体育活动、生活过渡环节、开展游园活动、亲子运动会等活动

资源类别	资源名称	对幼儿的发展价值	可开展的活动
民谣	采茶灯 打铁歌 送房歌 天要下雨 小板凳 月亮毛毛 端阳 牵牛花 屋里点个灯 打号麦子 金钩钩	优秀的民谣符合幼儿语言理解特点和心理特点,且它的娱乐性和游戏性对幼儿有很大的吸引力,能促进幼儿语言、艺术、科学、社会等领域的发展;同时蕴含着丰富的文化内涵,在其引导下,幼儿易形成良好的生活习惯,道德情操也能得到良好的培养	相关的集体活动,在日常活动谈话环节等有机渗透,开展亲子民谣吟诵等活动,开展语言区域游戏等
方言	江淮方言 吴语 客民话	促进幼儿语言能力的发展,有助于幼儿情绪情感的表达,帮助幼儿感悟家乡的风土人情,感受地方语言的魅力	方言欣赏,结合科技教学手段以扫码观看的形式呈现在语言区;开展方言小主播活动;尝试用方言创编过渡环节的小游戏等

三、对接儿童经验,合理开发文化资源

不同年龄段的幼儿在生活经验、学习特点、认知水平、动作发展、情感体验等方面具有不同的特征,与此同时,不同年龄段的幼儿对文化资源的运用也有着不同的兴趣需要和发展目标,我们结合《纲要》《指南》,根据幼儿的年龄特点设计活动、投放材料,使资源的隐性教育功能与幼儿的发展需要相适应,将资源的价值体现在各年龄段幼儿的游戏和各类活动中,以适应幼儿的发展需求。综上所述,我们组织教师对调查到的文化资源再次进行审议,对接幼儿的具体年龄段,筛选具有代表性的活动。在我们的优化调整下,文化资源的价值得到进一步明晰。

表3　各年龄段文化资源价值

小班	中班	大班
1.知道自己的家乡在和凤,喜欢欣赏、愿意了解家乡的传统文化,有初步的归属感。 2.愿意参加并欣赏民俗表演活动,能够愉快地感受氛围,并愿意模仿	1.知道自己是和凤人,简单了解家乡有代表性的传统文化,感受溧水文化的独特性,萌发爱家乡的情感。 2.能专心欣赏民俗表演活动,乐于用唱跳演的形式积极模仿,表达自己的所见所想	1.通过对家乡民俗文化的了解,感受传统文化的独特魅力,为自己是溧水人感到自豪。 2.喜欢欣赏民俗表演活动,主动关注民俗活动表演中人物的表情、动作等,大胆尝试表现,积极表达情绪情感

小班	中班	大班
3. 能用简单的词汇和语言说清楚文化体验的内容、场景和人物,尝试表达自己的感受和想法。 4. 喜欢参与民间游戏活动,能听懂简单的游戏规则,尝试通过多感官或动作探索游戏的玩法。 5. 能口齿清楚地说民谣,复述民谣的内容。 6. 能听懂方言,尝试用简单的方言表达自己的需要和想法	3. 喜欢谈论本地民俗文化,在交流传统文化的过程中,能注意倾听别人说话,尝试用恰当和较为丰富的词句表述自己进行文化体验、游戏活动的过程。 4. 尝试通过与同伴合作的方式参与民间游戏活动,能够听清楚较为复杂的游戏规则,提高肢体动作的协调性,感受民间游戏的魅力。 5. 喜欢说民谣,并能边说边与同伴玩民谣游戏。 6. 能听懂方言,分辨方言和普通话的区别,尝试用简单的方言进行交流	3. 能围绕本地传统文化进行讨论,有良好的倾听习惯,别人讲话时能主动回应,敢于提出不同意见,会连贯、清楚、较为完整地表述自己对溧水本地传统文化的认知和了解。 4. 尝试主动邀请同伴开展合作游戏,能够共同商议游戏规则并主动遵守,提升合作交往的意识和能力水平。 5. 能够在集体面前大胆讲述自己了解的民谣,尝试加入表情、动作,注意讲述的生动性。 6. 能够通过多种形式感受方言的独特魅力,愿意通过游戏的形式引入方言,做好方言文化的延续与传承

四、思考与感悟

古老的和凤镇人杰地灵,喜庆的民俗活动、有趣的民间游戏、朗朗上口的民谣、独具风情的方言等,这些活生生的本土文化资源就在幼儿身边,对于幼儿来说就是最真实、最熟悉、最贴近生活的"活教材"。在本土文化资源的挖掘与利用中,我们深刻认识到文化资源在幼儿园教育中的重要性,我园的环境面貌也发生了深刻的变化,幼儿园课程也更加生活化和个性化,并有力支撑了幼儿园各类活动的开展。幼儿在开放自主、丰富多彩的生活化教育活动中接受优秀传统文化的影响和熏陶,丰富了感性经验和审美情趣,提升了想象、创造、合作的能力,增强了爱家乡的情感,获得了全面和谐的发展。

通过此次调查实践,教师对本土特色文化资源内涵的理解更为深刻,对于资源调查的方法途径也在一次次实践、访谈、体验中日趋明晰。教师的课程资源意识和课程资源开发能力有了质的飞跃,他们更加关注幼儿身边的事物和现象,更加关注幼儿的兴趣需要,也更加关注幼儿的年龄特点与学习方式。在这个过程中逐渐凝聚了幼儿园课程文化发展的向心力,在提升教师本身专业素养的同时也丰富了教育内容,促进了幼儿全面发展,加强了幼儿园与社区、家庭的合作,增强了地方的教育特色等。

文化从来不是简单的"移植"与"嫁接",我们应扎根本土文化、借鉴外来文化,在不同文化的交流碰撞中赋予本土文化新的意义,实现文化的融合与理性超越,真正找到适合本园课程发展的科学之路。① 本土课程资源开发与利用项目的建设与推动,正引领着我园保教水平向着更高质量的发展方向前行!

(南京市溧水区和凤第一中心幼儿园)

案例二

探文化之美　悟文化之魂
——石湫街道中心幼儿园文化资源调查

《纲要》提出"引导幼儿接触周围环境和生活中美好的人、事、物,丰富他们的感性经验和审美情趣";"引导幼儿实际感受祖国文化的丰富与优秀,感受家乡的变化和发展,激发幼儿爱家乡、爱祖国的情感"。可见,开发利用本土文化资源,是落实《纲要》精神的重要体现,既可作为传承地方文化的载体,亦是促进幼儿适宜发展的有效途径。本土文化贴近幼儿生活,利于幼儿直接感知和亲身体验,开发利用本土文化资源的过程,就是帮助幼儿实际感受家乡风土人情的过程,体会家乡发展变化的过程,能促使幼儿萌发作为溧水人的骄傲与自豪,增强文化自信。为此,我园紧紧围绕本土文化资源的开发与利用展开探索与实践,旨在增强幼儿对本土文化资源的认识与尊重,提升教师专业能力,优化幼儿园课程内容。

一、文化资源初调查

幼儿园周边的风景名胜和文化古迹众多。教师们知道哪些?了解多少?怎么进行调查梳理?可以组织幼儿开展哪些活动?针对这些问题,大家展开研讨后决定先以问卷调查的形式面向全园教师、幼儿以及家长展开调查,以期能够对本土文化资源有较为全面的了解。

第一次的调查结果显示,由于问卷的问题设计得过于宽泛,大家主要是根据自己的游览经历来完成的,因此内容不全且大多相似,资源主要集中在天生桥、无想寺、大金山国防园、红色李巷等常见的旅游景点。针对这一现状,我们及时调整策略,采用查阅《溧水县志》、查看区域地图、查找网络平台搜索等方式进行详细调查,然后将统计出的典型资源按类别以列表的形式呈现。

---

① 张帅.幼儿园课程发展需文化引领[N].中国教育报,2022-04-17(02).

表1　文化资源调查清单

文物遗址	古村古镇	文化地标	历代文人	地方美食
天生桥 胭脂河 长乐桥 蒲塘桥 无想寺 永寿塔 状元坊 通济街 城隍庙 回峰山古人类化石遗址 南唐韩熙载读书台 无想山摩崖石刻	仓口 仙坛 白石观 骆山 桑园蒲 洪蓝 明觉 柘塘 石湫坝	红色李巷 大金山国防园 石湫影城 周园如意文化馆 无想水镇 天生桥博物馆 市民之家 国家极限运动场	白季康 周邦彦 袁枚 崔致远 谢灵运 李白 颜真卿 杨万里	洪蓝玉带糕 石湫香菜 东庐山秋果 傅家边青梅 石白湖螃蟹 吴村桥碧螺春

二、文化资源重体验

通过前期的调查、学习与研讨,教师对区域内的文化地标与文物遗址等资源有了较为丰富的经验,但是在幼儿眼中这些资源是怎样的? 他们喜欢什么? 他们可以做什么? 能够获得哪些有益经验? 带着这些问题,我们决定开展"我最喜欢的名胜古迹"投票活动,旨在了解幼儿的已有经验,发现他们对文化资源的兴趣点。结果较受欢迎的名胜古迹毫无悬念地落在了幼儿熟知的如石湫影城、天生桥、通济街、大金山国防园等热门景点上,尤其以幼儿园附近的石湫影城得票最多,而历代文人则是意料之中的鲜为人知。于是,班级教师开始组织幼儿集体谈话:你在这些好玩的地方看到了什么? 听见了什么? 做了哪些有趣的事情? 发现了哪些秘密? 我们通过统计发现,大家几乎都是以野餐、看风景为主,玩得最多的就是景区的游乐设施。如此看来,幼儿园充分挖掘了溧水名胜古迹中蕴含的教育价值,让幼儿在多样化的体验活动中了解家乡的发展变化,真切感受家乡山美、水美、人更美的文化特质,从小萌发作为溧水人的自豪感和对溧水的热爱之情。

为进一步了解区内文化资源的基本概况,教师们又一次集中研讨,大家一致认为对于文物遗址、古村古镇、文化地标这类文化资源可以采用实地探寻的方式进一步感受其特征与价值。通过走访大家发现,文物遗址类资源具有重要的历史文化、审美艺术等价值,能够让幼儿通过探寻、欣赏等方式,感受家乡的自然和人文情怀;文化地标资源对于展现城市形象有重要作用,幼儿可以通过参观游览了解每个场所的作用,知道其与人们生活的关系,感受家乡的发展进步,同时激发爱家乡的情感。另外,在探寻各类文化资源的过程中,教师们还品尝到了溧水的地方美食,极具特色的溧水饮食文化也能进一步让幼儿感受家乡的民俗风情,激发对家乡传统美食的兴趣。

发现、获取课程资源不只是一个对幼儿园周边资源进行调查、清点、记录的过程,更是一个挖掘资源对幼儿发展所具有的可能价值的过程。因此,我们立足幼儿直接感知、实际操作和亲身体验获取经验的学习方式,对照《纲要》《指南》中各领域发展目标,对本土文化资源及可能为幼儿学习与发展提供支持的活动进行了判断分析和梳理。

表 2　对文化资源的分类及价值分析

资源类别	资源名称	资源特点	对儿童发展的价值	可开展的活动
红色基地	红色李巷、大金山国防园	爱国主义教育基地既有自然风景,又有历史纪念场馆,承载着丰富的革命文化内涵,有助于弘扬革命传统,传播红色基因	通过参观学习、参加主题教育活动等方式,培养爱国情怀和民族精神	1. 组织参观游览。 2. 开展主题课程活动:我是小小兵、中国娃等。 3. 观看英雄电影、聆听历史故事
文物遗址	胭脂河、永寿塔、通济街、天生桥、蒲塘桥、长乐桥	人文景观优美,历史悠久,具有鲜明的地域特色和丰富的历史内涵,适合观光游览和开展实践活动	通过探寻、欣赏等形式多样的活动,了解家乡的历史文物遗址,提高文物保护意识。 运用多种工具材料进行创作,表现人文景观、文物遗址的美,提高艺术审美能力,激发热爱家乡的美好情感	1. 开展主题课程活动:走进文物遗址。 2. 社会:家乡的文物。 3. 建构:我设计的桥。 4. 科学:探索桥的结构。 5. 美术:古迹观察、欣赏、绘画、手工等活动。 6. 组织参观游览
历代文人	白季康、周邦彦、袁枚、崔致远	家乡历代名人蕴含着丰富的精神内涵及价值取向,优秀事迹和文学作品值得幼儿了解学习	了解家乡名人及其优秀事迹和文学作品,从而激发爱家乡、爱祖国的情怀,更好地弘扬家乡文化、增强文化自信	1. 社会:认识家乡的历史名人。 2. 语言:文学作品欣赏、诗词朗诵
文化地标	石湫影城、无想水镇、天生桥博物馆、周园如意文化馆、市民之家、国家极限运动场	文化地标不仅是历史的见证,更是文化的传承,对于提升地区旅游吸引力、促进文化产业发展具有不可替代的重要作用	了解家乡的历史和文化,从而增强对家乡的认同感和归属感。 知道各场所与人们生活的关系,感受家乡的发展进步,激发爱家乡的情感。 通过实地参观、欣赏,丰富对特色建筑的感受和体验,从而提高审美能力	1. 参观实践活动。 2. 开展主题课程活动:石湫影城、无想水镇等。 3. 社会:各行各业。 4. 美术:民间艺术作品欣赏。 5. 建构:地标建筑。 6. 社会:参观运动场。 7. 体育:大家一起来运动
地方美食	洪蓝玉带糕、石湫香菜、东庐山秋果、傅家边青梅、吴村桥碧螺春	家乡美食丰富多样,具有独特的口感和风味,是地方文化和历史的生动体现	了解家乡的饮食文化,体验美食的制作过程,感受家乡的民俗风情,进一步激发对美食的兴趣	1. 社会:家乡的美食真不少。 2. 生活:美食制作与品尝。 3. 科学:各种各样的调料

三、文化资源广利用

1. 挖掘文化资源进行环境创设

资源的调查与梳理是为了利用，为了促进幼儿的学习与发展。实践中，我们充分发挥文化资源在环境中的教育作用，让幼儿在与环境的相互作用中萌发兴趣，增长经验。例如：通济街不仅是溧水的地标，是人们常去的古街道，还镌刻着溧水人的深深记忆。近年来，通济街的翻新改造受到了广泛关注。幼儿常常聚在一起聊起它，基于幼儿的兴趣需要，同时也为了让幼儿深入了解通济街的历史文化，体验家乡在新时代的变化，我们开展了"走进通济街"主题活动。为了充分发挥环境的隐性支持作用，我们将亲子共同寻找到的街景旧照片与实地参观拍摄的实景图收集起来，和幼儿商量讨论，共同在班级环境中创设一块富有通济街古韵古风的墙面，并鼓励幼儿根据自己的走访经验画出"我眼中的通济街"，直观对比感受通济街随着时代变迁保留的古色古香的韵味。与此同时，我们还根据幼儿对古代商业街经营方式的兴趣，利用阅星亭、会景门等地标性建筑，创设角色游戏区域，鼓励幼儿开展角色游戏，深刻体验千百年来通济街繁华的商街之景，感受家乡的变化与发展，激发幼儿爱家乡、爱祖国的情感。

2. 利用文化资源丰富游戏活动

游戏是幼儿园的基本活动。极富生活气息的溧水美食文化为幼儿的游戏活动提供了源头活水。例如石淇香菜，这是溧水一道人气极高的小菜，每年秋冬季家家户户都会腌制。教师们及时发现教育契机，选择贴近幼儿生活的香菜资源开展"香菜坊"活动，丰富幼儿游戏内容。为了体验腌香菜的全过程，充分了解家乡的饮食文化，幼儿在种植园地种植香菜，精心护理，等到香菜成熟，他们结伴采摘长梗香菜。在教师们的支持下，幼儿清洗、剪切香菜，加入调料进行腌制，装瓶做好记录。最后品尝到自己制作的美食时，他们兴奋不已，迫不及待地想要向家人、其他班级的好朋友进行分享。通过亲身体验香菜制作的全过程，幼儿既感受到了家乡独具特色的美食文化，也体验到了日常劳作的辛劳，感恩意识也愈加强烈。美食文化资源的开发和利用，不仅能够丰富幼儿的游戏内容，更能让幼儿在真实的游戏体验中激发对家乡传统美食文化的兴趣，加深对家乡文化资源的感悟。

3. 围绕文化资源开展实践活动

溧水优美的环境、丰厚的文化为幼儿的参观游览创造了先天的条件。例如溧水红色李巷，是新四军最早到达的苏南地区之一，也是中共领导苏南人民进行抗日斗争的中心区。为了让幼儿近距离地接触和感受家乡的红色文化、接受红色教育，我园组织幼儿开展"参观红色李巷,重温红色历史"实践活动。随着活动的开展,幼儿来到抗战时期老一辈革命者的红色旧居,参观抗日战争收藏馆等红色遗迹,聆听革命先烈们的光荣事迹,更直观地接受红色文化教育洗礼,爱国情怀和民族自豪感得以提升。

4. 结合文化资源促进家园共育

本土文化资源的开发需要幼儿园、家庭以及社区密切合作,为家园携手共育提供了机会。例如,在"探秘石湫影城"活动中,家长陪伴幼儿一起通过访谈、网上查阅等方式,丰富幼儿关于石湫影城的经验;与此同时,社区人员也配合教师为幼儿提供参观石湫影城的机会。在家长、社区、幼儿园的密切配合下,幼儿通过多种渠道了解影城的布局、建筑特点,深入理解影城的文化魅力。

四、文化资源深感悟

随着课程资源调查的不断深入,我们深切感受到了文化资源对幼儿、教师、幼儿园以及幼儿园课程开发均具有重要的意义。一是文化资源的调查让幼儿"真"发展。文化资源的调查立足于我园幼儿的生活实际。在文化资源的调查过程中,幼儿通过体验、交流等形式拓宽了关于家乡文化的知识视野,充分感受到了溧水的文化之美,同时也激发了文化认同感和民族自豪感,对家乡溧水充满热爱。二是文化资源的调查让教师"真"进步。我园多数教师偏年轻,这部分教师有精力,但资源调查经验不够丰富,另外还有部分非本地教师,对于当地文化资源不够了解。文化资源收集活动不仅能够充分发挥教师的创造性,还能够让她们在实践中不断提升专业能力与传统文化素养,对教师专业成长具有十分重要的意义。三是文化资源的调查让幼儿园、家庭、社区"真"合作。幼儿园、家庭和社区是幼儿生活、学习的三大重要环境,幼儿园应与家庭、社区密切合作,促进幼儿的发展。在文化资源的收集过程中,我们鼓励家长积极参与,同时也获得了社区的支持帮助,因此我们文化资源的调查是一个全员共同参与的过程。有了大家的共同参与,文化资源的调查更加科学完善。四是文化资源的调查促幼儿园课程品质"真"提升。文化是课程的重要组成部分,课程是文化的载体。文化资源的调查不仅可以促进幼儿的生活体验与文化体验,还可以丰富幼儿园课程资源、课程内容。在幼儿园课程中渗透地方文化,可以使幼儿园课程更贴近幼儿的生活,更易于幼儿接受和学习,让幼儿在园本课程实施中体验到生活在家乡的乐趣。

(南京市溧水区石湫街道中心幼儿园)

案例三

踏美"溧"旅程　润最美童心

——洪蓝街道渔歌幼儿园文化资源调查

　　节庆活动是在固定或不固定的日期内，以特定主题活动方式，约定俗成、世代相传的一种社会活动。《指南》指出："和幼儿一起外出游玩，一起了解有关家乡的风景名胜、著名的建筑、独特物产等，激发幼儿的自豪感和热爱之情。"溧水，是百里秦淮河的源头，历史文化源远流长。近年来，溧水整合本土优秀文化资源，以文化产业赋能乡村振兴，从红色资源保护与利用、传统村落文化保护与开发、淳朴乡风养成、劳模精神培育和弘扬、优秀渔民文化传承、康养助力山村产业发展、新村民文化的培育等多方面，助力乡村发展，使得这个历史文脉之地不断焕发出勃勃生机。

　　洪蓝街道渔歌幼儿园地处无想山森林公园脚下，毗邻傅家边农业科技园，一年一度的"梅花节""草莓节""丰收节""采摘节""捕捞节""音乐节"等节庆活动持续扩大，这既是人们文化追求的缩影，也是人们心间挥之不去的乡情。这些丰富的现代节庆活动真实存在于幼儿的生活中，开发利用好特色节庆文化资源，能够让幼儿感受家乡的美好、发展和变化，培养幼儿对家乡的认同感与自豪感。为了使幼儿的学习生活与本土节庆活动形成良好的互动，让资源真正发挥应有的教育功能和价值，促进幼儿园课程走向生动和适宜，我们组织教师对周边的特色节庆资源进行了调查和梳理。

一、收集特色资源，感知丰富本土文化

　　溧水当下究竟有哪些现代节庆活动呢？教师首先要做到真知道、真了解、真热爱，才能发挥地域资源优势，促进幼儿全面发展。我们组织教师就"我知道的溧水节庆活动"这一话题进行了研讨。我园很多教师都是土生土长的洪蓝人，对洪蓝本土及周边的节庆资源非常了解。

　　"我们洪蓝有许多节庆资源呀，比如梅花节、草莓节，尤其是梅花节，每年政府可重视了，要燃放上百万的烟花。"

　　"是呀，梅花节开幕时好多电视台都到梅花山来宣传，白天赏梅，晚上看烟花，好不热闹。"

　　"傅家边的草莓可是洪蓝的招牌，草莓节作为节庆在全国的知名度也是响当当的。"

　　"咪豆音乐节这几年不是挺火的嘛，应该也算节庆资源啊。"

"你们说的这些都是洪蓝的,有点局限,资源少,可获取的价值也相对少。"

"有道理,不妨我们将眼光放长远一点,去调查一下溧水其他镇街的节庆资源。"

…………

关于溧水节庆资源的调查就这样展开了。

根据大家的研讨,我们率先组织教师们翻阅《溧水县志》,查阅有关溧水宣传的新闻报道及有关溧水节日节庆资源的微信公众号,如"溧水旅游""微溧水""微洪蓝""溧水发布"等,搜集有关节庆资源的信息。针对教师们的调查结果,我们又组织了二次研讨。这一次的研讨气氛明显比第一次更为热烈:"我在'溧水旅游'公众号上了解到2018年第六届咪豆音乐节上,数万张门票上架后被光速抢空,天生桥周边酒店客房售罄。2019年第七届咪豆音乐节,全网关注3亿+,2020年第八届咪豆音乐节全网流量突破5亿,连续三天霸屏。""我在'溧水发布'公众号上了解到2021年溧水山地半程马拉松在全国率先开跑,来自全国各地的12 000名选手奔跑在最美山地赛道上,这也算节庆活动,吸引了很多外来游客。""关于梅花节的报道那就更多了,南京零距离、溧水旅游、龙虎网、江苏交通广播网、中国搜索等公众号都对其进行了宣传报道。"……教师们积极热烈地讨论着。

此外,教师们还利用周末时间实地走访节庆活动开展地,有骑行爱好的教师周末骑行了环溧水自行车赛的大众骑行路线,从溧水无想墅出发,途经珍珠南路、幸庄路、246省道、晶桥石山下,一路有山有水,风光旖旎。有的教师带着孩子去了傅家边科技园,了解草莓的种植方法,并进行了采摘活动等。我们还组织教师共同走进了梅花节的举办地——"十里梅花香雪海"的梅花山,"丰收节"的举办地郭兴庄园以及"咪豆音乐节"的举办地天生桥,实地感受节庆活动的魅力。通过对节庆节日资源的初步调查,教师们纷纷感叹道:"溧水的节庆活动资源真丰富。"我们将溧水的节庆活动资源按活动特性进行了初步整理和分类。

表1　节庆资源调查清单

活动类别	节日名称
赛事类节庆	南京溧水山地半程马拉松比赛、环溧水自行车赛、国际名校赛艇邀请赛
农事类节庆	采果节、丰收节、草莓节、梅花节、捕捞节
文体类节庆	咪豆音乐节、露营节

二、把握资源特点,挖掘教育价值

通过前期对节庆资源的调查,教师对溧水节庆活动的经验更加丰富了。节庆活动作为主题鲜明的公众性庆典活动,提高了溧水的知名度,促进了对外经济合作,传播了溧水文化,能很好地引导幼儿感知家乡的美好、家乡的发展与变化,具有十分独特的教育价值。但是,面对如此丰富的节庆资源,我们应怎样明晰其特点,深入挖掘资源价值并将其运用到幼儿的各项活动中去呢? 于是,我们向家长发放了调查问卷,并采用个别谈话与集体谈话的方式与幼儿进行交流,试图了解幼儿对节庆资源的已有经验。我们通过调查发现,幼儿熟知且参与次数较多的为本地的农事类节庆活动,如梅花节、草莓节、采摘节。这类节庆活动满足了亲子出游的需求,家长和幼儿可以参观游览,也可以开展采摘活动。文体类活动中,大班幼儿对于咪豆音乐节的已有经验明显多于小、中班幼儿,家长认为孩子参加此类活动缺乏安全性。对于露营类活动,幼儿已有经验较多,他们表示天气好的周末爸爸妈妈经常会带他们出去搭帐篷、野餐,他们也能说出露营需要准备的一些物品。而对于赛事类的节庆活动,如环溧水自行车赛、国际名校赛艇邀请赛等,幼儿对其知之甚少,一来这类赛事类活动需要专业的选手,二来孩子参加也只是出于观看赛事的目的,缺乏体验性。

在调查过程中,我们发现幼儿对于节庆活动的认知存在一定的片面性。为了帮助幼儿更全面地了解溧水地区的节庆活动,进而引导他们感受家乡的美好、家乡的发展与变化,教师们参照《纲要》和《指南》,深入分析了溧水节庆活动资源的价值及其可能为幼儿的学习与发展提供的支持。这样的判断、分析以及梳理有助于提升幼儿对于家乡文化的认知与认同感。

表2 节庆资源价值分析

节日分类	节日名称	对儿童发展的价值	可开展的活动
赛事类节日	南京溧水山地半程马拉松比赛	1. 对体育活动和体育赛事感兴趣。积极参加体育锻炼,养成良好的运动习惯。 2. 了解马拉松的比赛规则,增强对规则的适应和理解能力,促进社会性发展	观察讲述活动、户外运动、参观游览活动
	环溧水自行车赛	1. 喜欢体育活动,了解多种形式的体育活动类型。 2. 参与和体验多种形式的体育活动,感受竞技比赛的氛围	观察讲述活动、户外运动、参观游览活动

续　表

节日分类	节日名称	对儿童发展的价值	可开展的活动
赛事类节日	国际名校赛艇邀请赛 	1. 增进对各类体育赛事的了解，拓宽视野。 2. 通过了解家乡的特色活动，增进对家乡的热爱之情	观察讲述活动、户外游戏、建构活动
农事类节日	采果节 	1. 了解各种各样的水果，知道水果种类的丰富性。 2. 初步了解人与自然的关系，感受大自然的馈赠，萌发对大自然的热爱之情	观察讲述活动、品尝活动、采摘活动
	丰收节 	1. 观察认知不同种类的农作物。 2. 初步了解人们生活与自然环境的密切关系，知道要珍惜粮食、保护环境。 3. 在劳动体验中感受劳动人民的不易，尊重劳动人民，珍惜劳动成果	观察讲述活动、认知活动、农作物收割活动、户外种植活动
	草莓节 	1. 观察认知不同品种的草莓。 2. 激发对植物的探究兴趣，激发对大自然的好奇心。 3. 知道草莓是家乡的特产，萌发对家乡的热爱之情	观察讲述活动、社会实践活动、品尝活动、参观游览活动、草莓节主题活动
	梅花节 	1. 观察了解不同种类的梅花，感受大自然的美丽，尝试用多种形式来表现梅花。 2. 通过欣赏梅花，感知家乡的美丽，萌发对家乡的热爱之情。 3. 激发亲近自然、热爱自然之情	观察讲述活动、参观游览活动、户外写生、梅花节主题活动
	捕捞节 	1. 了解捕捞节的风俗和传统。 2. 感受家乡浓浓的节日氛围，增进对家乡风俗的了解	观察讲述活动、参观游览活动、认知活动

节日分类	节日名称	对儿童发展的价值	可开展的活动
文体类节日	咪豆音乐节 	1. 能够专心地观看自己喜欢的文艺演出，有模仿和参与的愿望。 2. 感受家乡"新名片"的魅力，增进对家乡的了解。 3. 增进对艺术活动的喜爱，愿意分享参与艺术活动的感受	观察讲述活动、参观游览活动、户外游戏
	露营节 	1. 感受季节、温度、气候的变化，喜欢参加自然体验和探究活动。 2. 初步了解人们的生活与自然环境的密切关系，知道要保护环境。 3. 增进对家乡的了解，萌发爱家乡的情感	观察讲述活动、户外游戏、参观游览活动

三、追随幼儿需要，科学开发特色资源

陈鹤琴先生说："大自然、大社会都是活教材。活教育的课程是把大自然、大社会作为出发点，让学生直接对它们去学习。"针对溧水节庆资源，我们应怎样结合幼儿的年龄特点与认知水平，对照具体的学习方式，最大限度地支持幼儿通过直接感知、实际操作和亲身体验获取相关的经验呢？

（一）创设适宜的本土节庆课程环境

《指南》指出，应为幼儿"创设丰富的教育环境，合理安排一日生活，最大限度地支持和满足幼儿通过直接感知、实际操作和亲身体验获取经验的需要"。为了使幼儿更好地体验节庆活动的热闹和独特之处，教师们利用本土节庆活动资源，精心打造了一条充满艺术气息的长廊。这条长廊为幼儿提供了一个了解和参与节庆活动的平台。在每个节庆到来时，孩子们都能感受到节庆活动的快乐。如在"南京溧水山地半程马拉松比赛"到来时，艺术长廊中就有孩子、家长、教师共同创作的马拉松比赛场景图，孩子们可以直观地感受到马拉松比赛的热闹。同时，教师还精心绘制了马拉松比赛的路线图，一路途经无付线、傅家边农业科技园、火龙果园、草莓园、张塘角、无想寺水库等风光秀美之地，这让幼儿对溧水的风景及地标有了更多的了解。同时，教师还根据本班幼儿的年龄特点围绕开展的节庆活动课程装饰班级环境，如：通过收集各种关于"南京溧水山地半程马拉松比赛"的节庆活动资料，将幼儿在"南京溧水山地半程马拉松比赛"节庆活动中的发现及幼儿创作的有关马拉松比赛的不同形式的作品进行展示，让幼儿在与环境互动中体验节庆活动的热闹，从而激发对家乡的热爱之情。这些活动为节庆课程的实施营

造了浓厚的文化氛围,让幼儿轻松愉快地感受到了节庆的独特魅力。

（二）以主题活动作为节庆课程的主要实施途径

节庆主题活动因开展的时间固定,与其他的主题活动相比具有特殊性。鉴于此,教师应从各年龄段幼儿的成长需求出发,将节庆活动的举办时间作为主题实施的主要线索。通过主题网络图这一有力工具,我们可以进一步强化节庆资源与各个领域的联系,使幼儿能够更深刻地感受到节日的氛围,理解其背后的文化内涵,从而更主动地参与到节日活动中去。如在"小小梅花节"主题活动中,各班依据幼儿年龄特征及认知水平特点,开展了与梅花有关的集体活动及游戏活动,让幼儿进一步感受到了家乡梅文化的底蕴,对家乡的梅花山产生自豪感和热爱之情,同时也丰富了幼儿的课程资源。

（三）在实践过程中体验节庆活动的快乐

《指南》指出,要"经常带幼儿接触大自然,激发其好奇心与探究欲望"。为了开拓幼儿的视野,让他们亲身体验本土节庆活动的热闹,我们在利用节庆资源时对照幼儿的年龄特点开展了一系列的社会实践活动,以丰富幼儿对节庆活动的经验。如在"草莓节"开展之际,我们组织中班幼儿走进田野观察草莓的形态及种植方式,开展了"相约春天,走进自然"的摘草莓社会实践活动。在农民伯伯的带领下,幼儿来到了傅家边农业科技园的草莓基地并有序进入草莓园开始了草莓采摘之旅。他们比一比谁摘的草莓大,看一看谁摘的草莓多,草莓园里充满了欢声笑语。采摘活动让孩子们走进自然,接触自然,了解自然。他们不仅增进了对草莓的认识,还体验到了劳动的快乐,感受到了家乡"草莓节"活动的有趣和丰富。

四、拓宽视野,提升站位

（一）提高了幼儿的综合素养

在溧水节庆资源挖掘与利用的过程中,我们将溧水的节庆资源运用于幼儿生活、游戏的各个环节,确立了幼儿的主体地位。节庆活动开展过程中,幼儿通过感受、体验、分享、交流等方式丰富了对本土节庆资源的经验,充分感受到了节庆活动给家乡带来的美好、发展、变化。在这种富有自己家乡特色的课程活动中,幼儿玩得更加投入,也更加了解和热爱自己的家乡,获得了全方位的发展。

（二）促进了教师的专业发展

在节庆资源调查之前,幼儿园有组织地召集教师进行研讨活动,共同探讨和确定节庆资源调查的方法与途径。在这个过程中,教师们充分交流意见,明晰调查的目标与要求。在进行节庆资源调查时,教师们参照《纲要》和《指南》等指导性文件,对节庆资源进行了全面而细致的分析。这不仅帮助教师们深入理解节庆资源的价值,还为后续的课程开发提供了有力的依据。在挖掘节庆资源的过程中，教师们从三个方面入手开展课程活动。首先，他们结合节庆特点，创设富有节日氛围的学习环境，激发幼儿的学习兴趣。其次，他们精心设计各种活动，引导幼儿主动参与、亲身体验，加深幼儿对节庆文化的理解。最后，他们还注重培养幼儿的实践能力与创新精神，通过探究性学习、创意制作等方式，让幼儿在动手操作中感受节庆文化的魅力。

活动结束后，教师们对收集的资料进行汇总，梳理出课程实施过程中的亮点与不足。同时，他们还对活动效果进行评估，以便更好地指导下一次活动的开展。这种反思与总结不仅有助于提升教师的教学水平，也为幼儿园的节庆资源课程建设积累了宝贵的经验。

（三）丰富了幼儿园的课程内容

通过对典型节庆活动资源的有效利用，我园逐步开发了一系列个性化的主题活动、项目活动和领域活动，幼儿园的课程内容更加丰富，也更加生动和有趣。此外，课程实施过程中搜集到的各类节庆资源信息、资料等进一步充实了幼儿园的课程资源库，为我园下一步园本课程建设奠定了坚实基础。

挖掘溧水节庆资源开展课程活动，对幼儿来说，满足了学习兴趣与发展需要，丰富了对家乡的认知体验，培养了爱祖国、爱家乡的情感；对教师来说，突破了以往将教育活动固定在教室中的传统思维，拓展了活动思路、内容与形式；对幼儿园来说，为园本文化建设提供了更多支持，从而能够充分发挥地域资源中各类社会机构的教育功能，最终达成了全园、全区、全社会共同参与幼儿教育的目标。我们应重视家乡的节庆特色，让每一名幼儿都能成为美"溧"的代言人。

（南京市溧水区洪蓝街道渔歌幼儿园）

案例四

舌尖的味道，家乡的魅力
——白马镇朱家边幼儿园传统美食文化资源调查

传统美食是传承我国优秀传统文化的重要载体，有着深厚的历史文化底蕴，它记录着人们平淡而又恬静的生活，也蕴含着人们对美好生活的向往。随着回归自然食品的兴起，传统美食越来越受人们的青睐。传统美食里蕴藏着丰富的教育价值，弘扬、传承家乡的美食是文化自信的体现。《纲要》也明确指出："充分利用社会资源，引导幼儿实际感受祖国文化的丰富与优秀，感受家乡的变化和发展，激发幼儿爱家乡、爱祖国的情感。"

溧水朱家边是一处兼具山水风韵与人间烟火的胜地，在这里，节日一个接着一个过，每一个节都有滋有味。每到过节，饺子、青团、秋果、糍粑等美食都会让长大的我们回味无穷，这大概就是家乡的味道，也是家乡的魅力所在。为了增强幼儿对传统美食的认知，让幼儿在节日中体验传统美食带来的乐趣，感受劳动的快乐与不易，激发幼儿心底浓浓的家乡情，我园组织幼儿、教师和家长对本土传统美食资源进行调查和梳理，力求将传统美食资源更好地融入幼儿园的一日活动中，促进幼儿与之产生互动，从而支持幼儿的学习与发展。

在资源的开发与利用中，我们发现教师往往"只见资源，不见儿童"，为了帮助教师提高课程资源意识，掌握课程资源挖掘和利用的能力，我们组织教师围绕"什么是课程资源？课程资源开发与利用的价值有哪些？如何做好幼儿园资源的开发和利用？"等问题进行研讨。我们带着教师借助书籍学习理论知识，让他们知道，课程资源是幼儿学习、创造的中介与桥梁，能够促进幼儿发展；应充分挖掘课程资源对于幼儿的价值，通过多种方式给予幼儿感知操作的机会，最大限度地满足幼儿的需要，促进幼儿与资源的有效互动，支持幼儿的学习与发展。

一、开展前期调查，挖掘已有资源

前期调查是必要的，也是资源开发的准备环节。在调查中，我们从不同的角度出发，采用不同的形式，发挥调查的整体效应。

（一）资源初探，师幼初步感知

调查期间，教师们一起查阅了《溧水县志》《溧水民间故事新辑》《溧水民间艺术集萃》等书籍，得知溧水有四月初八吃乌饭、冬至吃南瓜饭、腊月打糍粑等习俗。教师们在查阅书籍后丰富了自身对于家乡传统美食文化的认知，但仅仅纸上谈兵还不够，引入传统美食文化更多的还需要实践操作。为增强教师和幼儿对传统美食制作方法的认知，我们充分调动家长资源，邀请经验丰富的家长入园示范讲解。有家长近距离地向我们演示了糍粑这一传统美食的食材准备及制作过程，与此同时，孩子们也争先恐后地跃跃欲试，真正地体会了美食的魅力。

（二）发放问卷，亲子共同调查

你知道哪些传统美食？我们朱家边有哪些传统美食？它们是怎么制作的？为了增加幼儿对传统美食的了解，丰富幼儿的已有经验，我们面向家长发放了亲子调查表——寻找身边的传统美食，号召家长带幼儿寻找家乡的美食，让幼儿走向街头、深入小巷、走进村落，询问质朴的村民，品尝地道的传统美食，了解美食制作的原料，观察美食的制作过程。

图1　幼儿走访村民进行调查

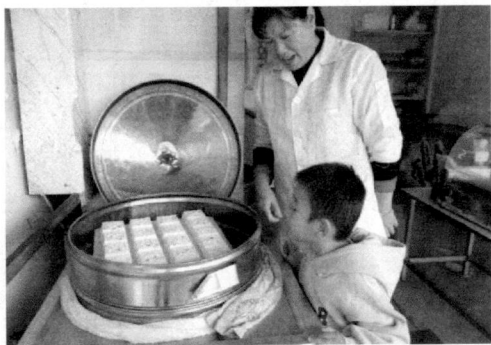

图2　幼儿观摩米糕制作

　　调查表上的答案各式各样。师幼就收集来的信息展开了讨论。有孩子拿着调查表分享道："我知道元宵，这是我最喜欢吃的食物，元宵里面有芝麻，甜甜的。"可是随即就有反对的声音："不对，我妈妈说元宵里面是没有馅的，有馅的是汤圆。"话音刚落，就有孩子迫不及待地举起了他的调查表："老师老师，我吃过乌饭，但是乌饭为什么是黑的呢？这我可不知道。""我和奶奶还一起摘过荠菜和蒿子呢，它们可以做好吃的粑粑，但是我不会做。"通过孩子们的讨论，我们发现大家对传统美食的已有经验是不一样的。有的孩子只能说出传统美食的味道，有的孩子体验过食材的采摘过程，也有孩子表达了了解传统美食背后的含义及制作方法的诉求。基于幼儿的经验和需要，我们采用亲子调查表的形式，初步了解了家乡的一些传统美食。

　　（三）实地走访，了解传统美食

　　亲身体验，能够拉近自身与传统美食的距离。园内教师也多次进行实地走访，参观了当地的美丽乡村，感受家乡人民的美好生活；到美食制作坊了解传统美食及其制作方法，感受家乡人民的智慧与勤劳；走进红色李巷体验农耕的乐趣，感受家乡的魅力。走访中，我们还随机采访了当地村民，他们都非常热情，在我们说明来意之后，非常乐意和我们分享他们记忆中的美食。有一次正值三月三，我们和一位家长约好去他家进行采访，孩子奶奶很热情地接待了我们，还拉着我们一起制作蒿子粑粑。在大家的合作下，打蒿叶汁、揉面团、包馅等工作有序开展，一个个清香浓郁的蒿子粑粑被放入锅中。在等待的过程中，大家齐聚一堂，就此聊了起来："这些手艺都是从家里的老人那传下来的。""以前生活条件没那么好，一到季节我们就会去田里挖这些野菜。""现在条件好了，我们想吃就会做着吃，每年春天多挖点蒿子，把洗干净切碎的蒿子放到冰箱里保存。"……质朴的话语中流露出大家对于蒿子粑粑背后故事的回忆。约十分钟过去，大家亲手制作的蒿子粑粑出锅了，香香的味道让教师们不约而同地拍手称赞。在制作和交流的过程中,大家更进一步理解了美食传承的意义,迸发出对家乡美食文化的自豪感,收获了满满的感动和幸福。

（四）收集分析,形成资源清单

通过前期的调查,教师们收集到很多和传统美食相关的资料。通过梳理我们发现传统美食与节气、节日密不可分,美食背后蕴含着人们对美好生活的向往。如:春饼是在立春时节吃,喜迎春季祈盼丰收;元宵在元宵节的时候吃,寓意着家人的团圆;粽子在端午节吃意为人丁兴旺;月饼是中秋节的美食,象征着生活幸福圆满;南瓜饭在冬至吃,相传冬至吃了南瓜饭,考生即可高中。于是,我们以四季为依据,将收集来的传统美食资源进行初步的梳理。

表 1　传统美食调查清单

季节	名称
春季	春饼、元宵、芥菜煮鸡蛋、寒食粥、蒿子粑粑、青团、乌米饭
夏季	立夏饭、粽子、绿豆糕
秋季	秋果、月饼、桂花糕、重阳糕
冬季	南瓜饭、腊八粥、饺子、糍粑、春卷、年糕

二、结合实际需要,判断资源价值

通过第一轮的调查,教师对家乡的传统美食有了进一步的了解。面对这么多传统美食资源,大家也犯起了愁,这些资源对儿童的价值在哪里? 该怎么用? 于是我们围绕"哪些资源是对儿童发展有价值的? 我们可以利用传统美食资源开展哪些活动?"等问题组织教师进行研讨。教师们踊跃发言,各抒己见。

"腊八粥是在腊八节吃的美食,可以开展教育周活动,让孩子们从多方面加深对这一节日的了解。"

"元宵、月饼、粽子这些美食,我们可以在相应的节日中去开展活动,让幼儿制作美食,品尝美食,感受节日的喜悦。"

"乌米饭是我们家乡的特产,我们可以帮助幼儿了解乌米饭的制作工艺、典故等,激发幼儿爱家乡的情感。"

⋯⋯⋯⋯

研讨中,教师们群策群力,发挥集体的智慧,进行思想的碰撞。

传统美食背后蕴含着丰富的文化内涵,我们都深切知晓,这些资源只有运用到具体多元的活动中,才能得到最大化的教育价值。在前期资源调查的基础上,我们对收集整理出来的传统美食资源进行了二次梳理,汇总出的清单增设了传统美食对儿童的发展价值的分析、适宜开展的活动预设等内容,资源的再次梳理让我们的传统美食资源更接地气,相关活动更易实施。

表2 传统美食资源调查清单

季节	名称	资源介绍	对儿童发展的价值	可开展的活动
春季	荠菜煮鸡蛋	民间在农历三月三有吃荠菜煮鸡蛋的习俗,鸡蛋含有丰富的营养价值,荠菜和鸡蛋一同煮,应时美味又营养健康	1. 通过看一看、闻一闻、说一说、尝一尝,感知传统美食的特征,提高动手能力和想象力,满足好奇心。 2. 通过寻访、品尝,了解传统美食文化,对传统美食有更加深刻的认识,激发学习兴趣和对传统美食的探究欲望。 3. 通过参加传统美食活动提高语言表达能力与社会交往能力。 4. 感受家乡美食的特点,了解美食的美好寓意,了解植物的季节性特征,品尝美食的味道。 5. 通过学习制作传统美食,在直接感知、实际操作和亲身体验中获取经验,增强动手能力,体验制作美食的乐趣,感受劳动过程的艰辛和品尝劳动成果的快乐。 6. 了解传统美食独特的制作工艺,感受家乡人民的智慧与勤劳。 7. 通过传统美食了解自己的家乡,激发爱家乡、爱祖国的情感。 8. 初步了解人们的生活与美食密切相关,知道要珍惜粮食、保护环境	1. 社会实践活动 2. 体验活动 3. 品尝活动 4. 美食节活动 5. 区域游戏活动 6. 集体活动 7. 种植活动 8. 采摘活动
	蒿子粑粑	农历三月三吃蒿子粑粑,这一天每家每户都吃蒿子粑粑,健康长寿,不为病邪所侵		
	青团	青团是清明节吃的传统美食,有除湿消肿、清热解毒的功效		
	乌米饭	乌米饭是我们家乡特有的美食之一,古人说四月初八这一天吃了乌米饭能够身强体健、百病不生		
夏季	立夏饭	每逢立夏前一天,孩子们会向邻家讨米一碗,称"兜夏米",民间认为孩子吃后一年到头都会身体健康		
秋季	重阳糕	九月初九重阳节登高远眺、观赏菊花、吃重阳糕、饮菊花酒		
冬季	南瓜饭	南瓜是一种应节传统美食,溧水有冬至吃南瓜的风俗。传说冬至吃了南瓜,人就变得聪明,赶考能中状元		

三、基于儿童立场,开发美食资源

不同年龄段的幼儿身心特点不同。为了让资源聚焦不同年龄段的幼儿,更符合幼儿的身心发展水平和规律,我们再次组织教师学习《纲要》《指南》,旨在追随幼儿需要,鼓励教师们从幼儿的年龄特点出发,对资源的开发进行分析判断,制订更具针对性的活动目标。

通过学习,我们明晰了各年龄段幼儿的发展目标:小班幼儿了解我国主要民间传统节日的名称及庆祝方式,参与节日庆祝,感受节日的快乐;中班幼儿能够在成人的引导下,积极参与民间传统节日的庆祝活动;大班幼儿了解当地的人文风俗,萌发爱家乡的情感。具体关键经验的阐述为组织不同年龄段的幼儿开展传统美食资源活动提供了理论支撑,教师们围绕这些关键经验进行横向比较,深挖其中的区别,展开具体的研讨,从而确定不同年龄段的幼儿关于传统美食的活动目标,形成资源清单,旨在遵循"眼中有儿童,心中有目标"的原则下组织不同的活动,让幼儿在了解美食、制作美食、品尝美食的过程中,感受家乡的传统美食文化,了解传统美食的寓意。

表3　基于传统美食资源制订的各年龄段发展目标

年龄段	发展目标
小班	1. 知道自己的家在白马镇,初步感知家乡的传统饮食文化,初步萌发归属感。 2. 认识多种多样的美食,能用多种感官去感知美食的特征,积极探索美食的秘密。 3. 愿意与同伴分享自己带来的美食,感受分享的快乐。 4. 学习用简单的形容词描述美食的主要特征,愿意表达自己的感受。 5. 喜欢听与传统美食相关的绘本故事,会看画面,能根据画面说出图中有什么,发生了什么事。 6. 有初步的自我服务能力,能在成人的帮助下参加简单的食品制作活动。 7. 通过与家长合作,体验制作美食的乐趣,感受成功的喜悦,增进亲子感情。 8. 欣赏多种美食的造型和色彩,学习运用泥工、撕贴、压印等形式表现一些美食。 9. 在美食活动中,愿意与同伴交往,能在成人的提醒和帮助下和同伴友好相处,体验共同游戏的快乐
中班	1. 知道自己是白马人,简单了解家乡的饮食文化,知道家乡代表性的传统美食。 2. 在寻找了解美食的过程中,乐于交流自己的发现。能用多种方法表达探索的过程和结果。 3. 在交流传统美食的过程中,能注意听别人讲话,会用较为清楚连贯的语言大胆表述自己吃过的家乡传统美食。 4. 喜欢欣赏不同形式的与家乡传统饮食文化相关的文学作品,感受作品中语言的丰富和优美。 5. 能手、眼比较协调地操作材料和工具,在成人的提醒下制作传统美食。 6. 愿意尝试使用多种材料表现家乡的美食,有初步的想象力和创新能力。 7. 以积极愉快的情绪参加美食节活动,了解传统美食文化,体验美食给人们带来的快乐
大班	1. 通过对家乡美食的了解,体验美食对人们生活的影响。知道不同地区的人由于生活环境的不同,美食也各不相同。为自己是溧水人感到自豪。 2. 能围绕传统美食进行讨论,有良好的倾听习惯,别人讲话时能主动回应,敢于提出不同意见,会用连贯、清楚、较为完整的语言表述自己对家乡美食的了解。 3. 欣赏关于传统美食的文学作品,了解饮食文化相关知识。 4. 初步观察和了解一些美食制作工具的名称和用途,感受现代科技产品与我们的生活息息相关。 5. 能独立或与人合作制作美食,体会劳动的快乐,激发爱劳动的情感。 6. 能主动、愉快地参与传统美食相关的文学、美术、音乐等欣赏活动,能用多种方式创造性地表现美食,并具有初步的鉴赏能力。 7. 有集体荣誉感,积极认真地参与与传统美食相关的各项活动,体验劳动的艰辛和品尝劳动成果的快乐。 8. 在美食活动中,感知人与人相互交流的重要性,能察觉他人的情绪和需要,并做出合适的反应

传统美食是传统文化的代表之一，我们依托传统美食这一资源，让幼儿获得亲近自然、探索自然的机会和乐趣，使其探索欲、好奇心得以充分激发。幼儿在活动中了解传统美食独特的制作工艺，体验制作美食的乐趣和品尝劳动成果的快乐，感受家乡人民的智慧与勤劳。这正是传统美食教育的独特之处。

通过对传统美食资源的调查，教师们的课程资源意识和课程资源开发能力有了很大的提升。教师们一次次走访、调查、记录，一次次梳理、审议、调整，牢固了"以儿童为本"的课程理念。从对资源的"视而不见"到看见资源，挖掘幼儿感兴趣的资源，最后深入剖析资源的价值，每一位教师都在调查资源的过程中收获了有益经验。

作为教师，我们仍需努力挖掘传统美食的教育价值，让幼儿拥有强健的体魄、协调的动作；促进幼儿语言发展；激发幼儿探究兴趣；对幼儿进行美的教育；培养幼儿爱家乡、爱祖国的情感。对传统美食资源的有效开发，需要教师不断地改进，始终保障幼儿的主体地位，根据幼儿的需求及特点进行完善，让幼儿园课程可以不断地发展进步。

最美的风景在路上，最好的成长是实践，最大的收获在交流。在今后的研究中，我园教师将继续借助《纲要》和《指南》，关注和引导幼儿从原有水平向更高水平发展；关注资源利用中幼儿的深度学习，让幼儿获得感受和参与的机会，并以此为契机促进幼儿全面发展。

（南京市溧水区白马镇朱家边幼儿园）

案例五

寻觅古村文化，体会古今际遇

——洪蓝街道中心幼儿园古村落资源调查

传统村落的一砖一瓦和一椽一木，都篆刻着最质朴的民风民俗。一个院落，一座庙堂，一方戏台，不仅是珍贵的文化遗产，更是人们心灵深处乡愁的寄托。溧水文化底蕴丰厚，村落历史悠久，至今仍保留着许多古建筑、宗祠、民居、商铺、戏台等分布在村子里。这些古村落承载着溧水的历史和文化记忆，它们不为人潮所扰，每个角落都充满了情调和诗意。漫步在村庄蜿蜒静谧的青石板路上，悠悠古意交织着时代潮流，浓浓烟火碰撞着时尚风雅，古村文脉与现代匠心完美融合，焕发出全新的活力与魅力。

优秀的古村落资源是溧水特有的文化资产，它与幼儿的生活紧密联系，能为幼儿的学习与发展提供物质基础和更多可能性。基于此,我们对本地古村落资源开展调查,以期生发出形式多样的活动,帮助幼儿近距离接触和体验家乡特色文化,了解家乡的文化和历史,感受家乡的变化与发展,同时产生爱家乡、爱祖国的情感。

一、多元化调查,了解溧水古村资源

(一) 师幼初步了解,激发幼儿探索兴趣

在了解溧水古村落初期,师幼参阅《溧水旅游》《溧水古村落合集》等文献资料,关注并了解"溧水全接触"公众号。我们发现溧水有几个著名的古村落:因为一座石山得名的石山下村,被千亩山栀子花海环绕的凉篷下村,曾经是溧水粮食仓库的仓口村,梅花山旁青砖黛瓦的山凹村……古村落优美的自然环境,丰厚的文化底蕴,激发了幼儿浓厚的探究兴趣。

(二) 设计调查问卷,亲子实地考察

你知道溧水有哪些古村落? 古村落的建筑(房子)是怎样的? 和我们住的房子有什么不一样? 每个古村落的由来是什么? 为了让幼儿亲身走进古村落,近距离感受传统文化的"展示"和"渲染",我们发放了亲子调查问卷,引导家长利用周末带幼儿实地考察,了解每个古村落的建筑特点、历史文化,去发现每个古村落的不同之处。幼儿可以通过对建筑构造的了解,感受古村落的文化韵味;通过历史知识的拓展,体会现代生活的来之不易。

乐乐说:"我发现山凹村的房子上面都有黑黑的瓦片。"果果说:"我家就住山凹村,我在村上还能看到梅花山呢!""我和爸爸妈妈去的是凉篷下村,他们的屋顶是黑色的,墙是白色的,那里有很多山栀子花。"诺诺说道。"对对对,他们的路是青石板路,我妈妈告诉我的。"琪琪说道。"他们的建筑可精美了,窗户和门上还雕刻了花,就像我画的这样。"萱萱说道。原来,孩子们对古村落的兴趣如此浓厚,每个孩子都有亲近古村落的独特方式。

(三) 教师实地走访,丰富认知经验

为了深入了解溧水古村落文化,教师们也以实地探访的形式走进了古村落,参观亭台楼榭、村史馆、祠堂,感受青砖、黛瓦、飞檐的独特风格;品尝梅香茶、青团、米糕等,了解当地传统饮食文化;参与植物扎染、绣虎头鞋、汉服表演等活动,体验非遗文化的内涵与魅力……这里有历史、有传承、有情调、有创意,彰显着现代与古代文化的融合、碰撞。

(四) 筛选适宜资源,建立课程资源包

通过前期的调查和了解,幼儿和教师收集到很多与溧水古村落相关的资源。

通过梳理我们发现，幼儿大多会把兴趣点放在古村落的自然景观、建筑特色、历史文化以及社会价值上。于是我们将收集来的古村落资源进行分类，主要分为自然景观资源、历史文化资源以及社会发展资源三大类。其中自然景观资源包括水域景观、植被景观、地形地貌景观等；历史文化资源包括文物古迹、古村街巷、地名典故、民族文化、宗教文化等；社会发展资源包括社会职业文化与社会阶层文化以及行为文化等。

表1　古村落资源调查

地点	古村落名称	自然景观资源	历史文化资源	社会发展资源
洪蓝	山凹村	山凹村地处溧水无想山南，山水秀丽，花果飘香，被群山包裹，周边有梅花山、神山湖、遇园、草莓园等丰富的自然资源，有着"金陵桃花源"的美称。一栋栋农家小院错落有致，青瓦白墙、朱门木窗、树木葱茏，犹如一幅田园山水画	遇园内飞檐斗拱、雕梁画栋、亭台楼榭，一潭碧水四周分布着古戏台、曾家大院、周邦彦纪念馆、寄梅亭、揽月楼等传统建筑，视野开阔，一步一景，每一处建筑都呈现着中国传统建筑技艺	山凹村民宿吸引了很多游客前来游玩。这是全省唯一"健康江苏"实践示范区，充满健康元素，比如梅林散步、单车骑行、健康小屋体检等
	仓口村	仓口村紧邻南京石臼湖，三面环水，水产资源丰富，曾是溧水重要的粮仓仓库。村子周边还有坑塘水域、农田林地等自然资源	仓口村里有独具风格的八角亭，上百年历史的芮氏宗祠、樊氏宗祠、邱氏宗祠等，都承载着这个村的久远记忆	仓口村入选江苏省传统村落，发展以古村观光、农渔文化体验为主的乡村休闲生态旅游
晶桥	石山下村	千年古村石山下村坐落在溧水枫香岭石头山下，山上青石裸露，怪石嶙峋。古村三面环山，西面为旷野，两棵五百多年树龄的桂花树是古村的宝贝，每年秋天，满树金黄，芳香四溢	村里建造的刘氏宗祠，已成为市级文物保护单位，共有四百多平方米三进三出的徽派建筑，白墙黛瓦，飞檐翘角。还有国内规模最大的供销博物馆，可供参观者了解父辈生活、品味供销文化，寓教于乐	在石山下村星空露营基地可以开展露营、音乐会、小型烟花秀、自助烧烤、星空电影、篝火晚会……这里经常举办别具特色的乡村大联欢、年货大集市等活动
	凉篷下村	村子被百亩山栀子花海环绕，环境清幽。大片金灿灿的向日葵迎着阳光怒放，勾勒出美妙的盛夏景色。村庄四周都是茶园、森林、丘陵、中山湖及姚家湖等水系环绕，自然的田园气息独特	凉篷下村拥有700多年历史，这里有收藏本地记忆的凉篷下地方风物馆。参观者可以品尝溧水特色非遗美食手抓鸡，在非遗手工课堂上体验传统非遗"扎染"	随着生活美学酒店、乡间小剧场、乡民图书馆等文化创意项目的进入，乡村音乐会、乡村小市集等丰富多彩的活动的举办，小村庄重新焕发活力，村民们重拾起对乡土文化的自信

地点	古村落名称	自然景观资源	历史文化资源	社会发展资源
和凤	诸家村	诸家村北临石臼湖,西倚凤栖山,村内河、塘、池、渠星罗棋布,与传统建筑有机结合,形成了外有大湖、内有水网的特色江南水乡村落风貌。许多人到村中的"爱心树"下,许下春日的愿望,感受风的浪漫	这里有市级文物保护单位——诸氏宗祠,飞檐翘角,庄重中透着秀逸;有靠湖而建的,保存完整的天后宫。古民居、古巷道、古树等组成了诸家村这一具有江南水乡特色的传统村落	诸家村依湖而建,因渔而兴,风景优美,水产丰富。成功举办过别具特色的捕捞节、石臼湖艺术季、湖畔露营等活动,唱大戏、舞狮子、出菩萨等传统节目,使得乡风文明得到显著提升
	骆山村	骆山村是石臼湖畔一个古老的村落,坐落在骆山脚下。春天石臼湖的草海绿意盎然,湖水倒映着蓝天白云,冬天天气渐冷,石臼湖还会迎来天鹅栖息,景色宜人	每年进入腊月,伴随着锣鼓欢快的节奏,骆山村的500多名杨姓村民,都会舞起他们引以为豪的骆山大龙,组成村里一道独特的民俗风景线。骆山大龙被誉为"江南第一大龙",是国家级非物质文化遗产	自古以来,骆山村的百姓依赖石臼湖而生活,日出而作、日落而息。随着乡村振兴战略的不断推进,如今这座渔村也走上了文旅融合的新道路

二、结合实际需要,判断资源价值

面对这么多的古村落,大家犯起了愁,该怎样利用古村落资源促进幼儿的经验生长呢?

"我们可以组织幼儿观察古村落的房屋、设施,了解古代建筑的风格特点。"

"我们可以借用传统节日,如元宵节、中秋节、端午节等,带幼儿感知古村落所保存的不同节日习俗。"

"凉篷下村的山栀子花每逢端午节就会开满山,我们可以利用山栀子花开展系列活动,带孩子们欣赏并感知山栀子花,利用山栀子花进行多元创意活动,制作山栀子花美食等。"

"凉篷下村还有老虎鞋、刺绣等非物质文化遗产博览馆、体验馆,每逢传统节日就会有栩栩如生的刺绣作品和琳琅满目的文创产品,我们可以带孩子们进行实践,了解这些非遗文化,感受非遗文化的魅力。"

……

研讨中,教师们群策群力,发挥集体的智慧,进行思想的碰撞。

古村落历史悠久,文化灿烂,具有独特的教育价值,只有将这些资源融入幼儿园的教育活动,才能使优秀的传统文化真正走进幼儿的生活,走进幼儿的心灵。对照《指南》中各领域发展目标,我们对古村落蕴含的教育价值进行了挖掘和判定,立足幼儿直接感知、实际操作、亲身体验获得经验的需要,从课程实施的多元路径出发,对可开展的集体活动、小组活动和个别活动进行了预设,以期让幼儿在活动中去感知、去发现、去体验、去表达、去创作,获得丰富经验。

表2 古村落文化资源价值分析

地点	古村落名称	对儿童发展的价值	可开展的活动
洪蓝	山凹村	通过实地参观,了解山凹村的自然风光、徽派建筑特征、传统美食的制作方法等,萌发热爱家乡的情感	参观活动、角色游戏"溪花街美食汇"、建构游戏"家乡的山凹村"
	仓口村	通过水稻种植体验,了解水稻的种植与存储方法,理解古代粮仓的作用,丰富对仓口村古代漕运的认知	参观活动、实践活动"种植水稻"、体育活动"船儿运粮"
晶桥	石山下村	通过参观感受石山下村优美的自然风光,感受桂花盛开时扑鼻的香气和桂花米糕的香甜;参观中国供销社博物馆,了解老一辈人民的生活,感知现在生活的便捷和来之不易	参观活动、语言活动、区域游戏"桂花米糕铺"、劳动实践活动"庆丰收"
	凉篷下村	通过欣赏百亩山栀子花开的美,感受村落的古朴与宁静;观赏乡村音乐会、小剧场,陶冶艺术情操;尝试进行植物扎染,感受传统非遗的魅力;体验现场制作,如磨豆腐、炸豆果、炸年糕	美术活动"山栀子花海"、区域游戏"生态扎染"、角色游戏"乡村小剧场""豆腐铺"
和凤	诸家村	通过观察诸氏祠堂、天后宫,了解建筑特色;通过捕捞节了解诸家村的传统渔家文化;在传统节日时欣赏并学习当地唱大戏、舞狮子、跳马灯等表演活动	建构活动"我眼中的诸家"、小舞台表演"跳马灯"、项目活动"露营真有趣"
	骆山村	通过欣赏石臼湖风光,感受"天空之镜"的美;春天观赏绿色草海、冬天观赏天鹅,懂得保护生态环境,感受人与自然和谐相处;了解骆山大龙的传统文化,萌发热爱家乡的情感	参观活动、项目活动"环保我能行"、美术活动"美丽的天鹅"、主题活动"骆山舞龙"

三、思考与感悟

古老的村落将历史、文化和生活恰到好处地融合到了一起。古村落文化让幼儿将爱家乡这一抽象概念转化为有目的的学习探究活动。师幼通过调查访问、实地参观、收集资料、主题活动、表达表征等多种方式,一起了解了古村的人文历史、建筑风格。幼儿在看、玩、做的过程中,真正自然地实现了和家乡的情感联结,他们主动去探索,去发现家乡的每一个变化,实现了经验的深化与拓展。

教师是课程开发与实施的主体,也是课程建设的受益者之一。他们通过学习、研修、实践、反思,自身的专业水平呈螺旋式上升。在对古村落资源的调查、收集、筛选、价值分析和教育活动的生发过程中,教师的课程观从"活动视野"转向"课程视野",从"给予儿童"转向"追随儿童",从"被动开展"转向"主动探索"……教师对活动的评价从"好不好"的结果评价转向对整个过程"有没有兴趣""有没有生长点"等方面的关注。我们看到教师的课程资源意识逐渐增强,挖掘与利用本土课程资源的能力也在提升。

我们通过本次对古村落资源的挖掘,打造园本课程资源库,深入挖掘资源中蕴含的教育价值,为后期组织实施课程提供参考,让幼儿的学习与成长看得见,让资源在幼儿的经验中落地生根,更好地促进幼儿发展。

(南京市溧水区晶桥镇中心幼儿园)

四、社会资源的挖掘

新时代的溧水安定和谐,产业兴旺发达。市民之家、运动场馆、科创中心等社会机构使我们的物质生活更加便捷;同时,梅花节、草莓节、咪豆音乐节、露营节等节庆活动的开展也进一步充实了我们的精神文化生活。随着社会的不断发展和进步,人们的"生态圈"意识不断增强,这就要求教师要充分利用社区的教育资源,挖掘周边社会资源,将幼儿从"园内学习"引领到"社会情境中学习",感受真实的社会情境,拓展幼儿生活和学习的空间,引导幼儿充分感受家乡的变化和发展,从而萌发爱家乡的美好情感,建立初步的归属感。于是,我们鼓励各园从社区资源角度入手梳理课程资源,使幼儿园课程趋于生活化、园本化。

案例一

面向社会　放眼未来
——南京溧水经济开发区中心幼儿园社会资源调查

近年来,溧水区经济社会事业发展迅猛,先后荣获全国科技创新百强区、全国新型城镇化质量百强区、全国综合实力百强区、全国投资潜力百强区、全国绿色发展百强区等称号,是一座集空港、铁路、轨道交通、公路、水路于一体的现代化活力新城。

我园位于溧水主城北部的经济开发区内,周围高楼林立,企业环绕,集聚解放军理工大学、南农大、省二师院等多家高等院校和科研院所,市民之家、科创中心、图书馆、国防园等社会机构齐备,各类湿地公园、运动场馆以及文化街区等公共设施一应俱全。"大自然、大社会都是活教材",这些丰富而独特的社区资源为生活在其中的幼儿带来了无限发展的可能,教师该如何从课程的视角和发展的理念去挖掘并利用好资源优势,帮助幼儿搭建通往社会生活的桥梁,获得社会生活经验的积累,让他们懂得尊重劳动者和劳动成果,激发他们爱家乡的积极情感,同时让幼儿园课程更加经验化、生活化和综合化,这些都成为我们的首要课题。

一、走访调查,全面把握

我们开发区中心园周边有哪些社会资源呢? 教师们开始进行走访大调查。我们走进开发区规划建设部门,首先对最具有代表性的企业资源进行调查,通过观摩整体设计规划图和开展针对性访谈,对开发区内的三百多家国内外知名企业的名称、分布等进行全面了解,并将这些资源按照产业特点、结构以及今后的发展趋势等进行分类:以金龙、比亚迪为龙头的新能源汽车产业;晨曦航空、航天晨光等航空产业;创维、史密斯等品牌智能家电产业;喜之郎、小洋人等食品产业;陶玉梅、名鹰等轻工服装产业等。通过此次走访调查,教师们惊喜地发现很多企业的产品与幼儿的生活息息相关,在此基础上,我们以幼儿园为圆心,3千米为半径画圆,对周围幼儿较熟悉的、与生活相关联的公共设施、社会机构以及当代溧水名人这几方面的社会资源进行全面调查。

二、筛选资源,深度理解

(一) 问卷调查,系统梳理企业资源

在全面掌握开发区各类企业资源的基本信息后,教师们又有了新的疑问:这些特色资源的教育价值在哪里? 它们能够促进幼儿的经验生长吗? 在《指南》的帮助下,我们发现企业资源也有独特的教育价值:它能帮助幼儿认识不同的职业和社会分工,让幼儿产生尊重劳动及劳动者的情感,有些高科技企业还可以引发幼儿积极探索的兴趣……这一发现让教师们重拾调查的信心。为了深入挖掘企业资源对幼儿发展的价值,我们通过"问卷星"向家长开展了调查,内容包括:家长的工作单位、工作职务、工作内容,是否愿意为园所调查提供帮助等问题。我们通过调查了解到,我园很多家长就职于开发区的各大企业,并很愿意配合幼儿园的调查工作。教师对本次问卷调查结果认真梳理,集中审议服装、食品、家电、航空、汽车等对于课程建设的价值,为我们后续对开发区周边企业资源的开发和利用奠定了基础。

表1　企业资源调查清单

产业类型	生产加工内容	对儿童发展的价值	可开展的活动
陶玉梅、名鹰等服装制造业	服装制作与销售。陶玉梅以旗袍为特色,名鹰以西服、风衣等男装为主,都有工厂店	了解服装的结构,认识旗袍并知道其蕴含的文化,感受中西方服装的差异性	参观实践活动、区域游戏制作服装、"服装节"活动
喜之郎、小洋人、豆果果等食品企业	食品生产以果冻、乳制品、饮料和豆制品为主。工厂店均销售自产产品	初步了解食品生产加工的过程,在参观中知道劳动者的分工与合作。知道不健康的产品不可多食且会对身体会产生危害	参观实践活动、"美食一条街"区域活动
创维、史密斯等家电制造业	经营范围包括电子、通信与自动控制技术研究、开发;生产彩色电视机、电冰箱、空调、净水器、热水器等家电。工厂店销售自产产品	关注和了解科技产品与人们生活的密切关系,感受现代生活的便捷和科技的发达	"净水""通电"等科学探究的区域活动
比亚迪、开沃等汽车制造业	主要经营新能源汽车研发、生产、销售,充电装置配套系统的研发、生产和销售。主要销售电动小汽车、大客车以及电动公交车	了解汽车的基本结构,认识新能源汽车的标识,知道新能源汽车能节约能源、保护环境	园内、户外骑行游戏,"骑行赛"活动
晨曦、晨光等航空装备制造业	立足于航空领域,主营业务为研发、生产、销售航空机电产品及提供相关专业技术服务,十余个技术专业在领域内达到了国内先进水平。为海、陆、空三军的武器装备更新换代和飞行训练提供了强有力的保障	激发科学探究欲望,提高科学探究能力,从小拥有"航天梦"	"认识太空"主题活动,"自制阻力伞""气球飞上天"科学区探究活动,"科技节"活动

（二）实地考察,深度了解社会机构及公共设施资源

除了特色的产业资源,我园周边还有公共设施和社会机构等资源。为了更加深入地了解各行业、机构和场所,幼儿园组织教师进行定向实地考察。

1. 对社会机构的实地考察——以市民之家为例

市民之家是百姓的公共服务大厅,满足市民"一站式"需求,是社会机构的典型代表。市民之家有哪些服务功能? 教师带着疑问进行了实地调查。市民之家建筑外墙用朵朵梅花点缀,沉稳雅致,美丽大方,是溧水标志性建筑物之一。市民之家1—4楼提供与居民生活密切相关的多种公共服务,如水电气费、银行金融等便民服务事项,还设有国土分局、气象局、消防大队、环保局等行政服务窗口等。7楼是面积2 600平方米的防灾减灾科普教育体验馆,有灾害下的生存危机、认知灾害、多种灾害下的监督与预警、多种灾害下的生存智慧、综合逃生自救等6大展区。体验馆通过图文展板、视频影音、互动体验、场景复原等多种科技手段,向社会各界普及气象、消防、地

震、地质环保、医疗救助等防灾减灾救灾知识。教师认为此馆可以让幼儿在演示、参与和体验中学习相关知识，可开展一些亲子活动或社会实践活动。

2. 对科研基地的实地考察——以解放军理工大学为例

解放军理工大学是一所军校，纪律严明，相对封闭，一般不易进出。但对于"解放军"幼儿始终充满了敬畏和崇拜。通过多方协商后，我园教师可以进校开展实地探访。户外训练场上有木索桥、山洞、攀爬墙、瞭望台等设施，还有大型坦克等一些专业器械。通过交流，校方同意幼儿进校开展社会实践活动，也可以让军人进园开展系列活动。由此，教师们认为该资源完全可以与大班下学期的"小小兵"主题相结合，让幼儿到大学了解军人的生活，同时可以邀请军人进园开展升旗仪式，还可以围绕"国庆节"开展与解放军相关的活动。这一资源得以开发和利用，不仅能满足幼儿对军营的好奇心，还可以锻炼幼儿坚持不懈、不怕困难、自立自强的意志品质，让幼儿从小感受军人的自信、正直、勇敢，萌发爱国之情及长大也要保家卫国的愿望。

3. 对运动娱乐场所的实地考察——以万驰赛车场为例

江苏万驰赛车场位于溧水城北，拥有江苏省首条 FIA 认证的国际专业赛道。大部分幼儿对于赛车都不太熟悉。有哪些车参加比赛？赛车有什么规则？赛道是什么样的？基于幼儿的问题，教师们进行了一次实地考察。通过调查，我们了解到万驰赛车场里有各类赛车，定期会举办专业的比赛等，还参观了卡丁车跑车区域、赛车始发区、维修区以及颁奖台、观众看台，并在游客中心看到各类赛车手的服饰、骑靴等装备。万驰赛车场非常欢迎幼儿来此开展社会实践，除了安排专业讲解，还为幼儿开设赛车小课堂，支持幼儿观摩比赛现场，让幼儿深度了解赛车和赛事。

4. 对休闲游乐场所的实地考察——以幸庄湿地公园为例

对于溧水的各大公园，幼儿都非常熟悉。在对溧水幸庄湿地公园的调查过程中，我们组织大班幼儿开展了"幸庄公园我知道"集体谈话活动。谈话围绕"幸庄湿地公园有哪些美景和娱乐的地方？我在幸庄湿地公园参加过哪些有趣的活动？什么活动最让我记忆深刻？"等问题。通过谈话我们发现，幼儿知道幸庄湿地公园靠近无想山，有美丽的湖，有大大的草坪，有弯弯曲曲的小桥，夏天有美丽的荷花，还有小飞机、摩天轮、海盗船、沙池等各种娱乐设施。周末幼儿可以与爸爸妈妈一起放风筝、划船，与亲朋好友一起搭帐篷分享美食，还与很多人一起参加夜跑、马拉松等大型特色活动。对于幸庄湿地公园，幼儿既熟悉又感兴趣，还充满着期待。我们认为，在幸庄湿地公园既可以看到自然美景，还能开展一系列的活动，如"帐篷节""亲子马拉松""亲子放风筝""骑行赛"等户外活动，这些活动不仅能帮助幼儿锻炼身体，还有利于提高幼儿的社会交往能力。

表 2　社会机构及公共设施资源调查清单

资源名称	概述	对儿童发展的价值	可开展的活动
市民之家	溧水区市民之家,内设政务服务中心、多功能展区、智慧城市运营指挥中心、防灾减灾科普教育体验馆等多个功能区。市民之家坚持以"便民、高效、廉洁、规范"为原则,逐步形成了"一站式服务、一窗式受理、一次性告知、一条龙审批"的运行模式	1. 游览市民之家的科普馆,了解各种自然灾害,学习如何防灾救灾。 2. 感受各类生活服务给人们带来的方便	防灾救灾的社会实践活动
解放军理工大学	中国人民解放军陆军工程大学,简称"陆工大",以中国人民解放军理工大学和中国人民解放军军械工程学院为基础于2017年组建,在江苏南京创立的"二野军大"和在吉林通化创始的东北民主联军工兵学校,是人才培养与科学研究并重、工程技术与作战指挥融合的教学研究型综合性大学	锻炼身体,增强体质;增强纪律意识和团结友爱的意识;磨炼意志	"参观军校"社会实践活动;"解放军叔叔来园"系列活动
万驰赛车场	江苏万驰国际赛车场位于溧水开发区,占地2 000亩,拥有江苏省首条FIA认证的国际专业赛道,也是中国第八座专业赛车场,距市中心30分钟车程。赛车场除了专业赛道,还拥有2万平方米试乘试驾广场、70亩越野赛道、专业卡丁车赛道	体验赛场赛事,了解比赛的过程和规则,积累与赛车相关的经验	"参观万驰赛车场"社会实践活动;环园骑行赛等
幸庄湿地公园	幸庄湿地公园占地面积约108万平方米,其中水面积约30万平方米,划分为4个景观区域。北堤,将山与湖的风光引入新城,为市民及访客提供倚栏赏景的空间,滨水大草坪成为设计的一大亮点;东谷,充分利用山、丘、谷、台等地形,创造滨湖商业与文化纪念走廊,将游客引入花谷休闲区,形成人文与自然景观带;南林,展示广袤的农田转化的湿地植物区,为孩子提供了一个趣味性、开拓性、神秘性十足的活动场地;西苑,结合规划要求,将成为市民健身、活动的休闲场所	感受家乡的美,激发爱家乡的积极情感;在公共场所,学习遵守社会规则,促进社会性发展;与同伴互动,增强人际交往能力	社会实践活动"寻找标志";亲子环湖骑行、帐篷节、小小运动会、户外音乐会等

(三) 信息搜集,致敬英模

近几年,溧水不断对标高质量发展要求,引进了一批批高端技术人才,也吸引了很多"外国友人"的到来,更涌现出大量的英雄模范——战斗英雄韦昌进、雷锋精神传播者赵明才、全国教书育人楷模葛华钦、中国好人杨小飞等,这些都是非常有价值的名人资源。

1. 对溧水当代名人的调查——以赵明才为例

我们通过"溧水融媒网"、"微溧水"、广播、报纸等官方宣传平台对赵明才的各种信息进行搜集。在网络宣传中我们了解到赵明才是雷锋的生前战友,当兵时,他和雷锋朝夕相处;雷锋牺牲后,他自愿宣讲雷锋事迹,40多年来不曾中断。教师们走进赵爷爷的家,他的家中布展着很多阅读过的书籍和雷锋生前的照片,还有各种纪念章,令人最为感动的是他一直以雷锋为榜样,坚定理想信念,乐于吃苦,敢于奉献,始终坚持用行动践行着雷锋精神,践行着"一辈子像雷锋那样做人"的誓言。赵爷爷在了解了我们的来意后表示:非常愿意走进幼儿园,向幼儿讲述雷锋故事,传播雷锋精神。幼儿园可以利用这一资源开展"雷锋就在我们身边"系列活动,帮助幼儿逐步形成乐于助人、勇于奉献的优良品质。

2.对高端技术人才的调查——以博士叔叔为例

在对家长资源进行调查后,我们发现了一位博士,他先后在欧美留学深造,是一位现代化高新3D打印技术方面的专家。为了让幼儿真实地感受这一现代科学高端技术,我们邀请这位家长来园,针对幼儿感兴趣的问题,展开"博士叔叔来做客"课程实践活动,让博士走进课堂,走到孩子们的身边,直接为孩子们讲解这一高科技成果。孩子们在与博士叔叔的亲密接触中,不仅为科技的强大而惊叹不已,也真切地感受到科学技术对生活的影响,增强了对科学的热爱和对科学家的崇拜之情。

3.对外国友人的调查——以某学校外教为例

随着溧水经济社会事业的快速发展,孩子们会经常看到外国人。对于幼儿园的孩子来说,外国人充满了神秘:他们吃什么? 他们长得与中国人有什么不一样? 他们的国旗、国歌和中国的一样吗? 针对孩子们的问题,我们创设了"你好,外国人!"的活动主题,通过开展资料查询、调查访问、交流分享、请外国友人来园互动等多种形式,帮助幼儿感知文化的多样性与差异性,理解人与人之间是平等的,应该互相尊重,友好相处。

表3 当代溧水名人资源清单(部分)

资源名称	概述	对儿童发展的价值	可开展的活动
赵明才	赵明才同志是雷锋精神的传人,以雷锋精神为指引,坚持为人民服务,毫不松懈,始终保持一名共产党员的本色,勤恳工作、恪尽职守、艰苦奋斗、清正廉洁、无私奉献,把为人民服务当成自己的终身追求和自觉行动	1. 学习赵明才做事勤快、不怕吃苦的品德。 2. 在学习生活中帮助他人,体验助人为乐。 3. 多做好人好事,将来为国家出一份力	"学雷锋日"主题活动;听爷爷讲"雷锋故事"
外国朋友麦克	该外国友人为江苏省溧水高级中学的一名外教,是英国人。愿意来园与幼儿互动	能大胆与外国人进行交流,感知中外文化的差异和中国的强大,萌发民族自豪感	与外国人进行互动

三、挖掘价值,梳理清单

不同的社会资源有着不同的社会功能,在挖掘资源价值的过程中,我们关注幼儿的需要和兴趣,根据《指南》来研判资源对幼儿发展的价值,审议这些资源可以开展哪些活动,可以帮助幼儿获得哪些有益的经验。我们结合幼儿的年龄特点和身心发展规律、资源的特征和价值,对四个种类的社会资源再次进行审议,重新优化了我园的社会资源清单。

品牌企业资源能让幼儿认识不同的职业和社会分工,让幼儿知道工作对社会发展的作用,萌发尊重和热爱劳动人民的意识。家电、汽车等企业的产品与幼儿的生活息息相关,利用这些企业资源能让幼儿关注和了解科技产品与人们生活的密切关系。航空装备企业能激发幼儿的探究欲望,激发幼儿热爱科学的情感。因此,幼儿园可利用周边企业资源,组织幼儿进行社会实践活动,开展美食制作、服装设计、汽车一站式服务等游戏活动,还可以根据幼儿的年龄特点开展骑行赛、服装节等项目活动。

社会机构和公共设施资源蕴含着社会规则和行为规范的教育价值。在公共场所,幼儿能与社会中的人进行交往,有机会学习多样化的交往技巧,丰富人际交往经验,逐渐形成亲社会的情感。良好的社会环境可以帮助幼儿树立自信心、责任心、公德心和同情心,让他们在实践中获得快乐,在交流中获得发展,在体验中锻炼意志。我们可以充分利用公共环境资源,组织幼儿走进社会这个大课堂,让幼儿在直接感知、实际操作和亲身体验中开阔眼界,增长见识,让幼儿感受家乡人民的聪明才智,为家乡的发展变化感到高兴,激发幼儿爱家乡的积极情感。

习近平曾这样描述自己心中的好老师:教师不能只做传授书本知识的教书匠,要成为塑造学生品格、品行、品位的"大先生"。幼儿园阶段是品德启蒙阶段,我们应充分挖掘溧水当代英模所蕴含的品格教育价值,通过和幼儿一起收看相关电视节目或阅读画报,和他们一起搜集相关的事迹资料、图片等,激发幼儿的自豪感和热爱之情;向幼儿讲述溧水当代英雄模范的事迹,邀请部分英模进园与幼儿对话,逐步培养幼儿积极主动、认真专注、不怕困难、勇于探究等良好的学习品质。

表4 社会资源调查清单

资源种类	资源名称	建议年龄段	对儿童发展的价值	可开展的活动
品牌企业	喜之郎、小洋人、豆果果等食品企业	小班	1. 关注和了解科技产品与人们生活的密切关系。 2. 激发科学探究欲望,提高探究能力。 3. 认识不同的职业和社会分工,知道工作对社会发展的作用,尊重劳动人民	1. 社会实践活动。 2. 对新能源及航天航空的科学探究活动。 3. 园内职业体验游戏活动。 4. 骑行赛、服装节等游戏活动。 5. 制作美食、设计服装等区域游戏
	陶玉梅、名鹰等服装制造业	中班		
	创维、史密斯等智能家电产业	中班		
	以金龙、比亚迪为龙头的新能源汽车产业	大班		
	晨曦、晨光等航空产业	大班		
公共设施	幸庄湿地公园、无想山森林公园等休闲场所	小、中、大班	1. 了解基本的社会规则和行为规范,包括进入公共场所的安全准则、社会公约。 2. 能与社会中不同的人进行交往,有机会学习多样化的交往技巧,从而丰富人际交往经验,逐渐培养亲社会的情感	亲子社会实践活动,如环湖骑行、帐篷节、小小运动会、万驰参观日、爱心义卖、乘坐地铁等
	高铁、地铁等公共交通	中班		
	体育公园、万驰赛车场等体育运动场	大班		
	万达广场、通济街等娱乐休闲的商业广场和街区	大班		
社会机构	图书馆、市民中心等社会服务机构	中班	1. 知道各种社会机构给人们生活带来的便利。 2. 感受家乡人民的聪明才智,为家乡的发展变化感到高兴,激发爱家乡的积极情感	1. 社会实践活动。 2. "解放军叔叔来园"活动。 3. 建构活动
	解放军理工大学、南京农业大学等高校	大班		
	科创中心、研究院等研究地	大班		
	国防园、导弹营等军事基地	大班		
当代溧水名人	吴丽花、李赣宾等艺术家	中班	1. 从小培养热爱祖国、热爱人民,愿意帮助他人的良好思想品质。 2. 了解家乡人民的英勇事迹。激发爱家乡的情感,为自己是溧水人而感到自豪。 3. 学习当代名人勇敢坚持、不怕吃苦、认真专注、敢于探索的意志品质	1. 组织幼儿观看记录当代名人主要事迹的视频。 2. 结合主题,将名人"请进来"开展各种活动。 3. 开展品格教育、感恩教育系列活动
	韦昌进、赵明才等英模	大班		
	高科技人才	大班		
	外国友人	大班		

四、收获与成长

随着社会资源调查实践的不断深入,我们发现幼儿园周边的社会资源不仅丰富,而且别具特色。在对各种资源调查、筛选与梳理的过程中,教师们的课程资源意识逐渐增强,他们更加关注生活和社会对幼儿发展的价值;其开发课程资源的能力也随之提高,他们充分意识到挖掘与利用本土课程资源必须立足幼儿生活、兴趣和需要,旨在有效促进幼儿的学习与发展。本次调查,不仅为幼儿园课程建设提供了丰富的资源,也为我园构建生活化、游戏化的园本课程奠定了坚实的智力支撑。接下来,我们将继续激发教师的积极性、主动性和创造性,鼓励更多的教师进行探索和发现,以更加有效的方式利用这些社会资源,使资源真正成为幼儿多样化经验的来源,满足幼儿活动的需要,更好地为幼儿的发展服务。

(南京溧水经济开发区中心幼儿园)

案例二

用活红色资源,传承红色基因
——时代景园幼儿园社会资源调查

红色文化底蕴深厚,红色精神生生不息。习近平总书记高度重视红色文化的教育工作,强调要讲好党的故事、革命的故事、根据地的故事、英雄和烈士的故事,加强革命传统教育、爱国主义教育、青少年思想道德教育,将红色基因传承好,确保红色江山永不变色。

我们的家乡溧水位于百里秦淮之源,正是革命老区,红色之城,有着丰富的红色文化资源,比如位于溧水白马镇石头寨的李巷村,历史悠久,文化底蕴深厚,曾是苏南抗战指挥中心。陈毅、江渭清、李坚真、梅章等高级将领都在此战斗、生活过,为世人留下了很多经典的革命故事。他们不怕牺牲的革命精神、质朴和谐的军民情感一直被歌颂、被赞扬!这些宝贵的红色文化资源不仅有助于提升幼儿的爱国情怀,还能够提升幼儿的综合素养。因此,为了充分利用本土的红色资源,更有效地发扬红色精神、传承红色基因,让红色教育在幼儿园中得以有效开展,我园根据幼儿的年龄特点,通过多渠道、多形式的挖掘,逐步形成园本红色主题活动课程。

一、梳理红色资源,建立专项资源清单

溧水作为一个具有光荣革命传统的红色老区,历史底蕴深厚,有多处红色地标,除了素有"苏南小延安"之称的红色李巷,还有新四军曾在此进行抗日游击的里佳山

红色基地、中山烈士陵园、苏南反顽战役阵亡将士纪念塔等。我们通过实地探访、问卷调查、网络查询、书籍考证、专家引领等形式对本土的红色资源进行了初步的梳理，形成了园本红色教育专项课程资源清单。

表1　红色教育专项课程资源清单

资源名称	地理位置	红色遗址遗迹	革命人物	主要战役
白马红色李巷	李巷，位于溧水区白马镇石头寨社区，地处茅山革命老区	李氏宗祠（溧水人民抗日斗争纪念馆、苏南党政军首脑机关驻地旧址）、陈毅暂住地旧址、李坚真居住地旧址、江渭清居住地旧址、钟国楚居住地旧址、梅章居住地旧址、苏南行政公署驻地、地下交通总站	陈毅、江渭清、钟国楚、梅章、李坚真等	苏南反顽战役、溧高战役、张家岗战斗
里佳山红色基地	里佳山红色基地位于溧水区晶桥镇枫香岭社区，在反顽战争时期是新四军十六旅部的居住点	里佳山烈士纪念碑，新四军旧址的被服厂、枪械所、戎马间，以及粟裕展馆、蓝渠、竹背水库	粟裕、陈毅、钟期光、谭震林、黄玉庭、欧阳惠林、王必成、刘季平	韦岗伏击战的出发地
中山烈士陵园	中山烈士陵园位于溧水区东郊约4.5千米处的中山	烈士碑亭、烈士墓群、钟国楚将军墓、革命烈士纪念馆	姚传才、薛永发、钟国楚、庄子中、须壮	张家岗战斗
苏南反顽战役阵亡将士纪念塔	苏南反顽战役阵亡将士纪念塔，位于溧水区城南20千米回峰山北麓	苏南反顽战役阵亡将士纪念塔、苏南反顽战役纪念馆	王必成、江渭清	苏南反顽战役
铜山战斗纪念广场	铜山战斗纪念广场位于溧水区晶桥镇铜山，为纪念苏南反顽战役而建	大型浮雕、英雄柱、《铜山精神》雕塑、追思林	汤万益、唐昆远、文有武	苏南反顽战役
抗大九分校历史陈列馆	抗大九分校历史陈列馆位于溧水区晶桥镇芝山村	抗大九分校历史陈列馆	汤万益、唐昆、文有武	苏南反顽战役
横山人民抗日斗争纪念馆	横山人民抗日斗争纪念馆位于溧水区石湫街道横山村	横山人民抗日斗争纪念馆	粟裕、彭冲、方东海	苏南抗日斗争

二、聚焦白马李巷，挖掘红色资源教育价值

通过前期的调查、梳理，我们发现溧水区的红色教育资源非常丰富。红色文化如何进入幼儿园还是一个较为新鲜的话题，对此我们仍然处于摸索阶段，可供查阅借鉴的书籍、资料也比较有限。到底哪些红色资源更加适合幼儿？这些红色教育资源到底对幼儿的发展有哪些促进作用？如何筛选核心价值并开展相应的教育活动呢？经

过审议,我们首先将目光定格在当前最有影响力的白马李巷,从幼儿的生活经验出发,以幼儿发展需要为目标,对李巷蕴含的教育价值进行判断分析,为组织开展好各年龄段的红色教育活动奠定基础。

表2　白马李巷红色教育资源价值分析

资源类别	资源名称	对儿童发展的价值	可开展的活动
遗址遗迹	李氏宗祠(溧水人民抗日斗争纪念馆、苏南党政军首脑机关驻地旧址)、陈毅暂住地旧址、李坚真居住地旧址、江渭清居住地旧址、钟国楚居住地旧址、梅章居住地旧址、苏南行政公署驻地、地下交通总站	通过了解革命先烈的英勇事迹,产生对革命英雄的热爱、敬佩之情,萌发爱家乡、爱党、爱国的情感;通过了解革命老区的故事,学习真善美的优秀文化,培养积极活泼、健康向上的精神品质;通过实地探访了解革命老区的街道、房屋、物件,了解先烈在艰苦的条件中毅然保家卫国的高尚品质,知道当下的幸福生活是革命英雄用生命换来的,要懂得珍惜	语言:青松(陈毅)、黄桥决战、陈毅探母、我是三军总司令; 体育:鸡毛信、韦岗伏击、地道战; 社会:小脚丫游李巷; 美术:画李巷老屋、设计兵器; 科学:石磨转转转、小伞兵
社会资源	红色李巷餐厅、老李匠理发店、李巷豆腐坊、李巷照相馆	通过参观了解餐厅、理发店、豆腐坊以及照相馆的基本构成,了解其工作人员的分工及简单的工作流程。感知劳动人民的不易,尊重为大家提供服务的人,珍惜劳动成果	实践:小脚丫游李巷; 角色区:李巷餐厅、小李匠理发屋、李巷豆腐坊、李巷照相馆
地方方言	吴语、江淮方言、客民话	通过欣赏、学说家乡话,感受地方语言的魅力,促进语言能力的发展,拉近与家乡人的距离,增进与家乡的感情,将家乡的优秀文化进行传承	语言:学习童谣; 语言区:我是家乡代言人; 表演区:谁不说咱家乡好

三、用活红色资源,生发教育活动

　　丰富的红色资源和文化对幼儿的教育具有十分重要的意义。我们结合《指南》,根据各年龄段幼儿的发展目标,将红色教育自然渗透到健康、语言、社会、科学、艺术五大领域中,充分利用重大节日的教育契机,通过让幼儿直接感知、亲身体验、实际操作开展适宜的爱国主义教育活动,如"走出去"的方式,在清明时节,组织开展"清明祭英烈 传承中国情"爱国主义教育活动。幼儿在烈士纪念碑前献上亲手制作的小白花,倾听教师讲述革命烈士的光荣事迹,爱国的种子在幼儿心底生根发芽。幼儿园还会抓住重要的纪念日开展活动,如在九月十八日开展"勿忘9·18"爱国主义教育活动,在十二月十三日开展"国家公祭日"爱国主义教育活动,帮助幼儿铭记历史,增强爱国意识。每年十月一日国庆节庆祝活动中,幼儿用歌声歌颂伟大的祖国,用画笔描绘美丽的祖国,用小脚丫丈量宽广的祖国,浓浓的爱国氛围滋养着一颗颗纯纯的爱国之心……丰富多彩的活动让幼儿积累了相关经验，获得了全面发展。

为了让幼儿真切了解身边革命先烈的英勇事迹，感知先烈在艰苦条件下毅然保家卫国的高尚品质，萌发爱家乡、爱党、爱国的情感，并懂得要珍惜当下的幸福生活，大班的教师们通过交流研讨、实地考察、集体审议等，生成了主题课程活动"革命老区那些事"。活动主题预设了三条线索，分别是"红色故事知多少""走进红色李巷""学做小小兵"，通过集体学习、实践参观、小组探查、游戏扮演等多种方式，帮助幼儿有意识地感知身边革命老区的历史文化、革命故事、居民生活等，增强对家乡的认知与了解，激发幼儿想要通过自己的努力让家乡变得更加美好的愿望。

教师会根据幼儿的兴趣，并结合当前的实际情况对活动进行调整。比如：在原本预设的"石头寨的故事"活动中，随着活动的开展，教师发现大班幼儿对革命小英雄更感兴趣，于是将原来预设的"石头寨的故事"调整为"小英雄雨来"；原来预设的集体活动"我们要去李巷啦"（社会），其主要目的是做好幼儿乘车及参观的安全教育，经审议后教师认为此活动可以调整到晨间谈话或餐后谈话活动中，在宝贵的集体教学活动时间安排其他的幼儿更需要的内容。因此，主题活动的内容也会根据需要做适当的调整。

《纲要》还特别指出："环境是重要的教育资源，应通过环境的创设和利用，有效地促进幼儿的发展。"因此，我园除了组织开展丰富的爱国主义教育活动，还考虑到环境对幼儿的隐性作用，充分利用大厅、楼道、墙面、室内外空间等创设红色教育主题文化环境，达到环境育人的目的。

幼儿园还充分利用社区、家长资源，采用"请进来"的方式，邀请革命烈士的后代、革命老区的宣讲员或幼儿的爷爷奶奶来园为幼儿讲述革命英雄在战火连天的战场上保家卫国的故事，让幼儿知道要珍惜和平生活，尊敬长辈，懂得感恩。我们还会邀请解放军叔叔来园为幼儿进行精彩的队列表演，幼儿看到解放军威武的身影，整齐有力的动作，崇拜敬佩之情溢于言表。这不仅激发了幼儿对军营生活的无限向往，更激发了他们想成为一名优秀解放军的理想。

对幼儿的教育应渗透在一日生活中，因此我园教师时刻注重红色文化对幼儿的熏陶，比如：在排队做操时，会提醒幼儿要像解放军叔叔一样有精神；用餐时提醒幼儿食物来之不易，要节约粮食；在幼儿遇到困难的时候鼓励他们不畏惧、想办法、勇往直前！将红色精神渗透到幼儿的一日活动中，促使幼儿更加健康、独立、幸福地生活！

实施红色教育、弘扬红色文化、传承红色精神是立德树人的需要，是幼儿园文化建设的需要，也是幼儿全面发展的需要，因此，我园将继续挖掘利用本土红色资源，让红色文化浸润童心，让红色精神永垂不朽！

（南京市溧水区时代景园幼儿园）

案例三

融地区风采，引社会资源
——状元坊幼儿园社会资源调查

　　我园地处溧水区永阳街道。近几年随着溧水区经济的迅速发展，区内的各项设施不断完善，企业与社会机构也不断丰富，各类公园、娱乐文化机构也层出不穷，我们幼儿园拥有了丰富的社会资源。因此，在开发与设计园本课程的过程中，我们以幼儿的生活体验和兴趣作为依据，充分开发与利用社会资源，使其成为幼儿园特色课程的重要组成部分。在开发与利用社会资源的过程中，我们立足"儿童本位"，将幼儿的发展与社会资源联系在一起，遵循幼儿的发展规律，充分搜集与整合社会资源，让幼儿在接触丰富适宜的社会资源后，可以在具体的活动中将自己已有的社会经验和生活经验迁移其中，为幼儿提供更多新鲜的体验。

一、围绕周边环境，搜集社会资源

　　幼儿园周边的社会资源丰富，教师通过实地考察与访问调查的方式进行了详细的了解。首先，我们利用公众号、高德地图、溧水区行政地图进行搜集，初步整理了一批资源名单。随后，我们围绕第一批资源名单开展实地考察与走访，在真实的探访过程中进一步细化名单，同时对原有的名单进行补充与拓展。最后，老师们设计了调查表，向全园教师、幼儿以及家长发放，发动各方力量，引入家庭资源，从活动最开始就让幼儿参与其中，获得真实的感受与体验。在经过一系列的努力后，我们重新梳理了幼儿园周边的社会资源，并将其具体分为社会机构与公共设施两个方面。

表1　幼儿园周边社会资源调查清单

社会机构	公共设施
苏果超市	状元坊文化公园
中山烈士陵园	溧水幸庄公园
博物馆	永寿寺塔
溧水区图书馆	南门文化广场
溧水区消防救援大队	弯子口市民广场
大西门菜场	温州商贸文化广场
状元坊公园中山书院	
幸福蓝岸电影院	

二、基于幼儿兴趣,筛选社会资源

经过前期的一系列准备工作,我们整合了一批符合幼儿实际发展规律和认知水平的社会资源。同时教师们一边开展深入的教研活动,一边对幼儿园周边的社会资源进行了实地走访与了解,围绕这些资源的可利用性、可操作性进行分析。但这些社会资源能否引起幼儿的兴趣? 能否帮助幼儿积累有益的经验? 教师进行充分的调研与讨论后,决定基于幼儿的兴趣与实际的生活体验,与幼儿进行充分自由的讨论,聆听幼儿的心声,关注他们喜欢的社会资源。

(一) 追随幼儿,初步筛选

在前期的调研活动中,教师发现幼儿与幼儿园周边的一些社会资源已有接触,对其中一些资源也比较了解。因此,在开展具体的有针对性的调研活动时,教师为幼儿提供了更加自主和轻松的讨论空间,关注幼儿自主讨论生成的感兴趣的资源,结合幼儿的兴趣点,重新分析社会资源的价值,并进一步筛选出更具有教育意义、能够与幼儿园课程更好地融合的社会资源,充分调动幼儿深入探索和参与活动的积极性。在针对幼儿开展的专项调研活动中,教师主要从幼儿实际感受出发,关注幼儿讨论过程中生成的新话题和新兴趣点。

表2 幼儿对幼儿园周边社会资源的兴趣调查

问题	幼儿回答		
在去过的景点中,你最喜欢哪个地方?	80%的幼儿对状元坊公园里的景观感兴趣	10%的幼儿对社会职业类的场馆感兴趣	10%的幼儿对具有历史文化底蕴的景点感兴趣
你喜欢的景点里有哪些好玩的地方?	90%的幼儿表示喜欢有娱乐项目的地方	10%的幼儿表示可以参观或者可以欣赏一些好看的事物	
你在参观或者游览这些景点时,发现了什么?	85%的幼儿表示里面有各种游乐设施,有可以玩的东西	10%的幼儿表示里面有一些可以参观的场所或者可以欣赏的物品	5%的幼儿表示可以学习一些知识,了解一些常识
你喜欢在幼儿园里看到与这些景点相关的东西吗?	95%的幼儿表示喜欢	5%的幼儿回答都可以	

调研结果说明,大多数幼儿都比较了解幼儿园周边的社会资源,他们对此是有兴趣的,因此幼儿园建立一个开放的、自主的、可动手操作的学习空间是必要且可取的。但是大多数幼儿对这些社会资源的体验和感受仅仅局限于其中好玩的部分,较少幼儿会去理解一些与历史文化相关的场馆或者景观。因此在引入社会资源的过程中,

教师注意到不但要为幼儿提供他们感兴趣的好玩的资源,还要运用比较直观的方式,让幼儿了解社会资源中的文化特质,进一步了解更多的家乡本土历史文化,从而增强幼儿爱家乡的情感。

在调查中,教师还发现大多数幼儿都非常喜欢状元坊公园的景观,于是基于幼儿的兴趣和社会经验,开始了新一轮的体验活动。为了让幼儿全面了解状元坊公园里的资源,我们鼓励幼儿与家长再次走进状元坊公园。这一次,幼儿带着自己的调查表,更细致全面地了解了状元坊公园的历史文化与自然景观,在真实的体验中获得更多的认知。

(二) 家长参与,深入体验

《指南》中指出,要"和幼儿一起外出游玩,一起看有关的电视节目或画报等;和他们一起收集有关家乡、祖国各地的风景名胜、著名的建筑、独特物产的图片等,在观看和欣赏的过程中激发幼儿的自豪感和热爱之情"。幼儿对社会资源的深入了解,离不开家长的支持与协助。我们与家长进行了沟通,让家长关注幼儿的兴趣,了解开发状元坊公园资源对幼儿的成长和发展可能会起到的推动作用。家长也非常支持我们这一次的调查活动,表示愿意带领幼儿参观和考察状元坊公园,与幼儿一起搜集关于状元坊公园的资料,让幼儿走进真实的公园场景,充分观察这些场景中的景观、建筑等,如状元坊公园里的亭台轩榭,代表着明清时期的建筑特点,有着丰富的历史意义和价值。

在进行实地考察后,幼儿将自己的考察成果带到班级与同伴进行交流,在交流的过程中不断丰富对状元坊公园的认知。教师也站在幼儿的立场,重新解读状元坊公园资源,链接《指南》和《纲要》中的相关目标与建议,进一步将状元坊公园资源引入幼儿园的环境创设、领域活动、主题活动,让幼儿获得新的体验与领悟,让幼儿真正将家乡的社会资源与自己的生活经历融合在一起,感受家乡的风土人情与民俗文化。

三、基于幼儿需求,融合社会资源

调查与整合状元坊公园资源的过程,也是教师通过与幼儿、家长沟通合作,充分开发和利用社会资源的过程。在活动中,教师为幼儿提供更多机会,引导幼儿进一步了解状元坊公园的历史、文化、建筑、人文价值,丰富幼儿的认知,培养幼儿对家乡社会资源的热爱之情。教师注重活动对幼儿综合能力的作用,同时也关注状元坊公园资源有效融入一日活动的有效路径。在渗透相关资源的过程中,教师强调幼儿自主管理、自主学习、自主创作,以促成他们在学习品质、社会性、情感认知等方面的综合发展。我们结合幼儿深度学习的思路,将融合过程分为两个部分:一是探索如何将状元坊公园资源与五大领域融合,推动幼儿全面发展;二是探索如何在一日生活中充分利用状元坊公园资源,使幼儿在潜移默化的影响中,关注家乡资源,开展更有深度的探索。

(一) 有效开发资源,推进综合发展

在初步挖掘与筛选资源后,我们结合幼儿全面发展的需求,围绕已经了解的资源,开展进一步的分析与梳理,探索如何将状元坊公园资源与幼儿园的领域活动融合在一起,让幼儿从不同的角度和层面了解状元坊公园资源,同时通过深度挖掘资源价值,引发幼儿的深度思考与理解领悟。状元坊公园是教师、幼儿与家长都游览过的,细致的参观与考察给幼儿带来十分深刻的印象,因此在开发这些资源时,教师通过幼儿的表达,分析活动价值,展示资源特色,探讨可融合的领域,发挥资源作用,使幼儿的认知与探索更加全面,帮助幼儿获得综合性的发展。

表3 状元坊公园资源的价值分析

资源名称	特色	价值	可融合的领域
状元坊公园建筑	典型性的古代建筑群,各种亭台轩榭和小桥古色古香,十分具有历史感	可以培养幼儿对家乡古代建筑文化的兴趣	社会:参观状元坊公园建筑; 语言:状元知多少; 科学:什么是亭台轩榭
状元坊公园自然景观	优美的荷花池,公园一侧的河为秦淮河的源头	可以让幼儿充分体验自然之美	科学:植物种类; 语言:我喜欢的公园、溧水名人故事; 艺术:自然写生、手工创作
状元坊公园中山书院	状元坊公园的中山书院是典型的中式建筑,里面有多种藏品。书院共分九个馆,分别是历史馆、溧水文学馆、国学讲堂、展览馆(微情阁)、傅小石艺术馆、书画楼、琴棋楼、民革江苏省中山书画院溧水分院、中山兔毫馆	激发幼儿对家乡历史文化的兴趣	语言:探寻国学 艺术:水墨艺术、琴声画趣 社会:走进中山书院

(二) 全面运用资源,渗透一日生活

除了在领域活动中充分开发与利用社会资源,教师也应该在一日生活中渗透社会资源,为幼儿打造全方位接触家乡资源的环境与条件,使幼儿可以灵活运用自己的经验和技巧,发挥想象力与创造力,积极参与实践活动,获得丰富的情感体验。

1. 创设适宜环境,营造视觉空间

我们应创设良好的环境,促成幼儿与环境互动,发挥环境的隐性教育作用,让幼儿在直观的视觉空间中获得新启发与新灵感。在打造环境的过程中,教师结合幼儿的动手能力与兴趣,为幼儿提供开放的材料与空间,支持和鼓励幼儿设计墙面环境,布置空间环境,搜集与投放相关的材料。幼儿在参观状元坊公园的中山书院后,感触很深,对其中的建筑、里面的展品都有深刻的印象,于是教师支持幼儿打造"状元墙",引导幼儿将自己拍好的照片贴在墙上,用绘画表征的方式介绍自己了解的书院的情况,还将自己设计的水墨画和写的大字贴在墙上,打造了另外一个"小书院"。通过环境创设,幼儿开始对溧水地区的名家名作产生兴趣,不断搜集和整理相关的作品与资料,了解状元坊的历史,状元坊名字的由来,从而感受到家乡的变化,知道自己的生活环境越来越好。

2. 生成自主游戏,开展趣味活动

幼儿了解了丰富的社会资源,也会在平时的游戏活动中渗透这些资源,教师支持幼儿自主生成相关的游戏活动,在游戏中不断感受丰富的社会资源带来的新鲜体验。比如在开展建构活动时,幼儿利用各种积木拼搭古代建筑,模仿状元坊公园的建筑制式,设计个性化的中式园林,不仅在活动中获得了愉悦的体验,还激发了了解家乡历史文化的热情。

3. 引入实践活动,有效拓展延伸

《指南》中提到要"帮助幼儿不断积累经验,并运用于新的学习活动,形成受益终身的学习态度和能力"。在开展具体的实践活动中,幼儿结合已有的经验,在新的问题场景中获得新经验,收获新认知。比如,幼儿在欣赏状元坊公园的荷花池后,想要在幼儿园里也打造一个荷花池,教师支持幼儿自主运用各种材料与工具,于是在幼儿园里开辟了专门的区域,引导幼儿尝试种植荷花,感受荷韵。

四、我们的感悟

从开展社会资源开发与利用活动以来,我园教师与教师、教师与幼儿友好地讨论、合作、交流,不断挖掘幼儿园周边丰富的社会资源。在调查与整合资源时,教师充分尊重幼儿的兴趣与想法。在调查社会资源的过程中,我们调动家长与幼儿的力量,让幼儿通过亲身体验,了解丰富的社会资源,形成多元化的认知,激发幼儿对家乡资源的热爱之情。在充分引入幼儿感兴趣的状元坊公园资源后,我们发现孩子的语言表达能力、社会交往能力、逻辑思维能力以及动手实践能力都有了明显的提升。在幼儿园的一日生活与五大领域活动中,教师与幼儿一起收获了原汁原味的创造,幼儿完成了不断追求的目标,体验到了成功的喜悦,积累了丰富的经验。综上所述,丰富的社会资源,可以帮助幼儿不断获得发展,同时教师充分引入周边资源,发挥这些资源的作用,更进一步打造特色化的主题活动,将幼儿的生活经验与社会资源融合在一起,为幼儿提供认识家乡、了解家乡的机会,为进一步培养幼儿的家国情怀打下了良好的基础。

（南京市溧水区状元坊幼儿园）

案例四

建构幼儿的"生活圈"

——万科幼儿园社区资源调查

"圈"这个字在我们的生活中无处不在，如"朋友圈""社交圈""生活圈"……我们都生活在这样或那样的圈里，这些圈也体现了我们的生活方式和人际交往关系。从杜威提出"教育即生活"，到后来陶行知提出"生活即教育"，再到现在提倡"一日生活皆课程"，这些都说明了生活与教育密不可分。在课程游戏化背景下，我们常说资源在哪里课程就在哪里。我们知道资源对课程的重要性，寻找"资源"与"课程"的有效联结，挖掘促进幼儿发展的自然、生活、社会、文化等各类资源，建构属于幼儿自己的"生活圈"。[①]

万科幼儿园地处城南一所小区内，周边有公园、小学、超市、市民之家等丰富的资源，为了将这一潜在的社区生活圈可视化，变成课程资源融入我们的生活化课程，让幼儿更直观地感受与他人的密切联系，我们对周边的社区资源进行了挖掘与整合。

一、挖掘社区资源，梳理关键经验

万科幼儿园位于溧水区万科城银杏苑附近，作为城南其中一所幼儿园，它周边有万科小区、秦淮源公园、大润发超市、体育公园、市民之家、电影院、地铁站等多种资源。教师以幼儿园为中心，对周围的社区资源进行了全方位的调查，通过发放问卷、实地勘察、查阅资料、专家引领等多种方式观察并收集与资源相关的文字、图片和录像信息，梳理周边的课程资源，绘制资源地图，形成了以幼儿园为中心的社区资源调查清单。

表1　社区资源调查清单

名称	概述	对儿童发展的价值	可开展的活动
中山湖地铁站	中山湖站是南京地铁S7号线的一个站点，位于南京市溧水区秦淮大道与中山东路交叉口，临近中山湖，为地下三层岛式车站	1. 知道地铁给我们生活带来的便利； 2. 掌握乘坐地铁的流程，有坐地铁的经验； 3. 初步认识线路和标记，能用数数的方法来确认站数	社会：我会乘地铁、地铁站的安全标志、地铁线路图； 美术：我设计的地铁； 游戏：地铁通车啦； 建构区：搭建地铁

[①] 王晓来，陈云霞.生活圈里的"对话 +"——链接儿童经验，从"资源"到"课程"的意义探寻[J].教育界，2023(28).

名称	概述	对儿童发展的价值	可开展的活动
秦淮源公园	秦淮源公园位于溧水区永阳街道中山东路,是集休闲、运动、生态于一体的综合型公园,在公园入口处有一座从天生桥景区运送过来的秦淮女的雕像	1. 了解秦淮源公园的各项设施及功能; 2. 发现公园在不同季节的特点,感受大自然四季的变化; 3. 了解秦淮源公园的文化背景	美术:秦淮源女神、写生; 社会:公园里的标志、公园分布图、户外野营、运动会; 建构区:搭建南秀桥; 美工区:秦淮源里的风景、运动中的人; 科学区:测量、水变干净了
溧水区中医院	南京市溧水区中医院始建于1981年,是一家集医疗、教学、科研、康复于一体的综合性三级中医医院	1. 掌握基本的自救知识和保健知识; 2. 知道就医的基本流程	社会:我会保护自己、保健老师来做客; 角色区:小医院、中药馆; 建构区:搭建医院
段林公园	段林公园位于溧水主城区东部永阳街道十里牌社区,内有玻璃桥、生态栈道、观光湖等设施和风景,是溧水高新区永阳园区内的城市公园	1. 了解公园里的各项设施及其用处; 2. 发现公园在不同季节的特点,感受大自然四季的变化	亲子:运动会; 美术:我眼中的段林公园、写生; 建构区:搭建段林公园; 生活区:做环保小卫士
无想水镇	无想水镇位于南京市溧水城南新区的核心位置,交通便利、生态环境优越。无想水镇以新唐风为整体设计风格,以"国风无想,唐潮万象"为主题定位	1. 观察无想水镇的建筑,了解其特色; 2. 尝试宣传无想水镇,萌发爱集体、爱家乡的情感	亲子:参观无想水镇; 美术:无想水镇(水墨)、五彩香包; 音乐:捏面人; 数学:统计设施数量; 建构区:建造无想水镇; 美工区:无想水镇、捏面人; 生活区:非遗糖画; 益智区:走迷宫; 角色区:无想集市、照相馆
体育中心	溧水体育中心位于城南新区金蛙路南、幸福南路西、城东干道东、幸庄二号路北,分体育场、体育馆、全民健身中心以及游泳馆等多个功能区。城南体育公园设"一场二馆",即体育场、体育馆、游泳馆	1. 了解体育中心的各运动场馆,加强对运动项目的认识; 2. 学习科学锻炼的方法和安全知识; 3. 感受体育中心的文化背景	亲子:参观体育中心; 社会:运动会、我知道的运动项目; 美术:热闹的运动场、拼小人; 科学区:运动中的小卫士、运动过后; 建构区:搭建体育中心

续　表

名称	概述	对儿童发展的价值	可开展的活动
中山东路小学	中山东路小学位于南京市溧水区钟灵北路以东、中山东路以北、薛李东路以西,毗邻美丽的秦淮源公园,是南京市溧水区实验小学的新校区	1.参观小学,了解小学生生活; 2.在小学老师来园、模拟课堂等活动中,初步感受小学生学习的特点,逐步养成良好的学习、生活习惯,为上小学做好准备	社会:参观小学、小学老师来园、哥哥姐姐回来了、我的晚间生活计划、我的课间十分钟; 美术:有趣的图腾笔筒、背书包的小学生; 数学:认识时钟、几点了; 语言:小书包、小熊图书馆; 音乐:拉拉钩、勤快人和懒惰人、快快起床; 生活区:我会刨铅笔、整理书包; 美工:制作小书签、制作图书; 科学区:拆装笔; 益智区:好玩的时钟; 语言区:小学生的课表; 建构区:模拟小学
市民之家	溧水市民之家位于溧水区秦淮大道与天生桥大道交界处,提供政务服务、规划展示、文娱活动等综合性服务,可满足市民"一站式"需求	1.主动关注、了解市民之家和里面人员从事的工作,感受他们的工作和人们生活之间的关系; 2.使用礼貌语言与人交流,注意倾听他人谈话;能提出自己的问题,并用喜欢的方式记录; 3.在游戏中主动与人交往,大胆地表现市民之家里人员的工作,不断丰富游戏情节; 4.积极以建构、绘画、制作等方式创造性地表达自己对市民之家的认识; 5.感知市民之家给人们的生活带来的便利,有探索的兴趣,能主动探究生活与社会的关系	社会:参观市民之家、市民之家地图、我们的"市民之家"开业啦; 数学:有趣的窗口编号、建造市民之家; 体育:送快递; 音乐:加油干(打击乐); 美术:工作中的人; 益智区:数窗口、拆楼; 科学区:有趣的电、有趣的测量; 语言区:小兔子开铺子、我是小记者; 建构区:建构城(市民之家、业务窗口); 角色区:我们的市民之家; 美工区:设计身份证和工作证、未来的市民之家、劳动中的人(绘画)、小小规划师(手工); 生活区:爱清洁、学习垃圾分类
无想山	无想山群山连绵、湖泊众多,山、林、湖、田、村等资源组合优势明显,景色秀丽优美	初步认识无想山中的动植物,发现其在四季有不同的特点,感受大自然四季的变化	亲子:亲子马拉松、帐篷节; 美术:水墨无想; 社会:"天生溧水·自然无想"代言活动; 美工区:无想山下的风光

名称	概述	对儿童发展的价值	可开展的活动
万科城	溧水万科城位于溧水区秀园路6号,配套设施完善,交通方便,周边环境优越	1.了解自己生活的小区,知道小区的设施及其用处;尝试为"我的小区"设计各种标记,体验大胆尝试的快乐。 2.初步了解一些常见的公用设施,知道它们给人们生活带来的好处; 3.能用绘画、建构、手工等多种形式表现小区	社会:走进万科城、小区里的设施、我们去做客; 美术:未来的小区; 生活:垃圾分类; 益智区:门牌号码; 建构区:搭建小区
大润发、百沃优鲜、欢乐番茄等超市	位于幼儿园附近,为居民购物提供便利	1.在日常生活和角色游戏中了解、熟悉自己生活的环境,知道常见的便民服务场所的名称及功能,感知便民服务场所为人们生活带来的便利; 2.知道常见的职业,尊重为大家提供服务的人,珍惜他们的劳动成果。在日常生活和角色游戏中,能与同伴友好相处,学习交往的基本规则和技能,具有自尊、自信、自主的表现	社会:买菜、参观超市; 数学:制作商品价格标签; 科学:我们的种植活动; 语言:阅读绘本《一园青菜成了精》; 生活区:制作蔬菜面条; 建构区:搭建超市; 科学区:比较轻重; 角色区:小超市、水果店

二、聚焦市民之家,挖掘教育价值

通过调查,我们发现市民之家位于溧水区秦淮大道与天生桥大道交界处,提供政务服务、规划展示、文娱活动等综合性服务,可满足市民"一站式"需求。1—5楼设有多种服务窗口,可以满足居民的办事需求,6楼设有智慧城市运营指挥中心,7楼有防灾减灾科普教育体验馆。我们如何在市民之家筛选出适宜的资源开展教育活动? 如何挖掘行政服务中心对幼儿的教育价值? 如何借助这些资源开展促进幼儿发展的活动? 这些都需要我们进行细致的研讨分析。于是,我们坚持"儿童本位"原则,关注幼儿的生活经验和兴趣,对市民之家资源进行多次分析整合。

表2　市民之家资源调查清单

资源名称	资源内容	关键经验	可开展的活动
自身资源	市民之家有4层楼提供多功能、综合性服务，进驻部门(单位)38个，涉及社会事业、公共服务、项目审批等领域的299项(主项)政务服务事项，涉及身份证办理、缴纳水电气费、出入境办理等，可满足市民"一站式"需求	了解在服务窗口办理业务的大致内容和基本流程，感受市民之家给人们生活带来的便利	亲子：参观市民之家，并有意识地带幼儿看各个业务窗口； 语言：我了解的市民之家、参观市民之家的发现； 社会：参观市民之家前的准备、参观市民之家； 数学：有趣的窗口编号； 益智：寻找业务窗口、数一数有多少个窗口； 语言区：小兔子开铺子； 角色：我们的市民之家； 美工区：设计身份证和工作证
人力资源	市民之家里有综合性的服务窗口，众多的工作人员在不同的岗位上提供服务。同时市民之家里有很多人办理业务，人流量比较大	关注、了解市民之家和里面人员的工作，感受他们的工作和人们生活之间的关系，加深对各行各业的了解；尊重成人劳动，爱护成人的劳动成果，有初步的环保意识	亲子：参观市民之家及附近人们的劳动场所，丰富幼儿对各行各业的了解； 社会：各行各业的人们； 美术：工作中的人； 音乐：加油干； 社会：市民之家里的故事； 角色区：市民之家志愿服务； 美工区：劳动中的人； 生活区：爱清洁
文化资源	建筑文化：市民之家褐色的建筑外观，点缀着朵朵梅花，沉稳雅致，晚上梅花灯会变化各种颜色。整个建筑由两个"L"形围合而成，据悉，"L"取自"溧水"首字母。走进大厅，一面高约15米的巨型水幕墙映入眼帘，潺潺的水声在空旷的大厅中回荡。水幕墙寓意溧水作为秦淮源头的水文化防灾减灾科普教育体验馆内含灾害下的生存危机、认知灾害、多种灾害的检测与预警、多种灾害下的生存智慧、综合逃生自救体验等板块，有多媒体介绍、场景模拟、现场体验等多种形式	观察市民之家独特的建筑造型，探究其建筑风格与秦淮源的关系，感受秦淮源的文化，了解龙卷风、暴风雪、雷电等自然现象形成的原因和危害，现场体验心肺复苏，学习基本步骤，提高自我保护的意识和能力	数学：建造市民之家(逻辑关系·模式)； 社会：市民之家地图； 科学：遇到火灾怎么办、地震来了我不怕、自然灾害的应对方法； 科学区：有趣的电、各种测量方法； 生活区：学习垃圾分类； 建构区：搭建市民之家

三、利用市民之家开展主题活动

随着年龄的增长、生活经验的不断丰富,中班幼儿对外界的好奇心与日俱增,他们的视野逐渐从关注自我延展到关注周围世界中的人和事物。社区是幼儿生活的场所,这里有市民之家、超市、医院等,有各种各样的设施设备,它们都蕴含着大量的教育资源和教育契机。在走进社区的过程中,孩子们对造型独特的市民之家产生了浓厚的兴趣和探究的欲望,"这里是干什么的?""人们会进去干什么呢?""我的妈妈也去过,说去办事,究竟是办什么事呢?"……孩子们迫切地想走进市民之家,探索并体验市民之家在我们生活中的作用。

在"你好,市民之家"活动中,我们和幼儿一起走进市民之家,通过参观、访问、调查、游戏等一系列有趣的活动,幼儿积极感知并了解市民之家和其中工作的人们与我们生活的关系,同时生成尊重成人劳动、爱护劳动成果的情感和态度,萌发爱家乡的情感。

我们在组织幼儿参观市民之家时,遇到了一个小插曲。教师组织幼儿从大厅1楼进入,这是一个顶部和前后都是玻璃材质的房子,当教师告诉幼儿可以去7楼的科普体验馆时,幼儿很震惊,他们没想到这里有7楼。因为市民之家的格局独特,站在1楼确实看不出有7层。借此契机,我们组织幼儿尝试为市民之家制作地图并初步学习认识导览图。

在课程游戏化背景下,我们倡导打破依照蓝本教材实施课程的僵局,转向幼儿的生活圈,寻找课程开发的支点,建立课程与资源的有效、灵动的连接。这种连接不是资源和课程简单粗暴地"嫁接",而是真正以"儿童本位"为原则,遵循幼儿的兴趣,在与幼儿的多次互动中形成一张张充实而丰满的资源图、资源清单,体现课程的在地性,既充分挖掘幼儿园的周边资源,又充分挖掘教师的能量,呈现幼儿园真实的课程。

我们坚持开展"自然·健康·诗意"的生活课程,将园本课程的建设贯穿于幼儿的一日生活,结合幼儿生活的经验和轨迹挖掘合适的资源,构建以幼儿为主导的"生活圈",为幼儿获得有益的经验创设机会,不断促进幼儿的全面发展。我们在挖掘生活中课程资源的同时,也改变了教师的资源观,打破了教育资源的局限性,充实了园本课程,提升了教学质量。

（南京市溧水区万科幼儿园）

案例五

探寻社区资源，点亮园本课程

——创维幼儿园社区资源调查

随着儿童观的不断更新，班级教师越来越注重儿童的即时兴趣、个体差异和发展需要，越来越不满足于"照本宣科"地执行课程指导用书。于是，支持集团内开展"基于溧水地域资源的园本课程建构"成为一种满足幼儿园及教师内部生长的自主需求。

创维幼儿园位于溧水开发区，是创维小区配套幼儿园，有着独特的周边资源，幼儿园里的孩子大多来自创维乐活城、创维佳园和创维文汇苑这三个小区，其中创维乐活城小区距离幼儿园最近，仅一墙之隔。在追求学前教育高质量发展的过程中，我们越发认识到：社区作为家庭教育和幼儿园教育的有效补充和延续，拥有更加丰富的物质资源，能给予幼儿更多的实践场地和锻炼机会，并能拓宽幼儿的成长视野，有利于幼儿融入社会，实现个体成长和群体互动。那么，社区之中蕴含着哪些可以利用的社会、自然、文化资源呢？我们又应该如何更好地打通全环境教育环节，巧用社区资源，提升教育效能呢？

一、实地察看，收集可用资源

"走出去"是收集社区资源的最佳途径，教师们以年级组为单位走进社区，通过实地走访、发放亲子调查问卷等方式，探寻幼儿园周边可供使用的课程资源，以期更好地实现社区资源与教育的融合，为我们的园本课程寻找到新的生长点。

依据理论支撑，教师们把社区资源细化为自然资源、人文资源、社会资源三大类，并将与幼儿生活相关的现有资源进行了更加详细的梳理，在绘制幼儿园周边资源地图1.0版本的基础上，通过资源分类进行细化标注，直观地标识出了可利用的自然资源、人文资源、社会资源等，形成本园社区课程资源地图2.0版。对教师而言，资源地图能够帮助他们更好地梳理幼儿园的课程资源，实现从课程资源到幼儿经验的指引；对幼儿而言，资源地图的序列性能够支持他们的探索。

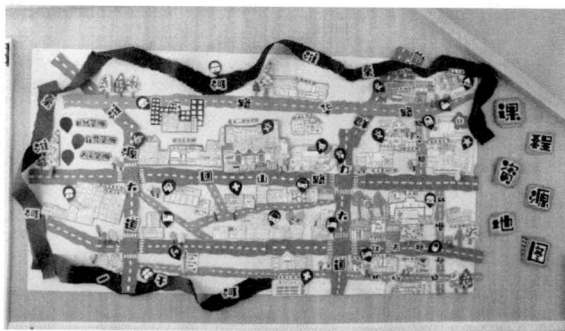

图1 幼儿园课程资源地图

自然资源、人文资源、社会资源不等于课程资源，是不能直接进入课程，只有经过分类、筛选、分析、利用后方可进入幼儿园课程，成为真正的课程资源，从而有效地促进幼儿的发展。

二、筛选资源，师幼探讨主题

社区资源的引入必须着眼于幼儿的整体发展状况，将社区资源与课程进行整合前必须从幼儿的角度去分析社区资源的内涵，对其进行一定程度的筛选和加工，使其符合幼儿的学习特点、学习需求，具有教育性。

利用社区资源建构园本课程的过程就是追求课程更适宜的过程，而检验课程是否更适宜的标准在于是否"以儿童发展为本"。诸多资源的整合、运用关系幼儿的实践活动能否顺利实施。各年级组在开展课程前期，需要对周边的社区资源进行调查、统计和分析，然后根据幼儿的年龄特点、认知水平、生活经验、学习与发展的目标，确定不同年龄段的幼儿可以运用的资源、可以开展的活动，为课程实施建立资源库。

小、中、大班三个年级组教师对照《指南》中的各年龄段发展目标，以幼儿为本，寻找合适的课程资源，分析资源价值，精准判断资源，根据幼儿兴趣和发展需要，有效开发、利用资源，开展适宜的活动，助推幼儿的发展。

表1 社区内的自然资源调查清单

资源类型	名称	地址	对儿童发展的价值	可开展的活动
植物	桂花树	创维乐活城小区	1. 通过感官去直接感知桂花的香味、形状、触感等特点； 2. 制作桂花蜜、桂花糕、桂花茶等多种桂花美食	语言：桂花夹子；美术：桂花（绘画）

资源类型	名称	地址	对儿童发展的价值	可开展的活动
植物	银杏树	创维乐活城小区	1.可以通过观察、比较银杏叶,感知银杏叶秋天变黄的特点,也可以通过观察发现银杏叶的外形特点; 2.可以采摘、收集银杏果,体验丰收的乐趣	美术:金色的皇冠、银杏树; 综合:银杏真有趣
	桃花	创维乐活城小区	1.通过欣赏桃花,了解桃花的特点,感受桃花的美; 2.可以利用多种形式表现桃花的美	美术:桃花朵朵开、桃花开了
	梅花	创维乐活城小区	1.通过欣赏梅花,感受梅花的美; 2.可以利用多种形式表现梅花的美	美术:梅花(绘画)

表2　社区内的社会资源调查清单

资源类型	名称	地址	资源介绍	对儿童发展的价值	可开展的活动
社会企业	创维电器股份有限公司	溧水区新能源大道96号	是一家生产研发各种智能家电的企业,主要致力于冰箱与洗衣机技术,其产品受到百姓喜爱	认识各种电器,感受科技给生活带来的改变	科学:我身边的高科技
	溧水开发区汽车4S工业园	溧水开发区	是一个汽车销售、维修产业园。占地面积大,产量丰富,产品质量高	参观4S店,了解汽车生产、维修的流程	科学:汽车大探秘
	陶玉梅服装厂	溧水经济开发区团山西路9号	致力于中式服装的设计,其服饰特点在于以现代手法表现传统服饰之美	接触艺术服饰,发现和欣赏美的事物	艺术:美丽的旗袍
	喜之郎食品有限公司	溧水经济开发区红光西路6号	一家以生产果冻、糖果、饮料等为主的食品公司,其产品受到孩子们的追捧	关注了解食品的生产过程	科学:小果冻,慢慢吃
	小洋人生物科技发展有限公司	溧水经济开发区红光西路8号	一家饮料公司,产品制作依靠生物技术,将果汁和牛奶相结合,口感较好,深受孩子们的喜爱	关注了解科技产品与人们生活的关系	科学:好吃的水果牛奶
	南京比亚迪新能源汽车有限公司	溧水经济开发区滨淮大道99号	一家高新技术企业,涵盖电子、汽车、新能源和轨道交通等领域,致力于实现零排放、零污染	初步了解常见科技产品的用途和弊端	科学:新能源下的未来生活

续 表

资源类型	名称	地址	资源介绍	对儿童发展的价值	可开展的活动
公共空间	月鹭湖公园	溧水区创业路与孝思路交叉路口往西南约140米	是以健身、休闲、娱乐、生态为主题的绿色公园，引入白鸽、白鸭、锦鲤等多种观赏性动物，环湖跑道也为人们提供了一个娱乐健身的好去处	感受、发现和欣赏自然环境及人文景观中美的事物	数学：小动物回家
	团山公园	溧水区中兴西路100号	是溧水老城北片区的第一座综合性公园，依山傍水的湖滨公园不仅景色宜人，还建有健身广场、环湖骑道、观景平台、夜间灯光等多种基础设施	观察植物以及其他物体，用自己的语言描述它们美的地方，如颜色、形状、形态等	美术：秋天的树林
	南京万驰国际汽车体育公园	溧水区机场路10号	场内有蜻蜓的赛道、百亩自然生态鱼塘、百亩草莓大棚以及果树林、露天汽车影院	对幼儿进行安全教育，培养幼儿的自我保护能力	体育：走迷宫

表3 社区内的文化资源调查清单

资源类型	名称	地址	资源介绍	对儿童发展的价值	可开展的活动
民间文化	采茶舞	群力村	"采茶舞"是一种民间群体性舞蹈。相传明末清初就在当地广为流传，活跃于群力村一带。据说早年东头村曾建有一座八角庙，庙内有许多菩萨，其中有一尊"灯光菩萨"最为百姓信仰。为祭拜菩萨，当地百姓编扎起一盏盏形式各异的茶灯，扮演各种角色，跳起欢快的采茶灯舞蹈	对溧水民俗活动有一定的了解	民俗活动欣赏、亲子实践
	打社火	柘塘镇	"社火"又称"社鼓"，"打社火"是流传于溧水区柘塘镇一带的一种民间祭祀舞蹈，一般于除夕至来年元宵节期间进行表演，表达人们对美好生活的祝福	对溧水民俗活动有一定的了解	民俗活动欣赏、亲子实践
	高台狮子舞	乌山秦淮村	高台狮子舞是一种民间由多人合作表演的狮子舞，流传于溧水区乌山秦淮村一带。传说清朝咸丰年间，有一河南移民流落到秦淮村，此人性格豪爽，玩狮习武的本领高强，他利用农闲时间传艺带徒，逐渐形成了特色。因为舞狮者艺高胆大，又能上桌子（高台），表演上还带很多技巧，所以秦淮狮子又被称作"高台狮子"	对溧水民俗活动有一定的了解	民俗活动欣赏、亲子实践

教师首先与幼儿开展谈话活动,在谈话中发现本班幼儿共同感兴趣的资源,倾听幼儿的问题,从幼儿的主要问题入手,开展系列探究活动。例如,小班可以开展"动物王国""美丽的春天"活动,中班可以开展"便利的超市""家乡溧水"活动,大班则可以开展"我们的社区""小学我来啦"活动。教师会根据幼儿的年龄特点和实际水平,对应3—4岁、4—5岁、5—6岁幼儿的发展,不断调整课程目标,以促进不同水平的幼儿共同发展;同时关注课程内容对每一个幼儿的适宜性,即使是源于生活的课程内容,也要与当下幼儿的兴趣、问题和需要匹配。

通过和幼儿讨论,选择合适的资源后,教师会进行课程审议,在设计主题目标、思维导图的过程中,充分考虑资源与幼儿经验的链接,实现资源和课程的对话与互动,让幼儿在主题活动中获得更加丰富、深刻的感受。教师分析资源的特征,寻找其与幼儿生活活动的契合点,将这些探寻到的资源根据幼儿的年龄特点、不同的课程目标、不同的活动组织方式进行梳理,并以主题脉络图的形式呈现出来。脉络图以幼儿感兴趣的问题作为主题来源,对主题下每条线索进行基于幼儿探究的关键要素分析,再以要素串联起不同类型的关键经验活动。

三、实施活动,丰富课程内容

创维幼儿园特有的地理位置优势和资源为园本课程孵化提供了发展的大环境,教师们紧扣幼儿的年龄特点,从幼儿的兴趣和关注点出发,及时发现幼儿的问题,基于开发区周边社区资源特色,通过交流、对话、互动等方式生成主题内容。

如大班幼儿对地铁的运行和乘坐充满好奇,教师追随幼儿兴趣,适时开展"小粉,我来了"这一主题活动,带领幼儿走进地铁站亲身体验。活动以幼儿的话题为出发点,以幼儿的问题为支点,以幼儿的亲身体验为基本线索,让幼儿在观察、感知、实践中了解地铁文化,获得乘坐地铁的经验和基本知识。

在"夏天来了"主题中,教师组织中班幼儿对离幼儿园不远的团山公园实地踩点,选择适宜场地,规划相应路线,推进幼儿探索,让幼儿通过观察、绘画、游戏全面感知夏天,感受季节变化,与大自然亲密互动,享受大自然赋予的快乐。

幼儿居住的创维乐活城是离幼儿园最近的一个小区,创维乐活城是我们幼儿园的好邻居,那我们幼儿园还有哪些好邻居呢?我们决定根据幼儿的发现,制作一幅"幼儿园好邻居地图"。绘制地图是幼儿从未做过的、充满挑战的一件事,他们对此表现出了浓厚的兴趣。教师与幼儿共同开展了探索,还调动家长资源共同收集了多种资料,如游乐园地图、动物园地图以及"好邻居"的照片等,为幼儿制作地图提供支持。从"探索发现幼儿园附近的邻居"到"提升经验明确标志物",再到"观察邻居在标志物的方位",最后回到"我给幼儿园做地图",教师们不断走近儿童,通过聚焦幼儿兴趣,有效拓展其经验,协助幼儿在课程中求知前行,从而深入挖掘课程价值,以兴趣引导促进幼儿成长。

高效开发并利用社区资源是幼儿园课程走进社区、开拓教育空间、丰富教学内容和教学形式的有效手段,能够为幼儿学习课堂之外的知识提供更多的机会和空间,并促使幼儿将生活经验和已学知识与社区环境相融合,在社区实践活动中获取有助于成长的经验,在生动形象的教育环境中获得身心的全面发展。课程资源开发利用的过程就是不断跟着幼儿,和幼儿一起经历的过程,寻找资源与课程的链接点,从幼儿的经验出发,挖掘资源的教育价值,进而生成适合幼儿发展的系列活动。在课程资源开发利用的整个过程中,教师要支持幼儿主动将资源转化为课程,引导幼儿从不同的视角感受、探求、操作、发现、体验、表达并获得新经验。

(南京市溧水区创维幼儿园)

第四章　课程资源的整理

　　2017年3月，虞永平教授在《幼儿园课程建设的理念与思路》报告中指出，要把课程资源库的建设当作幼儿园课程建设的重要组成部分，以幼儿的发展和需求为出发点，依据《指南》精神，从大自然、大社会中获得丰富多彩的课程资源。可见，幼儿园课程资源的整理和归类是课程建设中重要的一部分。课程资源的收集和资源库的建设是一个不断更新、优化和完善的过程，应伴随课程的开展而调整，需要经过日积月累，才能满足多方的需求。同时，课程资源库的建设需要园长、教师、幼儿、家长、社区的共同参与，通过寻找、收集、确认、加工、整理、归类等，保障课程资源库的运行使用。建立资源库不只是一所幼儿园的事情，也不仅仅是教师的职责。幼儿园的教职工是资源收集、整理、归类最主要的人群，但家长和幼儿在幼儿园资源库建设中也是不可或缺的。为了让幼儿真正成为课程实施的主人，我们鼓励幼儿积极参加幼儿园各类资源的收集活动；我们也充分发挥家长的作用，让家长通过资源收集融入幼儿园课程，更加了解幼儿园的课程特色和教育理念。

　　那么，资源的提供能否调动幼儿的学习兴趣，满足幼儿的发展需要，能否满足教师教学及自身发展的需求，能否帮助家长解决育儿过程中的问题呢？园所需要追随课程开展情况，通过不断对课程资源进行补充、完善、整理、归类，从而整体提升资源的利用率和质量。

一、课程资源的整理和归类

（一）课程资源的整理

　　现如今，运用现代信息技术手段对资源进行储存是课程资源库常用的一种形式，但往往收集来的资源种类多、数量大。面对信息量大、内容繁杂的资源时，我们该如何对资源进行整理和归类，如何筛选出合适、有效的资源来实现资源的共享，发挥资源最大的价值，帮助教师在选取所需的资源时更加便捷，保障教学工作的有效性呢？

在进行资源的整理和园本资源库的建设时,我们以园本课程为蓝本,立足于幼儿园教育教学的实际和对资源的需求,放眼发展,精心研究,在《纲要》《指南》的指引下,进行适宜于幼儿园五大领域日常教学和学习的课程资源设计,即按照幼儿园小班、中班、大班不同年龄段的具体教育目标及幼儿身心发展特点,进行健康、语言、社会、科学和艺术领域的梳理和归类。在此基础上,我们将课程资源分为幼儿学习资源、教师教学资源和教师学习资源三个方面。

1. 幼儿学习资源

幼儿是积极、主动的学习者,他们与资源库中收集的材料资源、环境资源发生着有形或无形的联系。材料库中的资源作为幼儿的学习资源,能够满足幼儿的发展需要,帮助幼儿获得多元化的发展。

首先,为幼儿提供的环境资源应包括自然环境与人文环境。我区的实验幼儿园是一所园林式幼儿园,园内植被较多,自然资源丰富;周边人文景点较多,配套设施完善,可以利用的资源比较充足。因此,园所可以鼓励幼儿根据季节的变化收集园内外的多种自然物,教师可以根据幼儿的经验、兴趣及活动需要和幼儿一起收集。这些自然材料的寻找和收集有利于支持和满足幼儿学习与发展的需要。

资源搜集和整理的过程中发生了这样一个"有味道"的故事。"老师,幼儿园好臭呀,是什么味道?""就像臭臭的脚丫的味道。""是垃圾房飘来的味道。"为了寻找"臭臭味道"的来源,幼儿不放过幼儿园的任何一个角落,终于在银杏树下发现了有"臭味"的果子——银杏果。带着好奇,我们开始探索银杏。幼儿和爸爸妈妈一起查阅银杏树的资料,完成调查表后我们和幼儿一起从室内走向室外,将一片秋意尽收眼底。"老师,银杏树的果实是白果,它很臭,但是它可以吃。""银杏树也分公和母,像动物一样,有爸爸有妈妈,真好玩!""树爸爸不结果实,树妈妈结白果。""银杏叶和银杏果可以做药呢!"通过观察、发现、探究,幼儿认识了像扇子一样的银杏叶,树干笔直的树爸爸,树枝分散的树妈妈,还有臭臭的可以做药的银杏果。园内自然资源的探究给幼儿创造了亲身实践的机会,充分满足了幼儿探求的欲望,引发了幼儿游戏的兴趣。幼儿也在认知、发现、探索、游戏的过程中积累经验、丰富学习资源。幼儿将捡来的银杏树叶、白果投放在游戏区,按照区域和游戏内容有层次地投放,如:幼儿在美工区投放银杏叶,根据自身的兴趣和需要,将"漂亮的银杏叶"分为"我眼中的银杏叶(写生)""银杏叶添画""银杏叶粘贴画"三个层次,并在材料盒上贴自己表征的一星、二星、三星难度标记,创建班级区域材料库。

秋,是五彩缤纷的。一片秋叶、一颗秋果都是秋的代名词。幼儿园里也常"晒秋":晒一晒各种瓜果农作物;晒一晒捡来的各种自然物,如枯老的落叶、造型各异的松果、大扇子一样的芦苇等;晒一晒土壤,为新一轮的深秋种植做准备。"秋"从何来?家长利用假期和孩子在公园、在小区、在郊外、在田野,在大自然的每一个角落找寻秋天的足迹,并将捡到的"秋"带来幼儿园,丰富班级和园内资源。

收集的各类材料又该如何整理和摆放呢?班级教师鼓励幼儿以小组为单位,商量、讨论材料整理和摆放的方法,鼓励幼儿以自己的表征做好标记,幼儿在平时的活动中可以根据自己的需要随时取用,并进行更新、增补。人文环境不应是由教师刻意营造出来的,而应是幼儿在日常生活交流中提到的、经验里反映的幼儿园及幼儿居住地附近的社会文化资源构成的,幼儿有一定的前期经验和知识迁移,如公园、体育馆、城隍庙等。教师可以对其进行整理,让幼儿接受润物细无声的文化熏陶。

其次,学习资源是为了支持和满足幼儿学习和发展的需要。每个幼儿的兴趣、需要和发展水平都不一样,学习资源库应做到支持和满足每个幼儿的发展,不仅体现出丰富性、适宜性,也应体现出层次性。学习资源有的是有形的物质材料,幼儿的学习与发展和这些物质材料是直接联系的,如幼儿用书、幼儿绘本读物、幼儿学习活动所需的材料等。

以安全、环保的废旧材料的搜集整理为例,我们以幼儿的兴趣为出发点,鼓励幼儿和家长在平时的生活中注意观察、寻找和收集能激发幼儿游戏与活动的材料。教师可以在各班的门口设置一个专门放废旧物品的"收集东,收集西"收纳箱,让幼儿将收集的物品放入,形成班级的"小小百宝箱"。班级教师根据本班主题活动、幼儿游戏活动的需要再次进行筛选和整理,同时关注幼儿在活动中对废旧材料的使用情况和消耗情况,不断更新和添加材料,以满足幼儿的活动需求。

最后,幼儿学习资源还包括园内工作人员以及幼儿园所处社区的各类人员。每年小班幼儿入园前,资料管理员和班级教师都会对幼儿家长的工作单位、职业、特长等进行调查并制作一份详细的家长资源表格。家长是重要的教育资源,他们各具特长,职业也各不相同,不仅能弥补幼儿园某些资源的缺失,还能充分发挥教育作用,使幼儿园课程更具特色。我们还通过多种方式和途径了解社区中一些有特殊才能人员的信息等,如退伍的老兵、解放军、牙医等,并将这些信息整理、纳入资源库,以便我们开展适合幼儿的项目活动。比如:有的幼儿园开展了"博士叔叔进校园""银发生辉""雷锋的战友讲故事""情满红十字会"等活动,在这些活动中幼儿获得了身体、语言、认知、情感、社会等多方面的发展。

以实验幼儿园的"幼儿园妈妈过生日啦"园庆主题课程资源建设、主题户外游戏资源建设为例,各年级组收集、创作、整理与园庆课程相关的课件、视频、图片、玩教具、游戏材料等,围绕园庆课程开展了"园徽我设计""我们的园庆节目单""园庆我想这样过""送给幼儿园妈妈甜甜的祝福"等活动。教师们还注重园内自然资源的利用,如利用园内的绿化带、石榴林、小山坡、小菜园等开展了"花点时间""这个石榴有点甜""大自然的 100 种玩法""幼儿园的烧烤摊"等户外游戏。幼儿的游戏材料以树枝、石头、干花、落叶、石榴等低结构的自然材料为主。丰富的材料使幼儿的游戏水平不断提升。教师还将游戏内容、游戏材料和游戏玩法记录在册,按照年龄段存放在园内资源库,便于今后借鉴和补充。由于大部分新教师对老园所不太了解,我们在资源库中提供老照片、老视频,让他们感受不同时代下园所的变化和发展,充分了解园所的那些年、那些事、那些人;邀请历任园长一同"追忆往事",为大家讲述实幼的奋斗历程和光阴故事。在"奋进中的实幼"微视频创作活动中,教师用镜头记录时代给我们带来的动力;"我眼中的幼儿园"娃娃摄影交流活动中,教师引导幼儿从童真的视角鲜活地记录幼儿园生活中的美好瞬间;"亮出我们的行动宣言""喜迎二十大　同唱一首歌""我们的'幼'一年""我是实幼推荐官""迷彩小小兵"等活动精彩纷呈。一代代的实幼人用自己的方式收集、整理我们过去和现在的点点滴滴,让资源库更加丰满。

所以,家长资源、社区资源、自然资源与幼儿园教学资源的良好互动都是幼儿社会经验认知的重要来源,是促进幼儿发展的有效途径。

2. 教师教学资源

教学资源的收集为教师实施课程提供支持与保障,包括物质材料、影像材料或文本资料等。文本资料有理论与实践的参考书、课程指导手册、支持教师工作的教育教学资料等。教学资源是在教师的不断实践、探索、调整中逐渐积累起来的,并还在不断完善。在《纲要》《指南》的指引下,幼儿园应立足实际,根据幼儿的年龄特点、各学科领域的关键经验、教师的发展需要不断收集、更新教学资料,为不同发展水平的教师提供帮助和支持,满足教师的教育教学需要,帮助教师提高教学水平。

3. 教师学习资源

学习资源给教师提供专业理论学习方面的支持;提供支持教师开展课程中实施各类计划的工具或文本,如课程计划的基本格式和规范;提供活动室环境与幼儿活动材料的基本要求及材料清单,以及各类用于日常观察记录的文本和工具;提供与幼儿园课程实施中的一日活动安排与计划、班级环境创设、班级空间规划、观察和解读幼儿游戏行为等相关的资源。教师出现专业上的疑问时,可以在学习资源中寻找答案,获得专业成长。

（二）课程资源的归类

根据幼儿园的实际情况，除了将幼儿园的资源分为幼儿学习资源、教师教学资源和教师学习资源，我们还应对资源库的内容进行整理与归类，并将其分为材料资源库和电子文档资源库。

1. 材料资源库

材料资源库可以从幼儿园、年级组、班级三个层次进行归类。幼儿园的材料资源由资料员统一整理，并分门别类地摆放整齐，做好标记，及时进行登记、核对、增添数量、记录损耗等。一学期结束后，资料员还需要将本学期所领用材料进行回收、整理、归档。年级组资源库由年级组教师负责整理与归类，资源库内有支持一学期课程实施和满足幼儿游戏的材料。教师根据每个主题内容及时更新和调整，学期结束后统一交由年级组长整理和归类，并上交幼儿园资料库。班级资源库材料的收集、整理和归类由各班教师统筹负责。教师可根据班级实际情况、幼儿的年龄特点和发展需要，让幼儿及家长共同参与。

2. 电子文档资源库

我们可利用现代信息技术存放各类图片、视频、课件、文档资料等。电子文档资源库由幼儿园档案室统一管理，以各班、各年级组层层建构的机制进行整理、归类。电子文档资源库不仅内容丰富多样且存储量极大，除了教学活动所需的课件、图片、视频等，还有与课程相关的文字资源库、班本活动资源、各类项目活动影像资料、幼儿园各类教研活动文本资料等。电子文档资源虽然使用方便且利于存放，但存储时一定要分门别类，做好电子目录，以便于查找。

二、课程资源的维护和保存

首先，我们要明确资源的保存是非常重要的。资源库的建设除了在前期要对幼儿园的已有资源进行归纳和分类整理，更要在分类的基础上进行资源的保存。合理有效的保存方式有助于教师后期在使用的时候能够迅速而又准确地提取所需要的相关信息和与之相对应的资源。因此幼儿园应当针对资源各不相同的特点以及资源的利用方式，选择合适的保存模式。那么，不同的资源应该如何保存呢？

（一）保存方式的分类

整体来看，幼儿园资源从呈现载体上可以划分为物质资源和信息资源两种。一种是可触摸的实体物质,例如广告板、油画棒、卡纸、皱纹纸等,这些都是日常教学活动或者环境创设的材料。另一种是信息资源,例如家长资源、幼儿资源、教师资源以及幼儿园周边环境资源等。我们在考虑资源的保存方式时不仅要对客观存在的物质材料进行保存,更要对信息化知识进行储存。由此,我们大致将资源的保存方式划分为线下物质保存和在线保存两种。

1. 线下物质保存

线下物质保存方式主要适用于客观存在的实体物质资源及可储存在移动硬盘里的视频、音频资源等等。

（1）幼儿园资料室保存

资料室的资源按物品的种类进行保存。

（2）图书室保存

图书室的资源多以图书为主,按照书籍的类别进行保存。

（3）置物架和收纳箱保存

置物架上保存使用频率较高的活动材料;收纳箱内保存小的零碎的材料。

（4）移动硬盘保存

将手机或者摄影机等其他电子设备录制的视频、音频导入电脑,再经由电脑导入移动硬盘里。

2. 在线保存

在线保存方式主要适用于不断更新完善的虚拟的信息化知识等。

（1）云盘保存

将电子文档或者表格上传至云盘中保存。

（2）QQ 保存

将电子文档或者表格上传至幼儿园 QQ 群的群文件中,日常活动的照片可以上传至 QQ 群的群相册里,音频、视频皆可上传保存。

（二）对不同保存方式的分析

在明确了不同材料的不同保存方式之后,我们需要对不同类别保存方式的优劣势进行分析,更要从资源利用的角度确定各种材料最适宜的保存方式。

1. 幼儿园资料室保存

幼儿园资料室保存的优势在于资料室可存储大件物品且配备了专职的资料员,安全性高,劣势则在于资料室建设的成本高,通常一所幼儿园会配置一到两间资料室，而且存储空间有限，需要有人专门分类整理，对于班级教师来说材料比较难调取。因此，资料室里保存的资源大致是以下两种：一是占地空间大的；二是一些低结构但使用范围很广、消耗程度很大的材料。资料员会及时补充，以便班级教师取用。

资料室的材料会保存在各式各样的柜子里。开放格用于储存日常消耗量大且不容易受潮的物品，例如胶水、彩笔一类；封闭性柜子则适用于比较容易受潮的纸制品资源。保存在资料室的材料一般由幼儿园统一购买。

2. 图书室保存

图书室主要用于储存图书，有专门的管理人员，但其缺点是建设成本较高，书籍的损耗程度会比班级中的书籍大一些。图书室保存的材料不仅有适宜幼儿阅读的各类绘本，还有教师日常教学所需要的教学用书，以及经典名著和教育领域的专著等等。

图书室需要用到的工具有各式各样的开放型书架，书籍上的标记贴以及分类标志。在图书室借还图书需要登记，管理员要对每本书做好编号标记，按类别保存在书架上，定期做好防潮防霉工作。

3. 置物架或收纳箱保存

置物架或者收纳箱作为开放型的资源保存工具，优点是方便教师和幼儿拿取材料，缺点是安全性得不到保障。因此置物架或者收纳箱中保存的资源就是一些低结构材料，其消耗的速度快，例如纸板、纸箱、牛奶盒等。这一类资源属于废旧材料，在生活中很常见，而且容易获取和收集，材料本身的安全性比较高，因此比较适合放在班级的置物架上或者收纳箱中。置物架上或收纳箱里的材料既可以由幼儿园提供，也可以由幼儿和家长提供。置物架或收纳箱应放置在固定地点，方便取放材料，且周围环境要相对干燥，不易受天气的影响。

4. 移动硬盘保存

移动硬盘保存材料的优点在于方便对材料本身进行筛选，保存在移动硬盘里的材料一定是经过筛选的优质教育资源，缺点则是移动硬盘较难调取，材料的取用不是很便利。移动硬盘适合保存幼儿园开展的优秀教育教学活动实录、教研活动的录像等，这一类视频资源占内存较大，且需要择优遴选。班级教师可以根据自己的教学需求选择使用这一类资源。

需要用到的工具有大内存的移动硬盘、用于传导资源的数据线、电脑以及拍摄活动过程的电子设备。保存的方法是将优质的教学活动用手机或者摄影机录制下来，再经由数据线传导到电脑中，经过筛选和剪辑，分类命名，最后存储在移动硬盘中。

5. 云盘和 QQ 保存

云盘和 QQ 作为保存方式的优缺点是有相同之处的。二者共同的优点是存储量大，而且教师比较容易调取，不需要专职人员操作，也没有复杂的设备。二者共同的缺点则在于比较难对材料进行分类和遴选，因此它们适用于一些不需要过多筛选的资源。一些需要不断收集和更新的资源，例如家长资源，会随着幼儿的变动而不断地变动，这种资源可以以文字或者表格的形式储存在云盘中，便于教师即时更新和调整。还有一些资源具有很强的时效性，且需要保证覆盖面广，并不需要筛选，例如教学活动照片、幼儿美术作品等，这一类资源可以保存在 QQ 群相册中，后期提取和欣赏比较方便。

需要用到的工具可以只是一部手机。保存的方式则是在有互联网的情况下，选中需要保存的照片或者文件，将其上传到相应的云盘或者 QQ 群相册中，群相册以活动或者作品的主题来命名，更加便于保存和后期使用。

确立了资源保存框架之后，接下来要做的是明确各类资源所适用的保存方式，形成对应的活动资源目录，作为建设幼儿园资源库的前期经验和准备。建设幼儿园资源库并不意味着要将所有收集到的资源都纳入其中，幼儿园应当针对不同的资源制定评估和筛选的标准。每一位教职员工、每一名幼儿都是资源库的建设者、管理者，资源库也应真正能为师幼所用。

三、课程资源库的建设与管理

江苏省教育厅和江苏省财政厅联合发布的《关于开展幼儿园课程游戏化建设的通知》中提到了关于建设课程游戏化的资源，"开发以游戏为基本活动，以幼儿为主体，适合本园特点，有效促进幼儿学习与发展的课程，统筹游戏活动中的各类实物资源、社会专家资源和网络信息资源等，形成内容科学、管理有序、应用有效的幼儿园课程资源库"。

幼儿园课程资源库的建设，不仅要立足本园的教育教学实际和资源需求，放眼长远发展，还应集中师资力量，群策群力，以课程主题为基本维度，设计出最适合本园的课程资源分类及结构，形成资源库的建设方案，为后续的资源建设和应用提供导向和依据。

在资源库建设中，我们可以将课程资源分为两大类，即有形资源和无形资源。无形资源指人文资源、社会资源等；有形资源主要包括有形的实物类及会被利用的多媒体类，在实物类中有成品及非成品这两大类，多媒体类主要指课堂或是教学活动中用到的音视频或照片、文本等对教育活动有帮助的资源。

教师们虽然在课程资源的开发和利用方面积累了比较丰富的经验,课程资源建设的意识大大提高,但是在资源管理方面还存在一些问题。如:部分教师课程资源开发的能力有限,仅限于幼儿园内,无法满足幼儿多样化的需求,班级与班级之间较难实现资源共享等问题。课程资源管理的一系列问题会影响课程建设的成本和质量。为了建立完善的课程资源体系,在虞永平教授的教育理念引领下,我们逐步探索总结出了一套资源建设与管理的思路与方法,溧水各园都已建立各具特色的幼儿园课程资源库。

《纲要》在总则里提出"幼儿园应与家庭、社区密切合作,与小学相互衔接,综合利用各种教育资源,共同为幼儿的发展创造良好的条件",在组织与实施中又指出"充分利用自然环境和社区的教育资源,扩展幼儿生活和学习的空间"。由此可见,充分开发和利用社区教育资源,建立课程资源库,已经成为当前幼儿园课程改革的热点。但如何把社区、家庭、人文、自然等一切有利资源转化为幼儿园教育活动的资源,形成教育合力,以同步、协调地提高幼儿的素质,促进幼儿的发展,是需要我们幼教工作者深入探讨的问题。

(一) 丰富的自然资源和生活资源

1. 重视自然资源的利用

教育家陶行知曾提倡幼儿园教材"必以家园为中心",要体现乡土特点。陈鹤琴先生也指出:"大自然、大社会是我们的活教材。"幼儿好奇、好问,乐于动手尝试,喜欢探索大自然的奥秘。大自然的材料也是打造环境、开展活动的有利条件。教师应让幼儿拥抱大自然,在大自然、大社会中去探究学习、拓展经验、开阔视野,挖掘自然中更多的秘密。平时幼儿不仅可以在幼儿园的小菜园中种植和观察各种蔬菜,在班级自然角栽种土豆、大蒜、萝卜,在户外活动中观察大自然的颜色、树叶的变化等,还可以到园外寻找更多自然资源,开展丰富的活动。教师收集和利用自然资源能够丰富幼儿的活动内容和形式,如幼儿既可以了解农作物的生长过程,又能认识不同的果实,还能用这些自然物开展美工活动、生活活动、科学活动。大自然中的树枝、石块、花瓣、落叶,都能在幼儿的创作下变成美丽的工艺品和有趣的游戏道具。

2. 重视生活资源的收集

我们可以引导幼儿和家长积极参与资源的开发和利用,补充园级资源库和班级的资源箱(百宝箱),增加课程资源的收集渠道和种类。其具体的做法是在园内大厅及班级内设立资源回收箱,定期发布收集要求,邀请家长和幼儿自觉自愿地收集和整理,教师定期将回收箱里的物品进行清洗、整理、分类,并收入园级资源库。同时,各班在班级中设置百宝箱,根据班级活动开展的需要邀请家长收集所需材料,推动和支持教师后续组织教学和游戏。例如,在班级打造建构区之前,中大班教师根据幼儿的年龄特点,重点留意和收集生活中的废旧材料,包括各种板材(硬纸板、薄木板、塑料板)、纸盒(鞋盒、牛奶盒、牙膏盒、纸巾盒)、瓶罐(塑料瓶、奶粉罐)、管子(塑料吸管、纸管)。

(二) 整合家园、社区资源

1. 信息交互,盘活家长教育资源

因为不同的家长具有不同的职业背景、知识专业、个性特长,所以幼儿受到的教育也不同。教师通过家园信息交互,盘活家长教育资源,使这些优势和经验通过协调整合达成共享。其具体办法是各班通过家园花名册、班级 QQ 群、幼儿园公众号等方式,一方面将每月活动主题向家长通报,以获得家长的支持与配合,另一方面请家长介绍自己所长和在亲子互动中的经验,教师通过整理汇集,了解家长的特长与能力。例如,有从事消防、公安、航空等特殊职业的家长,也有擅长某项技术的家长,还有热心于幼儿园活动的家长等。

2. 就地取材,扩充社区教育资源库

社区是幼儿熟悉的场所,带给幼儿不同的信息和感受,能开阔幼儿的眼界,丰富其成长经历,帮助其发展社会意识和社会情感。幼儿园应充分利用周围得天独厚的社区资源优势,组织幼儿参观实践、交流表达、动手尝试,让每一个幼儿用心灵与大自然对话;利用丰富的社区资源,带幼儿回到现实生活,体会生活,如带幼儿进行社区访问、社区参观等。在热闹的菜场及超市,幼儿通过自己购物,认识了货币,了解了买卖,认识了各类商品,学会了讨价还价;通过和叔叔阿姨交流以及与同伴合作购物,增强了人际交往能力;通过云参观图书馆,了解了工作人员为社会服务的情形,丰富了对社会职业的认知;等等。活动中,幼儿亲身体验、直接感受,让生活和学习真正成为一体。

(1) 课程资源库的整理

首先,教师根据资源的用途整理了课程资源库,将其分为自然材料类、家居用品类、教材音像类、教学图片类、塑料制品类、废旧材料类、教学用具类、电子教学材料、主题资源包等。这些资源都被整齐地陈列在开放性架子上,每个架子贴有资源类别、

名称标记,教师只需根据标记便能找到需要的材料,幼儿也可以参照标签选择自己所需要的材料物品。其次,课程资源库需要建立相关的管理制度,如出入库登记制度、借用和归还制度等,由资源管理员登记、补充和丰富资源物品,明确资源库开放时间、物品借用及流程等。教师开展的优质课的课件、视频等,都会及时整理到课程资源库,管理员会及时进行整理和归档,方便教师随时取用。

在日常教学研究中,资源管理员可以以静态的文字(记录反思)、照片和动态的视频相结合的形式,将教师积累的特色活动设计、活动流程、图片、音像资料等课程资源,收集到课程资源库,再经过整理创作,发布到幼儿园公众号。其他班级的教师开展类似主题活动时,可以借鉴。

(2)课程资源库的共享

资源管理员不应将收集到的课程资源存放于课程资源库,被动地等待教师前来查找和选用,而应主动承担起向全园教师宣传、介绍各类课程资源的职责。资源管理员需要整合全园的课程资源,减少各班因资源缺少而使幼儿的合理需求无法得到满足的现象,提高课程资源的共享度和利用率。课程资源管理员在幼儿园的多项活动中要有效发挥"黏合"的作用。

随着课程研究的深入,区域内教师开展班本主题活动的能力明显提升,在开展活动的过程中也整理了大量的材料资源。园内可供资源共享的平台有公众号、QQ群、微信群等,这些都可以实现数字资源(电子文案、课件等)的传递和共享,既方便又快捷。资源集中到课程资源库,其目的不仅仅是收藏,更多的是通过资源共享,开阔教师设计活动的思路,提升教师开展活动、建设课程的能力。

四、课程资源库管理制度的制定与落实

幼儿园管理是通过对资源的投入和利用,以期取得最佳效果的一种活动。幼儿园的资源包括时间、财力、人力、信息等,在资源的收集过程中,除了建立最常见的资源管理室,电子资源库的建立同样重要。我们应当制定相关的制度来有效管理幼儿园的各项资源。

(一) 有效收集是前提,科学整理是关键

1. 信息化渠道

电子资源的收集应当是专职管理员和教师共同的职责,管理员按照各项活动的

整体安排和需求进行宏观收纳管理,教师再将自己手边与之相关的材料打包提交给管理员。以幼儿园的课程资源为例,我们在管理的过程中可以选用分类并用、相互补充的方式,利用层级分类的方式进行有效管理。如最上层分为领域活动、主题活动或区域活动,下一层再提供文本、图片、视频、多媒体等资源。层层细化的方式不仅利于管理,也利于教师查询使用。我区的实幼是一所一园六址的教育集团,每个园区都拥有自己独一无二的自然条件及办园特色,班级风格也是各不相同,所以实幼拥有庞大的资源储备。为此,实幼专门创建了一个面向社会的公众号,定期会推荐各园区比较好的活动作为分享学习的内容。公众号也是我们的信息化渠道之一,在这里面我们能相互借鉴,共同成长。

2. 物化渠道

幼儿园里的物质资源要分类放置在幼儿园资源室内。我们对物质资源的数量与质量是有要求的,这需要一线教师付出较多的努力,所以与之相匹配的激励与评价机制的建立十分必要。幼儿园资源收集的有效性直接影响资源的可使用性,因此幼儿园需要对收集的资源进行科学评价后才可使用。

教师每周都要准备下一周的课程活动方案,同时准备对应的教具。在这个过程中,物质资源十分重要。如果大家各自制作各自的教具,等于同样的东西要做好几份,实在是浪费资源。班级之间可以错时开展同一种活动,将一份教具充分使用起来,既节约了时间,又提高了资源的利用率。

(二) 分类储存是重点,有效借取是常态

1. 建立制度,有效管理

针对资源的管理,可以设立相关的规则:① 资源库由专人负责管理,借用和归还要登记。② 需要资料时先查找电脑目录,然后去相应的地点取用,对某些记录不详的资料可求助管理员。③ 对已外借的资料在电脑目录上注明借阅者和资料数量,方便他人查找。④ 借出的资源如有遗失,借用者必须重新购买或收集。借用后如有破损,必须修补后归还。

幼儿园设有专用的资料管理室及资料管理员,借取物品时,教师应去资料室找管理员。如果借用环境创设需要的物品,教师只需要在物品拿取登记表上登记详细的拿取时间、物品名称、物品数量、拿取班级以及拿取人等信息。但是如果借用书籍或者资料,教师需要在电脑上进行出库登记,用完还给资料员时,再进行入库登记。流程虽然看似烦琐,但却十分必要,能有效防止资料丢失。

2. 整理补充,不断完善

所开发的资源要有一个试用的过程,幼儿园可通过问卷、座谈等方式对教师使用资源库的情况进行调查,不断改进和完善资源库的开发与建设。其具体做法是:① 每学期召开资源库使用情况座谈会两次。② 每学期对所有库存资源进行整理和补充。③ 对资源库的开发与建设中有创新表现的教师给予奖励。

资源管理员的专业化发展至关重要。幼儿园资源管理员的管理工作也应被重视,我们应将其纳入幼儿园的整体发展规划中,要充分考虑这部分专职或者兼职人员的专业发展与业务提升需要,寻求与开拓幼儿园资源管理员的专业培训与研修的有效途径,如发挥专家的引领作用,与相关院校合作开设研修班等。很多幼儿园在这方面做得较好,安排了专职资料管理员进行资料管理。每一次幼儿园召开例会或者开展培训活动时,资源管理员与班级教师都一起参加。资源管理员在幼儿园里并不是简单的材料保管者,而是了解班级发展需要以及熟悉幼儿园当下教育活动发展的人,在幼儿园里起着至关重要的作用。常言道:"工欲善其事,必先利其器。"资源管理员对于教师而言,是最得力的帮手,能给教师提供各种有效的帮助。

幼儿园课程资源库的开发、建设,对于幼儿的成长及教师的专业发展具有重要的价值和意义。资源库建设并非一朝一夕可以完成,它是一个长期的、不断完善的过程,需要幼儿园的资源管理员及教师充分发挥创造力,齐心协力,开放灵活、有序有节地逐步建设、更新和优化。幼儿园的资源库要能体现最新的教学理念,满足幼儿的兴趣需求,同时符合教育的最新要求,走在时代的前沿,最大限度地在教学研究与课程实施中发挥作用。

第三部分

开发与利用

第五章 课程资源的利用

一、根据不同年龄段对资源进行选择

不同年龄段幼儿的生活经验不同,兴趣需要不同,游戏的能力和水平具有层次差异,因此,教师在选用资源时也要考虑年龄段的特点和差异。

小班幼儿处于直觉行动思维向具体形象思维过渡的发展阶段,他们更依赖于肢体动作的直接感知,喜欢动态的活动形式,对于知觉特征显著的资源,如常见的小动物、水果等颇为青睐。中班幼儿以具体形象思维为主,有一定的生活经验,能主动对自己感兴趣的事物进行一段时间的持续关注,在教师的指导下可以对比观察,愿意通过迁移自己的生活经验开展操作活动,丰富自身认知体验,因此,他们更喜欢具有显著变化的资源。大班幼儿随着有意注意的逐步增强以及抽象逻辑思维的初步发展,往往不满足于探究资源本身的原始状态,他们会自主自发地探究资源的内隐特征或其中的结构关系,会对资源进行深入的探究。

因此教师需要关注幼儿的兴趣需要,考虑幼儿的年龄特点和发展水平,对接幼儿的发展目标,有的放矢地对课程资源进行挖掘和利用。在这个过程中,课程资源挖掘和利用的形式及内容要根据幼儿不断变化的兴趣和需要进行适宜的、动态的调整,这样才能支持幼儿持续深入地探索学习,丰富其多样化的经验,让课程资源转化成幼儿的有益经验。

案例一

用大自然的"礼物"致敬秋日
——"秋天资源"在不同年龄段的挖掘和利用

秋风吹过,叶子打着转儿从树上落下,田间的果蔬高昂着头,一粒粒小小的种

131

子可以不起眼,也可以是奇迹……秋天蕴藏了太多的宝藏。当孩子们捡起落叶观察,倾听小脚丫踩踏落叶发出沙沙的声响,在田间惊叹秋天的硕果……孩子们感受着大自然丰富的馈赠,它们给自己的游戏和探索带来了更多的灵感。大家用秋天丰硕的果实与斑斓多彩的自然物,用双手为自己准备一份来自大自然的礼物,向秋天致敬。

著名教育家陶行知先生曾说:"我们要解放小孩子的空间,让他们去接触大自然中的花草、树木、青山、绿水、日月、星辰。"孩子对自然的认识以热爱为基础,爱得越深,就越有了解的欲望。九月,舞着秋风,和着虫鸣,教师和孩子一起在秋日里漫步,寻找各种独属于秋日的自然材料,在触摸、观察、探索、实践、体验中形成自己对秋天的认识,建立自己与秋天的连接,体验大自然赠予的无限乐趣。

一、挖掘秋天的自然资源,梳理关键经验

我园地处城南片区,园内有一处独有的小公园,户外活动面积达 8 085 平方米,园内植被丰富、种类多样,每到秋天,孩子们可以在菜地里收获庄稼,在果园里采摘,可以在树林里和落叶一起跳舞……同时我园毗邻秦淮源公园,周边有无想山、幸庄公园、体育公园、天生桥、秦淮河亲水栈道等多种资源,场所内蕴藏着丰富的自然材料。教师以幼儿园为中心,通过发放问卷、实地勘察、查阅资料、专家引领等多种方式观察并收集与园内外秋天自然材料相关的文字、图片和视频,形成资源清单。

表 1　自然材料资源调查清单

材料类别	材料场所	材料名称	对儿童发展的价值	可开展的活动
花草树木	园内小公园、无想山、幸庄公园、体育公园、天生桥	芦苇、玉兰、梧桐、银杏、菊花、牵牛花、桂花、枫树、蝴蝶兰、木芙蓉、水杉等	欣赏自然界美的事物,关注其色彩、形态、习性等不同特征,并尝试用自然物的特征进行艺术创作。了解自然与人类的关系,懂得要保护环境	科学认知 种植实践 环境创设 区域游戏
农作物	园内小菜地、白马生态农场	南瓜、葫芦、花生、玉米、山芋、水稻、小麦、黄豆、土豆等	围绕感兴趣的农作物进行持续深入的探索研究,积极发现并感知其主要特征和用途,理解农作物与秋天的关系;积极参与收获自己种植的农作物,感受丰收的喜悦	科学认知 种植实践 环境创设 区域游戏

材料类别	材料场所	材料名称	对儿童发展的价值	可开展的活动
果实	园内小公园、白马生态农场	柿子、橘子、苹果、柚子、橙子、葡萄、梨子、石榴等	知道常见水果的名称和特点,能对感兴趣的某种水果进行深入的探索研究;参与水果的收获,体验收获的喜悦,尊重人们的劳动成果	科学认知 种植实践 环境创设 区域游戏
动物	小池塘、饲养角、天生桥	蚂蚁、蝴蝶、燕子、青蛙、鱼、虾、兔子、河蚌、小鸡、小鸭、小羊等	感知不同动物身体组成部分的显著特征,丰富感性经验,提升探究能力,初步理解人与动物的生态关系	科学认知 饲养活动 区域游戏 生活活动
无生命物质	园内小公园、无想山、幸庄公园、体育公园、天生桥	鹅卵石、树枝、树根、稻草、玉米芯、各类干果果壳、蚌壳等	感知不同自然材料的不同属性、不同肌理和不同质感,提高探究欲望,并能尝试利用自然物进行艺术创作	环境创设 游戏活动

二、遵循幼儿的认知规律,开展主题活动

诗人惠特曼曾写道:"有一个小孩每天往前走,他第一眼看到的东西,他就成为那样东西,而那样东西因为那天成了孩子的一部分,或者是那天特定的一部分,可能延续多年,可能年年循环。"孩子都是自然之子,在他们眼中,一片落叶、一颗种子、一个果实都是秋天的印象。不同年龄段的孩子由于经验和认知水平不同,对于秋天的认识都是不一样的。但是在教师的支持和引导下,幼儿通过收集、触摸、辨识、探索、模仿、实践、创作,感受着大自然的馈赠,体会劳动的快乐,致敬秋天,理解生命的意义。教师也根据幼儿的认知规律、兴趣以及能力水平,利用秋天的自然资源,开展适宜于不同年龄段的相关主题活动。

(一) 小班:和叶子一起游戏

秋日的溧水在不知不觉中已是五彩斑斓。在孩子们眼中,秋天是金色的,因为有银杏叶;秋天是红色的,因为有枫叶。孩子们被秋日里斑斓的树叶吸引,惊叹着:"换衣裳啦! 大树妈妈也换衣裳啦!"一片片叶子摇曳着、飞舞着、旋转着,最后飘落在地上,带着秋天独有的浪漫。一双双小手好奇地捡起落叶:"咦,叶子怎么自己掉下来了?"落叶飘进孩子们眼中,也飘进了孩子们的生活和游戏里。

我们开展了关于秋叶的主题活动"秋叶飘飘"。第一条线索是"捡落叶",遵循幼儿的兴趣和探究的欲望,鼓励幼儿自己捡拾、观察、欣赏落叶,开启我们和秋叶的故

事。在幼儿园里寻找叶子的过程中，教师问孩子们："你们在幼儿园里发现了哪些叶子？它们是从什么树上掉落的？有什么特点？"孩子们都饶有兴致地交流起来。继而教师又提出一个问题："你们有没有找到两片一样的叶子?"湉湉说："没有相同的叶子，有的叶子上毛茸茸的，有的没有。"昊昊说："我也没发现一样的，有的叶子上面有疤，有的没有。"小米说："我找到两片很像的叶子，都很小，还有点红，但是又有点不一样，这片上面有个小黑点，另一片上没有。"在幼儿寻找叶子的过程中教师抛出了是否有相同叶子的问题，鼓励幼儿对叶子进行细致的观察比较，也为进一步探究叶子做好准备。

第二条线索是"有趣的落叶"，教师引导幼儿在触摸、观察的基础上，尝试在落叶上行走，听一听落叶发出的不同声音，幼儿惊叹落叶原来也可以发出不同的声音。大家尝试着模仿"窸窸窣窣""咔嗒咔嗒"的声音，形成了秋日里特有的乐曲。在探究叶子的生命之旅中，有的幼儿提到了树枝，于是教师和幼儿也邀请了树枝一起游戏。教师鼓励幼儿将自己收集的落叶、树枝作为原材料进行艺术创作。有的幼儿把落叶当作画笔，蘸上颜料绘制了一幅斑斓的画卷；有的幼儿把寻来的还未干枯的落叶和花瓣放在一起，用敲拓染的方式将自然的形状、纹路和颜色一一封存；还有的幼儿把散落在地上的树叶和花瓣印刻在盐饼上，留住秋天的美好。

最后一周我们开展了"秋游天生桥"活动。为了这场期待已久的秋游，教师和孩子一起准备，欣赏着胭脂河畔漫山遍野的红枫，穿过幽静的小路，去拥抱大树，寻找最能代表自己的落叶，打开身体的每一个感官，投身大自然的怀抱。在这个秋天，小班的孩子们从一片叶子开始，收集秋日的美好，利用大自然的馈赠，致敬秋天。

图1　幼儿用放大镜观察树叶

图2　幼儿用树叶拼摆图形

（二）中班：秋日收获

秋天是丰收的季节，蕴含了丰富的想象和探索的空间，是幼儿探索自然的大好时机。在万科园，有一片小菜园，有太多好玩儿的事可做，松土、播种、浇水、施肥、拔草、收获……从播种到收获，从照顾到品尝，都是孩子们亲身参与的过程。在秋天特有的气息中，孩子们亲手播种的农作物即将收获，满载着喜悦和希望的探索活动应运而生。

教师先组织孩子们回忆自己播种的情景，以照片、视频回顾农作物的生长变化；和孩子们一起来到小菜地收获农作物，体验收获的喜悦；将收获的农作物陈列在班级里，给孩子们足够的时间和机会去看、去摸、去闻，继续去感知，大胆设想收获之后可以做些什么。除了自己收获的农作物，教师还鼓励孩子继续了解秋天里可以收获的其他农作物。从秋天收获的资源中选择幼儿感兴趣的内容展开研究。我们先后开展了"小南瓜，大乐趣""遇'稻'一粒米""'薯'你乐翻天""蔬菜畅想曲""万科园里的桂花蜜""心想柿成""'榴'光溢彩""'柚'见美好""一篮枇杷"等项目活动。

在"心想'柿'成"的项目活动中，孩子们被小池塘边一棵高高的柿子树吸引，幼儿园的柿子树非常高，柿子树上结满了红艳艳的柿子，就像一盏盏红红的小灯笼。孩子们想摘柿子，但实在够不着，于是想到了自制工具摘柿子，还成立了采摘小组。孩子们根据前期的了解，绘制了模型图：一个水滴形的瓶子加上一根长长的棍子。航航骄傲地说："把这个瓶子卡在柿子的枝上就可以摘柿子，这就是采摘神器，我在妈妈的手机上见过。"然后大家开始寻找适合的材料：几个矿泉水瓶子和树枝。孩子们先用笔在瓶子上画出图案，然后请教师帮忙用剪刀把图案剪下来。最后在师幼的齐心协力下，采摘神器终于做好了。孩子们拿着工具兴高采烈地摘下了柿子，把摘下来的柿子放在了篮子里。孩子们摸了摸，发现很多柿子都很硬，没有成熟不能吃，苦恼着不知道怎么处理。于是我们借此机会深入了解柿子的催熟方法，利用白酒、米和苹果进行对比实验，孩子们每天都会进行观察记录，最后发现，原来白酒催熟的方法最快，用米催熟的方法次之，用苹果催熟是最慢的。孩子们在亲身感受和观察中发现了事物的变化，体验到了科学探究的乐趣。

图3　幼儿制作柿子采摘工具　　　　　图4　柿子大丰收

（三）大班：生命的轮回

对于秋天，大班孩子已经有了更深入的了解。在小公园游戏的时候，他们会围在一起观察泡桐树的种子。"这是什么呀？"有的说："这是叶子吧。"有的说："这不是叶子。"还有的说："怎么果子长在叶子上？"经过查询，他们知道了原来这是泡桐树的种子。可是所有的植物都有种子吗？孩子们的问题越来越多：花有种子吗？草有种子吗？为什么有的果实就是种子，有的不是呢？如果不是，那种子藏在哪里？顺应孩子们对种子的浓厚兴趣，遵循他们的认知特点，我们一起去探索种子的秘密。

对种子的好奇和探究打开了幼儿认识大自然、了解大自然、喜欢大自然的另一扇窗。形态各异、种类不同的种子展现了植物不同的生长形态，代表了植物不同的生长方式，承载着植物生命的不断延续。中班孩子对于果实和农作物有了基本的了解，大班孩子对于收获的果实和种子的关系非常感兴趣。本主题通过鼓励幼儿参与采集种子、制作种子标本、果实与种子对应、保存种子、品尝种子食物等方式深切地感受种子对植物生长的意义，从中发现"植物也有自己的繁殖与循环"，体验生命成长是一个有趣的轮回，感悟大自然的奇妙，产生不断深入探究的欲望。在活动中，我们带着大班幼儿寻找种子、探究种子的奥秘，并建立了自己的种子博物馆，对全园幼儿开放，鼓励大班幼儿向弟弟妹妹和其他朋友宣传关于种子的知识。

图5 幼儿收集绿豆的种子

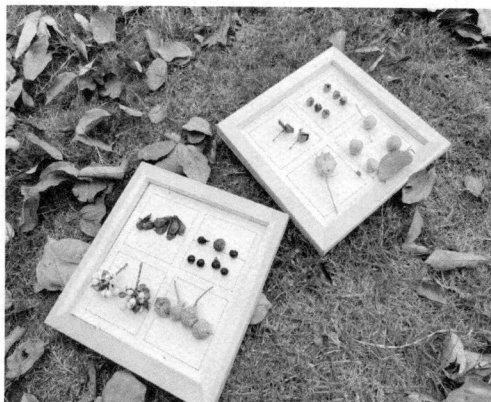

图6 幼儿的种子创意画

秋天是一个藏有许多秘密的季节，大自然用它奇妙的力量，扮演着课程本身。孩子们在观察、探索、体验、创造、实践的过程中，感受自然，感受秋天的美好，沉静下来，从大自然中汲取能量。

我园一直坚持"自然·健康·诗意"的生活课程，其魅力所在是孩子们不带目的性的学习状态，只有这样教师才能跟着孩子走，观察视角也会更加开阔明朗，具有生命力。以前大部分教师习惯于在教室里向孩子传授人类已知的那些知识，但是当我们俯身和幼儿一起去探索自然的时候，我们的教育观念会发生改变，我们对幼儿的观察视角也会发生改变。

（南京市溧水区万科幼儿园）

案例二

让智慧在儿童的指尖闪现

——"溧水剪纸"资源在不同年龄段的挖掘与利用

在百里秦淮源头的溧水，悠久的历史孕育了丰厚的非物质文化遗产。其中，剪纸就是溧水地区富有特色的民间艺术之一，现已成功入选第五批江苏省非物质文化遗产。党的十八大以来，习近平总书记对非遗的保护、传承、发展作出了重要指示，他表示保护好、传承好、利用好老祖宗留下来的这些宝贝，对延续历史文脉、建设社会主义文化强国具有重要意义。

溧水区工交幼儿园作为一所美育特色园，四十年来秉持"重视孩子艺术素养、培养孩子健全人格"的教育理念，始终坚持从本土文化中汲取养分，通过挖掘优秀传统文化中的教育资源，拓宽特色研究思路，不断丰富幼儿园美育内涵。剪纸作为传承与发展了千百年的独特艺术，所具有的美学意蕴十分丰富。剪纸教育的过程既是审美教育，也是情操教育，更是心灵教育，它能使人获得情感的陶冶和精神境界的提升，最终促进人个性的充分发展和人格的完善。因此，研究并实施好剪纸教育能够极大地丰富幼儿园教育实践中的文化资源，创建新颖的文化场景，提高文化视野和艺术格调，同时帮助个体在幼儿时期建立文化想象力、创造力，强化文化信仰。实践中，我们依据《纲要》《指南》精神，挖掘利用剪纸的教育功能，确立了指向幼儿全面和谐发展的总体目标，并结合不同年龄段幼儿的发展特点及现有水平，从认知、能力、情感态度三方面出发，明确了小、中、大班各年龄段剪纸活动的教育目标；以生活之美、自然之美、心灵之美为开发路径，设计了符合不同年龄段幼儿发展需要的剪纸活动内容；逐步架构以促进每个幼儿健康成长为追求的多元评价体系，力图让剪纸教育成为促进幼儿全面发展的新载体，让幼儿在动手动脑中发展个性并完善人格。

表1　剪纸资源调查清单及价值分析

年龄段	资源名称	对儿童发展的价值	可开展的活动
小班	食物：面条、水果、蔬菜、饼干、冰糖葫芦、棒棒糖、饺子皮、蛋糕 服饰：衣服、帽子、领带、发夹、鞋子 生活物品：电视、冰箱、洗衣机	围绕生活资源，能对生活中熟悉且外形特征较为明显的简单物体产生兴趣，愿意使用剪纸的艺术形式大胆表现和创造生活情境，喜欢剪纸，感受剪纸活动的乐趣	长长的面条 圆圆的饺子皮 烟花朵朵开 香香的蛋糕 好吃的冰糖葫芦 圆圆的太阳 飞舞的气球 弯弯的月牙 美味的棒棒糖 甜甜的饼干 我家的电视机
中班	郁金香、绣球花、落叶、芦苇花、青蛙、蜻蜓、瓢虫、小鸟、蝴蝶、蒲公英、狼尾草、云朵、玫瑰花、油菜花	围绕自然资源，愿意通过迁移自己的生活经验开展操作活动，丰富自身的认知体验，学会通过观察周边的人、事、物来丰富剪纸的创作素材，知道剪纸的一般步骤和基本方法，感受自然之美	梦华苑的郁金香 无想山的落叶 石白湖的芦苇花 池塘边的小青蛙 天空中的小蜻蜓 墙脚的小瓢虫 蝴蝶翩翩 遇见狼尾草 有趣的云朵 多彩的玫瑰花 油菜花田

年龄段	资源名称	对儿童发展的价值	可开展的活动
大班	《老鼠嫁女》《三只小猪》《十二生肖》《猴子学样》《猴子捞月》《蚯蚓的日记》《爱花的牛》《逃家小兔》《大脚丫跳芭蕾》《落叶跳舞》《龟兔赛跑》《守株待兔》《农夫与蛇》《狐假虎威》《揠苗助长》《嫦娥奔月》	围绕经典绘本，理解故事中蕴含的哲理，温暖心灵。能根据绘本中的动物形象自主创意地剪出来，并组合成新的故事，能欣赏感受剪纸艺术中的美并乐于进行剪纸创作	老鼠嫁女 三只小猪 十二生肖 猴子学样 猴子捞月 蚯蚓的日记 爱花的牛 逃家小兔 大脚丫跳芭蕾 落叶跳舞

一、小班：在情境中体验、感知剪纸艺术之趣

小班幼儿正处于涂鸦期，手部肌肉发育还不够完全，认识世界依赖肢体动作的直接感知，但是喜欢新鲜事物，也爱模仿。他们对于剪纸了解较少，使用剪刀存在一定难度，因此，我们努力为幼儿创设生动、形象的情境，让幼儿在积极、愉快的情绪中亲身体验，萌发对剪纸的学习兴趣，产生主动探索的动机，并逐步感受剪纸艺术的魅力。

当孩子们走进幼儿园"剪艺馆"的一瞬间，"哇、哇、哇"的惊叹声此起彼伏，他们被陈列的一幅幅剪纸作品深深地震撼了。

"哇，这些画好美啊！"

"哇，这些画好像不是画出来的呢！"

"哇，这边都是红艳艳的，那边都是五颜六色的，真有趣！"

"哇，画里有美丽的景色，还有小动物呀，太厉害了！"

……………

基于幼儿的经验和兴趣，教师即时说起了剪纸有关的故事，孩子们了解到剪纸就是用剪刀或刻刀在纸上创作出各种各样的花纹，用来装点生活或者营造节庆氛围。早在西汉时期，人们就开始运用薄片制作出类似剪纸的物品，随着纸的发明，剪纸也随之出现。2009 年，剪纸作为中华文化的重要代表，被联合国教科文组织列为人类非物质文化遗产；当前的"溧水剪纸"也成功入选第五批江苏省非物质文化遗产。对于剪纸的由来和意义，孩子们虽然听得似懂非懂，但都意识到剪纸是生活中十分常见的事物，且是老祖宗留给我们的宝贵财富，进而他们产生了探究的好奇心，这为后续的深入探索奠定了良好的基础。

果然，回班后的孩子们意犹未尽，个个跃跃欲试，可是当安全小剪刀握在手中的时候，稚拙的小手根本不听使唤。于是有关剪刀的游戏应时而生。首先，教师用"剪刀宝宝"的角色引导幼儿认识剪刀的各个部分,帮助幼儿学习安全使用小剪刀,如"宝宝有个大嘴巴,里面长满尖牙齿";接着,又以"剪刀宝宝"的儿歌,帮助幼儿理解并掌握剪刀的使用方法和规则,如"小手变成小手枪,伸进剪刀肚子里,张开剪刀大嘴巴,咔嚓咔嚓剪画画"。趣味十足的游戏情境,促进幼儿逐步进入学习剪纸的状态。

小班组的"娃娃超市"准备开张了,教师组织幼儿进行讨论。"娃娃家还需要哪些物品?这些物品哪里来?谁来准备?"大家一致认为"娃娃超市"需要吃的食物,如面条、水果、蔬菜等;也需要用的服饰,如衣服、帽子、领带、发夹等;还需要玩的各类玩具;等等。此时,"超市总动员"的情境便又出现在班级的各个游戏区。生活区里,孩子们通过沿轮廓线剪忙着加工"长长的面条""圆圆的蛋糕""圆圆的饺子皮",还有各种形状的水果、蔬菜、糖果等;美工区里,孩子们通过撕贴、剪贴装饰着"漂亮的衣裙""酷帅的领带"等;科学区里,孩子们耐心细致地在给"娃娃们"剪制七巧板拼图、小汽车拼图等。生动的情境创设,有趣的游戏形式,让幼儿在情境中感受,在情境中表现,在情境中创作,激发了剪纸的兴趣,引发了剪纸的欲望。

图1 小班剪纸作品《好吃的饼干》

二、中班:在自然中表达,体验剪纸艺术之美

中班幼儿以具体形象思维为主,有一定的生活经验,动手能力有了明显提高,能主动对自己感兴趣的事物进行一段时间的持续关注,在教师的指导下可以对比观察,愿意通过迁移自己的生活经验开展操作活动,丰富自身的认知体验。因此,在挖掘剪纸资源时,我们将视野投向更为广阔的大自然、大社会,如"梦华苑的郁金香""无想山的落叶""石白湖的芦苇花""池塘边的小青蛙""天空中的小蜻蜓""墙脚的小瓢虫"等孩子日常熟悉的事物都成了幼儿表现创造的对象。

广袤的大自然,生机勃勃;南京的"后花园"溧水,资源丰饶。一天,孩子们惊喜地发现幼儿园里的郁金香开了,艳丽的色彩在春光的映衬下格外惹人注目。这时,孩子们提出一个美好的愿望:剪一剪美丽的郁金香,让花儿永远绽放在纸上。为了支持孩子们的想法,教师将活动室"搬"到了网红打卡地"梦华苑",组织幼儿走进大自然,走进郁金香花海。一片片含苞待放的花儿就像是一座座小金钟,一丛丛已然盛放的花儿就像是层层海浪,温润的春风吹拂着,郁金香微微舞动,宛若仙子尽情地展示着它们的优雅和柔美。

"老师,郁金香的颜色真鲜艳!"

"老师,郁金香的种类可真多!"

"老师,郁金香是一株一株的,连起来是大片大片的!"

"老师,郁金香的茎直直的,像一根绿色的管子,叶子就像芦苇的一样呢!"

⋯⋯⋯⋯⋯⋯

幼儿被眼前的花海惊艳,有的凑近闻气味,有的在仔细观察外形特征,他们用自己的方式发现着美、欣赏着美、感受着美,一边交流着亲身感受,一边迫不及待地拿出剪刀和彩纸创作起来,一朵朵、一株株千姿百态的郁金香跃然纸上。

"有没有好办法能一下子剪出一排郁金香? 想不想给花瓣剪出好看的图案?"看着幼儿新奇又渴求的目光,教师拿起一张长条形的彩纸,一边念着儿歌一边快速剪了起来:"长方纸呀对齐折,合口边来画半个,捏紧纸片剪轮廓,打开一看变整个。"随着儿歌尾声临近,教师运用"四方连续"的方法剪出了一排美丽的郁金香,这一"魔法般"的操作令孩子们激动不已,他们一个个开始尝试起来,自然而又轻松地解锁了"对折剪""连续折剪""镂空剪"的新技能。当幼儿逐渐熟练了如镂空"圆形""三角形""长方形"等几何图形,以及"火花纹""云纹""水纹"等基本纹样后,教师再利用"图形重组"的策略引导幼儿利用拼图的方式把几何图形、基本纹样百变组合,变单一纹样为多元图案,创造出新颖的剪纸造型,以此丰富幼儿的艺术审美感受和体验,提升幼儿的个性化艺术表现力和创造力。

充分利用身边大自然、大社会中的人、事、物来丰富剪纸教育内容与形式,能让幼儿真正体会艺术来源于生活,深刻感受剪纸与人们生活的关系,同时不断增强对家乡的关注与热爱;而朗朗上口的儿歌、通俗易懂的方法、丰富生动的现场更让幼儿体验到剪纸的独特艺术魅力,并始终保持对学习剪纸的热情。

图2 中班剪纸作品《郁金香》

三、大班：在经典中创造、感悟剪纸艺术之意

大班幼儿随着有意注意的逐步增强以及抽象逻辑思维的初步发展，不仅仅满足于对简单事物的探究与创造，他们会自主自发地深入探究事物的内隐特征或其中的结构关系。优秀绘本作为重要的教育资源，蕴含着丰富的教育价值，借助经典图书的思想性和艺术性生发适宜的剪纸教育活动，能有效促进幼儿实现审美素养、情操陶冶、创新活力等的全面提升。通过集体审议，我们挑选出《龟兔赛跑》《老鼠嫁女》《守株待兔》《三只小猪》《农夫与蛇》《十二生肖》《狐假虎威》《揠苗助长》《嫦娥奔月》等经典寓言故事、民间传说等，开发形成系列剪纸主题活动，充分利用优秀传统文化的精神力量，引领幼儿树立正确的审美观念，培养深厚的民族情感，激发他们的想象力和创新意识。

阅读区里的剪纸绘本《十二生肖》引起了大家的高度关注，幼儿被跌宕起伏的情节、聪明的角色以及别具特色的剪纸画风等深深吸引。"哎呀，原来故事中也有剪纸呢！""剪纸也可以做成绘本图画呢！""我们也来剪一剪自己喜欢的故事吧！"大班的孩子说干就干，有的决定剪有趣的故事画面，有的决定剪喜欢的角色形象，还有的决定合作共同剪一个完整故事，自制绘本。仅仅一个星期的时间，孩子们便创作了丰富的剪纸作品：走廊上挂满了可爱的动物剪纸；矮柜上呈现着火红的"年"字剪纸；区角里的生肖剪纸和连环画剪纸读本个性十足；小舞台也在不知不觉中变成皮影戏剧场。大家一边说着有趣的故事，一边演着形象生动的角色。环境的浸润、文化的熏陶，让幼儿获得情感的陶冶和精神境界的提升，促进了认识美、理解美、欣赏美、创造美的能力，促进了个性发展和人格完善。

图3　大班剪纸作品《老鼠嫁女》

"在过年、有喜事的时候，人们总是会制作剪纸或者购买剪纸来装饰布置，你们知道为什么吗？"问题一提出，孩子们的讨论再次热烈起来。借此良机，教师利用微课视频，引导幼儿了解剪纸虽是一种有形的物品，却是人们表达情感和祝愿的一种形式，

寓意着对新一年、新事物、新生活的期待与向往等,引发幼儿的情感共鸣。一年一度的"娃娃美术节"如期举行,全园幼儿展示了各种各样的艺术作品,有绘画,有泥塑,有手工制作,还有剪纸作品等。教师引导幼儿欣赏、感受不同的艺术表现形式,通过对比、分析,引导幼儿把握剪纸的典型特征,理解剪纸作为非物质文化遗产所承载的精湛技艺、铭刻的难忘乡愁等,是中华民族最深厚的文化积淀。每到春节来临,幼儿园都会开办"剪纸展览会"专项活动,提供机会和舞台让每一名幼儿展示自己的创意作品。过程中,教师引导幼儿共同评价,学习从创意、画面、技巧、审美、寓意等多个角度进行,让幼儿收获民间艺术创作的成就感,也让幼儿在潜移默化中形成一种审美敏感,感受审美对象的形式、意义和价值。

　　著名教育家苏霍姆林斯基说:"儿童的智慧就在他的指尖上。"我们充分挖掘利用本土的剪纸资源,将剪纸教育与各领域活动融合渗透,采用丰富多样的活动形式,让不同年龄段的儿童与"剪纸"碰撞出智慧的火花,丰富了幼儿的经验,更滋养了幼儿的品性,帮助幼儿实现了各方面能力的整体与和谐发展,同时,帮助个体在幼儿时期建立起文化想象力、创造力,强化了文化信仰。

(南京市溧水区工交幼儿园)

案例三

以自然为师　奉健康为上
——"亲自然"园本课程的建构

　　课程资源的挖掘和利用是我园课程建设的持续动力。我园作为溧水区的省级示范幼儿园,已有70多年的建园历史,园内户外面积达4 000多平方米,草本类植物、木本类植物品种众多,园内自然资源丰富,是名副其实的"园林式校园"。此外,我园凭借优越的地理位置和得天独厚的环境条件,周边的自然资源也很丰富,风景秀美的无想山森林公园、底蕴深厚的天生桥风景区中都有许多可挖掘利用的自然资源。我园秉承着"以自然为师,奉健康为上"的课程理念,注重自然资源的挖掘、自然环境的创设和自然氛围的营造,不断完善"亲自然"的园本课程体系,为幼儿提供自然生态的学习场域,鼓励幼儿自由、自主地探究和学习,以培养幼儿体格健全、身心健康、好学探究的品质。

　　广袤的自然天地和丰富的自然文化资源,是我园课程改革的有利条件。基于资源生成课程的需要,资源转化为活动的需要,资源转化为幼儿经验的需要,我们逐步树立了课程资源挖掘和利用的意识，不断探索资源挖掘和利用的科学路径，总结以资源建设为抓手的课程建设的实践经验。我们发现遵循幼儿立场是资源挖掘和利用的基本原则，培养全面和谐发展的完整儿童是课程改革的目标，课程改革的出发点和目的都在儿童。所谓的儿童立场就是资源的挖掘和利用要符合儿童的年龄特点和身心发展需要，《指南》中明确指出：幼儿的发展是一个持续、渐进的过程，同时也表现出一定的阶段性特征。3—6岁的儿童处在不同的发展阶段，各年龄段之间存在着明显的差异，如何正确认知不同年龄段幼儿的特点和发展需要，更好地开展基于儿童立场的资源挖掘和利用，生成符合各年龄段的主题活动，我们一直在不断地探索和研究，现以我园"亲自然"园本课程为例阐述我园聚焦儿童不同年龄段特点的自然资源挖掘与利用的实践和反思。

一、依据幼儿年龄特点将自然资源进行分类和筛选

聚焦不同年龄段特点的资源挖掘和利用是我们资源建设的基本要求之一，也是我们践行儿童立场原则的基本路径。3—6岁的儿童所处的每一个阶段都具有显著的身心特点和发展需要，聚焦不同年龄段儿童特点的资源分类和筛选为资源的挖掘和利用做准备，为园本课程的架构奠定了基础，只有这样，课程实施才能更聚焦、更科学、更完备。我们的"亲自然"园本课程依据儿童的年龄特点和发展需要，充分挖掘和利用自然资源，开展丰富多样的活动。

图1　幼儿园的果树

我们首先对园内外的自然资源进行了盘点和梳理，充分解读不同年龄段儿童的身心特点和发展水平，对应《指南》中各年龄段儿童的发展目标和需要，将自然资源按小、中、大三个年龄段进行了分类，建立了按年级组分类的课程资源清单和电子课程资源库；将不同季节的各种水果、蔬菜、落叶等种类丰富且便于小班幼儿运

用多种感官直接感知的自然资源划分到小班年龄段;将不同季节的蔬菜、树木等种类丰富、形态各异的自然资源划分到了中班,便于中班幼儿在认知的基础上能够描述和对比,感知数和量。大班幼儿的观察能力和理解能力进一步发展,更在乎的是自然物的生长过程和变化过程以及它与环境和人类的关系,所以我们将种子、植物、动物等划分到了大班年龄段,便于大班幼儿连续观察、记录和操作实践,感知动植物的生长变化,发现动植物与人类、环境直接的关系。按年龄段分类的自然资源清单见表1。

表 1　自然资源清单

年龄段	年龄特点	资源名称	资源特点	对儿童发展的价值	可开展的活动
小班	直觉行动思维,以无意注意为主,注意力持续时间短,只能掌握日常生活中的具体概念,具有强烈的好奇心,注重情绪感受	杏子、葡萄、枣子、梨子、桃子、花生、蚕豆、山芋等	生活中常见,颜色鲜艳,形状多样,特点鲜明,不易多变	丰富对自然物的认知,了解多样的自然材料,感知自然物的基本特征,感受季节的变化,有初步的保护环境的意识,爱护花草树木及小动物,亲近和喜爱大自然	观察认知活动
中班	动作进一步发展,以具体形象思维为主,具有一定的认知能力,有意注意逐步增强,在活动中的持久性、目的性和专注性都明显提高	木槿、荷花玉兰、棕榈、樟木、广玉兰、基及树、红枫、松树、柳树、银杏树、枇杷、葡萄、枣树、梨树、桃树等	种类丰富,对比鲜明,数量多变	了解自然物的属性和特点,感知季节的特征,感受周围事物的变化,关心爱护动植物,培养初步的环保意识	科学探究活动
大班	情绪稳定,有意注意增强,合作意识和规则意识逐步形成,爱学好问,有强烈的求知欲望。抽象思维能力萌发,开始有意记忆,关注事物之间的联系	自然气候,各类植物、种子、动物	复杂多变,属性丰富,特征明显	了解植物种子的生长环境、生长过程和传播方式,对探究植物的秘密产生兴趣,知道植物生长的重要性以及与人们生活的紧密联系,喜欢小动物,了解动物与人、动物和环境之间的关系,有保护动物的意识	种植饲养活动

二、聚焦不同年龄段自然资源挖掘和利用的基本路径

依据不同年龄段特点来挖掘与利用资源是课程资源建设的基本要求之一,依据不同年龄段是基于儿童立场挖掘与利用自然资源的一个方面,不同年龄段代表着幼儿的阶段性特征,聚焦不同年龄段来选择资源能够更好地梳理资源,为课程架构做好铺垫,课程审议必不可少的一步就是对资源是否符合相应的年龄段进行审议,而课程的呈现依旧是以年级组的主题活动(包含基本活动、项目活动和主题活动)的形式呈现。聚焦幼儿不同年龄段特点的资源挖掘和利用的基本路径要遵循以下四个方面。

1. 对接资源

资源本身的价值和属性对它适用于哪个年龄段的幼儿具有决定性作用。教师要有敏感度,要重视资源本身的价值。资源的调查和筛选是基础,我们要充分、完整地调查幼儿园内外的各类资源。丰富的资源库储备是课程建设的物质保障,我们应充分认知和了解资源的种类、属性和价值,将资源的分类和解析做得越详细越好,与此同时遵循儿童化、生活化、社会化的原则,做好资源的价值判断,让资源与儿童的年龄特点对接,使资源更加适宜。

2. 对接幼儿

儿童立场就是要从儿童的特点和需要出发开展课程资源建设。要重视资源挖掘和利用的价值,提升园本课程的适宜性。一方面要充分了解幼儿的年龄特点和发展需要,只有充分地了解幼儿,才能够为幼儿提供适宜的最近发展区和关键经验,这是幼儿学习与成长的两个非常重要的关键点;另一个方面就是坚持"幼儿参与",让幼儿参与到课程资源的挖掘和利用中来,让幼儿的问题和需要成为课程的起源和线索,给幼儿提供与资源发生关系的场所、时间和机会。在资源调查的过程中,我们要观察不同年龄段的幼儿自己会发现哪些资源,对什么资源感兴趣,会产生什么样的问题。在资源挖掘和利用的过程中,我们将资源提供给幼儿,让幼儿自主探究和实践,给幼儿做事的机会,给课程生成留一点空间。

3. 对接《指南》

《指南》中提出了3—6岁各年龄段幼儿学习与发展的目标和相应的教育建议,帮助幼儿园教师和家长了解3—6岁幼儿学习与发展的基本规律和特点,建立对幼儿发展的合理期望,实施科学的保育和教育。《指南》中目标部分分别对各年龄段的幼儿应该知道什么、能做什么、大致可以达到什么发展水平提出了合理的期望。只有学深、学透《指南》,寻找幼儿行动与关键经验之间的关联和逻辑,我们才能够对幼儿不同年龄段的特点有充分全面的认知。

4. 对接教师

教师是资源的挖掘和利用者,是课程的实施者,是资源建设的主力军。教师要树立科学的儿童观、教师观和课程观,重视幼儿不同年龄段的特点,扮演好资源的提供者、经验的分享者、"麻烦"的制造者等角色。教师在资源挖掘和利用的过程中要始终坚持儿童立场,不做拍脑袋想的课程,不做追求立异标新的课程,科学有效地利用资源,开展适宜多样的活动,构建贴近幼儿生活、提升幼儿经验、促进幼儿完整发展的园本课程。

三、充分挖掘利用自然资源,建构"亲自然"园本课程

自然资源种类丰富、形态多样,幼儿对自然资源的探究不仅能够丰富对动植物的认知,而且能够增强对颜色、形状、数量、大小等的认知,最重要的是通过观察和了解自然物的生长变化来了解人与自然、环境与自然、生命与季节等之间的关系,从而萌发对自然的热爱之情、对环境的保护意识和对生命的崇敬之情,这也是我们"亲自然"课程的重要目标。

图2 幼儿摘石榴　　　　图3 幼儿用蚕豆制作美食

很多自然资源本身就是多变的,它们从幼苗生长到结出果实,大部分植物的生长变化都与季节、人类和环境密切相关。自然资源种类丰富、姿态万千,许多自然资源因为属性丰富而不局限于某一个年龄段。因此,在资源挖掘和利用的过程中,教师需要以《指南》中儿童发展目标为导向,根据幼儿不同年龄段的认知特点和发展水平选择资源的某一类或者几类属性进行挖掘和利用。植物资源除了植物现有的形态,其名称、外形、结构本身也是重要的课程资源,值得不同年龄段的幼儿认知和探究。以银杏树为例,银杏树的树叶作为小班课程资源适合小班幼儿观察其形状和颜色,认知银杏树的特点;银杏树的树干作为中班课程资源适合中班幼儿测量和对比;对于大班的幼儿来说,银杏树的属性和生长过程是他们探究的对象。资源本身的丰富属性决定了幼儿在不同年龄段所要学习的内容。而对于种植类自然资源更是如此,它们的生长环境和生长过程也是重要的课程资源。以花生为例,小班幼儿可以剥一剥花生来认知花生的结构,尝一尝花生的味道;中班幼儿可以数一数花生中花生米的数量,了解花生的种类;大班幼儿可以参与花生的种植和采摘,了

解花生的属性和生长周期。充分挖掘和利用自然资源的价值,开展多种形式的活动,不仅能够提升自然资源的利用价值,而且能够进一步帮助教师明晰不同年龄段幼儿的发展水平和发展需要,推动"亲自然"课程的整体架构,使"亲自然"课程更加聚焦幼儿的年龄特点和发展需要,小班、中班、大班的主题活动层次性更加清晰,更加具有科学性和有效性。

表2 "亲自然"园本课程活动一览表

年龄段	资源名称	主题活动	项目活动	基本活动
小班	叶:银杏叶、枇杷叶、落叶、小草; 花:迎春花、荷花、桃花、菊花、金钟花; 果:石榴、葡萄、柿子、枣子、梨子、樱桃; 小动物:兔子、乌龟、金鱼、小鸟	我爱我的幼儿园、秋叶飘飘、春天来了、我最爱的小动物	幼儿园的柿子树、银杏叶儿飘、银杏树下的帐篷节、银杏乐、缘来"柿"你、秋风起葡萄香	幼儿园也是我的家(语言) 逛逛我的幼儿园(社会) 捡落叶(综合) 迎春花(科学) 我爱我的幼儿园(语言) 夏天的水果(美术) 树叶找家(数学) 酸酸甜甜的柿子(科学) 我爱我的小动物(音乐) 臭臭的银杏果(科学)
中班	树:银杏树、枇杷树、枣树、枫树、桑树、桂花树、梨树; 叶:银杏叶、桑叶、枇杷叶; 花:桂花、樱花; 果:枇杷、石榴、花生、山芋、萝卜、蚕豆、豌豆、南瓜; 自然物:石头、沙、水、树枝; 小动物:兔子、小鸡、小鸭; 小菜园	幼儿园的树、欢乐一夏、春天的幼儿园、蔬菜大聚会、丰收啦	有趣的树叶、幼儿园里桂花香、山芋的秘密、幼儿园的银杏、玩转南瓜、露天野营、幼儿园里的丰收节、小菜园开园啦、萌娃买菜、银杏树下的烧烤会、"卜"种快乐、小菜园丰收啦、最奇妙的蛋、咪豆音乐节	树叶排队(数学) 树叶变变变(美术) 幼儿园的银杏树(综合) 山芋变变变(美术) 果子的沉浮(科学) 买菜(音乐) 农作物找家(数学) 南瓜滚滚来(语言) 南瓜的秘密(科学) 种子大变身(美术) 谁轻谁重(数学)
大班	树:棕榈、琵琶树、桂花树、梨树、樱桃树、雪松; 花:广玉兰、紫藤花、桂花、向日葵; 农作物:棉花、小麦、水稻、玉米、甘蔗; 自然物:石头、树枝、松果、沙、水、树皮; 饲养角:鸡、鸭; 小池塘	再见了,幼儿园;动植物王国;秋天来了;我眼中的幼儿园;环保小卫士	我是实幼推荐官;春华秋"石","榴"住美好;你最珍"桂";一朵向阳花;棉花朵朵开;从一粒麦子开始;秋天"玉"见你;"蔗"里有故事;"你好,鸭!";母鸡萝丝去散步;大自然的100种玩法	桑树(科学) 量量有多高(数学) 树木过冬(科学) 小树穿冬衣(语言) 紫荆花开了(美术) 摆弄"自然"(美术) 桂花朵朵开(综合)

　　自然资源的挖掘和利用不断推动了"亲自然"园本课程的建设,挖掘和利用自然

资源进行课程建设应充分考虑幼儿的年龄特点,选择幼儿能够理解的内容,采用幼儿喜欢的方式,获得幼儿的理解和认同,这样资源才能"活"起来,才能真正转化为活动。以幼儿的兴趣和需要为基础,基于幼儿视角的自然资源的挖掘和利用让"亲自然"的园本课程实现了生活化、游戏化、综合化的转变。多样的自然资源让"亲自然"的课程内容逐渐丰富,聚焦不同年龄段的活动使"亲自然"的园本课程架构逐步清晰,我们也将持续开发自然资源,继续优化自然资源的利用方式,进一步完善"亲自然"园本课程体系,为了幼儿的全面发展,在课程建设的道路上不断探索和实践。

(南京市溧水区实验幼儿园)

二、资源的独立使用与综合使用

不同资源本身所具有的属性特征不同,因此,我们在课程资源挖掘和利用的实践过程中,也依据其本身的属性特征,从不同路径出发,形成独立和综合两种不同形式的利用方式。例如在面对社区资源时,我们首先将其作为参观实践的场所来进行独立使用,但是通过课程审议我们发现,独立使用这些资源时,重点往往会倾向于开发这类资源的突出属性或特点,导致幼儿获取的经验较为零散和片面,而社区资源囊括了丰富的社会性价值,指向幼儿较为全面的社会性发展,我们应当充分挖掘其价值,对其进行多元的综合使用。

于是,我们重新审议资源,寻找对幼儿具有丰富潜在意义的课程资源,满足他们深入探究的需要,鼓励幼儿自主选择、自由开放运用资源,致力于从单一操作向纵横交织的多维角度递进,对资源进行综合利用,探索资源运用到课程中的多样化实施路径,让课程资源成为幼儿成长的有效生长点,促进幼儿完整经验的构建,也进一步丰富完善课程体系。

案例一

葡萄二三事
——自然资源"葡萄"的独立使用与综合使用

我园位于溧水区的城乡交汇地带,周边果木资源丰饶,桃园、梨园、杨梅园、草莓园一应俱全,园内南操场那一长廊的葡萄,恰好与之交相呼应而格外惹人注目。从春天萌芽、开花,到夏季结果、长大,再到秋季的成熟、收获,周而复始一年又一年,葡萄架下的每一天也都荡漾着欢声笑语,孩子们在四季轮回中感知着、讨论着、期待着、记录着……从幼儿认真而专注的眼神及积极而热情的交流中,我们可以清晰地感受到他们对自然世界的强烈探究欲望,那是一种对知识的渴望、对未知的好奇、对成长的追求。

葡萄是生活中常见的水果,幼儿非常熟悉,但对于葡萄的了解通常限于日常生活的感知与食用,这种认知是零散的、浅表的。葡萄成为教育资源进入幼儿的学习与生活却别有意义。葡萄作为水果,能激发幼儿主动探究的欲望。幼儿可以欣赏、观察其外形特征,品尝其独特味道;可以尝试自己动手剥皮、榨果汁、制作水果沙拉,养成喜欢吃水果的好习惯;另外可以运用各种材料表现对葡萄等水果的认识,感受水果的多样性,萌发对生活的关注与热爱。种植葡萄,能够提升幼儿的探究能力。种植过程中,幼儿可以感知葡萄的生长变化与生存环境的适应关系;可以了解季节变化的周期性,体验季节对植物和人的影响;也可以初步了解人们的生活与自然环境的密切关系,知道要尊重和珍惜生命,保护环境。走进葡萄园,采摘葡萄,幼儿可以体验丰收的喜悦,也可以直接感知劳动的艰辛,学会珍惜劳动成果。可见,葡萄这一自然资源在幼儿的学习与发展中扮演着不可或缺的角色。深入挖掘和利用葡萄的课程价值,能够有效促进幼儿多方面的经验提升和能力发展。于是,一场关于葡萄的探寻之旅由此开始。

图1　师幼共同观察葡萄　　　　图2　幼儿在葡萄藤下写生

一、充分利用葡萄资源,促进幼儿全面发展

秋日使者悄然来临。我们漫步于长廊之下,只见一串串晶莹剔透的葡萄悬挂于藤蔓之间,宛如多彩的珍珠,其透亮的色彩、诱人的外形、酸甜的口感为幼儿探索奠定了充分的基础。为激发幼儿的活动兴趣,我们直接围坐在长廊下探讨起来:"葡萄有紫色的,还有绿色的""葡萄是圆圆的,像宝石一样""一串葡萄像一个三角形""葡萄好

吃树难栽"……幼儿纷纷交流着自己的认知，在观察、分享中不断建构和归纳对于葡萄的经验，观察能力和语言表达能力得到了很大的提升。说起吃葡萄，幼儿可是经验满满，有的说吃过各种各样的葡萄；有的很擅长剥葡萄皮；还有的用嘴巴就可以剥皮……但葡萄还可以做成哪些美食呢？我们通过"葡萄美食大调查"活动，引导幼儿回家询问家长或和家长一起查阅资料，调查结果显示：原来葡萄不仅可以直接食用，还可以做成葡萄汁、葡萄果酱、水果沙拉、葡萄冰激凌、葡萄酒等各类美食。追随幼儿兴趣，我们开展了榨葡萄汁和制作葡萄果酱的活动，并邀请了有经验的妈妈来帮忙。幼儿在剪葡萄、清洗、剥皮、制作、包装的过程中，不仅锻炼了动手能力，体验了动手制作美食的乐趣，还养成了喜欢吃水果的良好习惯，丰富了生活经验，萌发了对生活的关注和热爱。

根据《指南》中各领域发展目标，我们紧紧围绕幼儿的年龄特点和兴趣需求，梳理利用"葡萄"可能开展的活动，创设多样化的游戏区域，将"葡萄"融入各区域活动之中，促进幼儿全面发展。例如，在美工活动区，幼儿可以利用葡萄图片、视频等进行涂鸦、写生，也可以利用葡萄的根、茎、叶进行自由创作等。在生活活动区，幼儿可以学习制作与葡萄相关的美食：榨葡萄汁、做葡萄果酱、制作水果沙拉等。在语言活动区，幼儿可以猜谜语、绕口令、念儿歌，也可以阅读相关绘本故事或科普读物，在自然、轻松的氛围中进一步丰富葡萄及其他水果的经验。在科学活动区，幼儿可以数葡萄、称重葡萄、制作价格标签；利用葡萄等水果开展沉与浮的试验等，进一步了解水果的多样性及其特点。过程中，幼儿始终展现出积极主动的参与状态，他们探索和尝试的欲望异常强烈，这种强烈的兴趣和积极的态度，正是他们成长道路上宝贵的财富。

二、充分借助葡萄资源，促进幼儿可持续发展

为更好地把握教育契机，促进幼儿深度学习，我们不禁思考：应如何将葡萄资源转化为更有意义的教育活动呢？经过集体审议，我们一致认为：拓宽视野，从儿童终身学习奠基需要出发，结合各领域关键经验，综合开发教育活动，促进幼儿可持续发展。

(一) 大家一起种葡萄

"你们知道好吃的葡萄是哪里来的吗？长在哪里？怎样才能种出好吃的葡萄？"教师一连串地抛出话题，引发幼儿对于种植葡萄的浓厚兴趣。有的幼儿认为葡萄是葡萄籽种出来的，也有的幼儿说是葡萄苗长出来的。这时悠悠说道："我吃的葡萄里就有好多籽，妈妈说这就是葡萄的种子，可以种出葡萄。"此话一出，大家立刻来了兴致，都想试试葡萄种子能不能种出葡萄，并最终决定通过"温水催芽"的方式培育葡萄苗。在兴趣的驱使下，师幼共同查询种植葡萄的方法，了解了葡萄从播种、发芽、生长到开花结果的全过程，购置了培育种苗的工具和材料，还设计了全过程的人员分工及要求。从最初小心翼翼地收集每一颗种子,到细致入微地清洗、筛选,每一个步骤都充满了热情与专注。接着,种子被温柔地浸泡在水中,开始了它们的蜕变之旅。为了确保种子能顺利发芽,小值日生们不辞辛劳,时刻关注水温变化,时刻注意环境通风,并认真做好观察记录。终于,在幼儿的精心照料和管理下,三天后有几颗小种子们探出了嫩绿的小脑袋,绽放出勃勃生机。这一刻,幼儿不仅感受到了劳动的成功感,更感受到了种子蕴含着的生命力量。

万物复苏的春天,教师鼓励幼儿开展葡萄种植活动。这次,大家选择的是用葡萄苗栽种,很快他们便遭遇了种种困难和挑战:工具不足,泥土过于坚硬,分工不明矛盾重重……然而,所有幼儿都没有因此而放弃,反而自己想办法解决:有的重新进行小组分工,有的寻求门卫爷爷的帮助,有的用水壶喷洒土壤,为幼苗的生长创造条件……幼儿不仅展现出了生活经验和聪明才智,更在劳动中体会到了科学知识的实际应用。一天,有孩子突然发现"红宝石"葡萄苗和往常有些不一样,叶子上出现了几块小黑点,枝干也变黑了。心急如焚的孩子们立刻忙开了,又是查资料,又是忙着找门卫爷爷咨询,原来,因为最近雨水量过大,"红宝石"的位置靠近围墙,围墙的积水很多,所以它的根部发黑,慢慢延伸到枝干,导致叶子枯萎。接着,幼儿进行了自主分工合作,积极尝试拯救葡萄苗:有的小组负责移栽;有的小组负责将地面泥土堆高;有的小组负责加生根粉,将发黑的枝干修剪掉;有的小组负责挖沟排水;有的小组负责清理周边的小草。最终,葡萄苗在幼儿的不懈努力下焕发生机。在这个过程中,幼儿不断地探索、尝试和发现,学会了选择合适的土壤、正确地浇水以及细心地照料这个幼小的生命。通过亲身体验,幼儿不仅掌握了种植葡萄的技巧和方法,也深刻感受到了科学技术在自然和生活中的重要性和实用性,并逐步养成了爱观察、会观察的好习惯。这种直接感知、实际操作、亲身体验的学习方式,激发了幼儿对大自然的浓厚兴趣与无尽好奇,同时也让他们体验到了劳动带来的愉悦感与成就感。

图3 幼儿种植葡萄苗

图4 幼儿观察记录葡萄藤的生长过程

（二）种子的秘密真多呀

幼儿在经历葡萄籽发芽、种植、生长的过程后,对其他的植物种子也充满了好奇,自发地在花园里、草坪间寻找起种子来。他们收集了金灿灿的稻谷,黑黑的西瓜籽,小小的凤仙花种子,尖尖的大枣种子⋯⋯通过绘本故事《骑白马的苍耳》,幼儿了解到植物的种子有各种各样的传播方式,例如:蒲公英的种子可以随风飞扬,苍耳的种子可以通过动物传播,小鸟会把没有消化掉的植物种子播种到土地里⋯⋯不仅如此,幼儿还了解到种子有许多的用途,营养丰富的豆子和坚果是可以用来种植的种子,还有具有药用价值的神奇种子,可以制作工艺品的漂亮种子等等。区域游戏中,幼儿用种子进行多种形式的艺术创作,利用种子学习使用统计的方法进行记录,有的幼儿还在家中尝试观察、种植种子。

在种子的探究活动中,幼儿惊奇地发现所有的植物都有种子,种子是千姿百态的,生长部位也是各不相同,就连种子的传播方式也是各不相同,真是太神奇、太有趣了。幼儿不仅丰富了对种子的相关知识和经验,感受到了种子对植物生长的意义及其与人们生活的紧密联系,还萌发了探索大自然的愿望。

（三）走进丰收的葡萄园

秋天的田野庄稼丰收、瓜果飘香。为了让幼儿亲近自然、开拓视野,感受丰收的喜悦,体会劳动的乐趣,我们鼓励家长带领幼儿到周边的葡萄园进行采摘实践活动。

丰收的葡萄园处处弥漫着香甜的气息,细长的葡萄藤上挂满了圆鼓鼓、亮晶晶的葡萄。孩子们兴奋地穿梭在葡萄园中,眼中闪烁着好奇与惊喜的光芒。瑶瑶突然问道:"这些葡萄为什么都用袋子套起来呢?"一旁的技术人员笑着说:"葡萄用袋子套起来可以防止鸟儿偷吃,也可以减少虫子叮咬,防止病菌侵入,还防止日晒雨淋以致葡萄开裂坏掉。"接着,技术员叔叔耐心地给大家介绍了葡萄的种类:巨峰葡萄、红提、黑提、青提、金手指葡萄、夏黑葡萄等。它们不仅长得不一样,味道不一样,培育方法和成熟期也各不相同呢。原来,培育一颗嫁接的葡萄苗需要经历两年多的时间,而葡萄从开花到结出饱满的果实,更是需要经过大约 150 天的漫长等待。在这个过程中,技术员需要每天细致入微地观察葡萄的生长情况,如同呵护自己的孩子一般。为了确保每棵葡萄藤都能将有限的营养充分供给给葡萄果实,技术员还需定期为葡萄修剪枝叶,让每一颗葡萄都能享受到充足的养分,茁壮成长。接着,技术员叔叔还热情地向我们展示了葡萄园的滴灌和水肥一体化技术,它对于葡萄在生长过程中所需要的水分、营养都有科学的管理要求。听完讲解后,幼儿不禁发出"锄禾日当午,汗滴禾下土,谁知盘中餐,粒粒皆辛苦"的感叹。采摘开始了,孩子们再也没有了往日的嬉戏打闹和随心所欲,而是小心翼翼地采摘着、收获着,体会着丰收的喜悦与满足,也体会着劳动的不易与艰辛。

我们通过开展种植活动、种子秘密的探究、亲子采摘等一系列活动，让幼儿主动探究，自主参与植物的照料，感受生命的自然生长，体验劳动的乐趣，有效发挥了资源的教育价值，促进幼儿经验的生长。显然，对周边自然资源的全面开发与巧妙运用，如同一把钥匙，打开了幼儿参与活动的热情之门，让自然资源在课程中的独特魅力和重要价值得以更加鲜明的彰显。在这一充满互动与发现的旅程中，幼儿不仅深刻感受到了与自然环境亲密无间的关系，还在多姿多彩的活动中收获了直接经验，为终身的学习和成长奠定了坚实的基础。

三、活动反思

（一）善于捕捉资源，挖掘资源

植物资源犹如大自然赠予幼儿的璀璨瑰宝，不仅为幼儿提供了一个生动直观的学习机会，更激发了他们对世界的好奇心和探索欲。然而我们身边的植物资源虽然丰富，却不是所有的资源都能直接转化为教育资源，要使这些资源真正成为富有教育意义的课程资源，作为教师的我们必须具备一双敏锐的慧眼，能够捕捉到资源中蕴含的教育价值。这要求我们树立正确的资源观和教育观，深入挖掘资源的潜在教育价值，为幼儿的探究和学习提供适宜的内容和路径。经过以上的实践，我们发现可以从以下几个方面挖掘资源。首先，梳理、了解幼儿身边及幼儿园周边的资源，建立资源清单；其次，给予幼儿与资源产生积极互动的空间、机会，教师在一旁细心观察幼儿的兴趣点，同时考虑该资源是否符合幼儿的发展目标，基于此，自然地引入资源；最后，教师要提前做好与资源相关的学习储备，开展集体审议，针对该资源进行深度探讨，对该资源可生发的、具有价值的活动进行脉络整理，思考再思考、创造再创造，以便能最大限度地开发出该资源的教育价值。

（二）实现资源的综合使用，促进幼儿全面发展

《纲要》中指出："幼儿园应与家庭、社区密切合作，与小学相互衔接，综合利用各种教育资源，共同为幼儿的发展创造良好的条件。"因此，资源利用的实施路径是关键所在，而资源从独立使用到综合使用的过程是促进教师和幼儿持续深入学习的过程，它可以让我们的课程内容变得更丰富、更有趣，师幼的学习氛围变得更自主、更愉悦，真正促进幼儿的学习与发展。例如，葡萄这一资源的挖掘与利用，就为我们提供了一个从单一利用向多元综合利用转变的鲜明实例。起初，我们主要聚焦于葡萄本身，围绕其特性开展各类活动，力求最大限度地挖掘其内在价值。然而，随着幼儿兴趣和认识的深化，我们开始将视野拓展至葡萄资源的周边领域，通过追溯与延伸，不断拓宽

葡萄资源的使用范畴。这一过程不仅展现了教师对自然资源利用的智慧与创造力，也预示了课程资源挖掘与利用的新趋势——从独立使用向综合使用的转变。因此，教师应加强观察，树立敏锐的资源意识，善于根据幼儿的兴趣和需要选择适宜的资源；加强学习，提升课程开发的能力，拓宽视野，打开思路，多途径、多角度、多形式地挖掘和利用好资源。教师还要通过资源独立使用到综合使用的探索，将资源用深、用足、用透，真正发挥以资源建设带动课程发展的效用。

综上所述，资源从独立使用走向综合使用的过程，是不断挖掘资源价值、丰富课程活动内容、促进幼儿全面发展的过程。坚持资源的独立与综合利用核心在于能够促进幼儿多领域能力的均衡发展，实现其身心健康的和谐统一。我们坚信，在正确儿童观与课程观的指引下，有效挖掘并善用身边的优质资源，不断拓宽资源开发和利用的路径，提高优质资源的利用效率，能够真正实现幼儿园课程的适宜性和综合性，从而促进儿童的全面发展。

（南京市溧水区永阳街道凯阳幼儿园）

案例二

高耸的永寿塔

——文化资源"永寿塔"的独立使用与综合使用

溧水永寿塔，坐落于秦淮源头的溧水城区宝塔路宝塔公园内，不仅是一座蕴含着悠久历史的文物古迹，更是这片富饶土地上深厚文化底蕴的生动体现。这座古塔始建于明代万历年间，由知县徐良彦为改善风水而兴建，距今已有四百多年的历史。1992 年，溧水区对永寿塔进行了重修，在保持永寿塔古朴风貌的基础上，巧妙地融入了现代化设施，使其在保留传统韵味的同时，更加适应现代社会的需求。修复后的永寿塔挺拔稳健，古色古香，成为珍贵的文化遗产之一，向世人展示了溧水区丰富的历史底蕴和深厚的文化内涵，成为当地居民和游客们领略溧水区历史文化和自然风光的重要场所。

本土文化资源是中华传统文化的重要组成部分，融入幼儿园课程不仅有利于保护和传承传统文化，更有利于引导幼儿感受家乡文化，培养爱祖国、爱家乡的情感，因此永寿塔这一文化资源不但是璀璨的历史文化，而且是值得幼儿园充分利用的重要教育资源。那永寿塔有什么特点呢？有哪些教育价值呢？我们通过调查和审议发现，永寿塔蕴含着宝贵的教育资源，不仅能有效拓展幼儿的知识视野，更能在实践中提升他们的综合能力与素质。首先,永寿塔位于宝塔公园之中,园内斜阳映衬下的古塔,与古色古香的长廊交相辉映,是领略家乡古韵的绝佳之地。在这里,幼儿们可以尽情欣赏家乡的古韵美景,与家人共度休闲时光,深深感受亲情的温暖与家乡的美好。其次,永寿塔是一座仿木楼阁式的砖塔,与常见的六角形塔不同,它外形为八角形,塔体有七级,幼儿可以了解其建筑特点、用途和秘密,提高空间认知能力、数学能力。再次,永寿塔塔身刻有如意纹、云纹、莲花、卷草纹等装饰图案,每个门两侧各有一对砖雕金刚,精美的造型让幼儿感受到了中国传统建筑的美,提高了审美和创作能力。此外,永寿塔拥有四百多年历史,传说颇多,园内有徐良彦的《永寿塔记》、颜鲁公的《刘太冲帖》和周邦彦的《满庭芳·夏日溧水无想山作》等作品,以及崔致远的半身石像,这些均有助于幼儿了解古塔的历史、建筑特点以及象征意义,增强对传统文化的兴趣和对家乡自豪感。

一、围绕建构活动,独立运用永寿塔资源

每到新年,溧水区便会举办秦淮源头灯会,热闹非凡,宝塔公园正是举行点灯仪式的区域,吸引了许多幼儿前往观赏、游玩。假期后橙子带来了各种各样的花灯照片和大家分享,颜颜关注到照片中有座亮灯的高塔,十分漂亮。"这是永寿塔,就在公园里面,它白天是不亮灯的。"橙子解释道。"我去看过这个塔,它可高了,我妈妈说它是很久很久以前建的。"其他幼儿也纷纷关注到了,热烈地讨论起来。

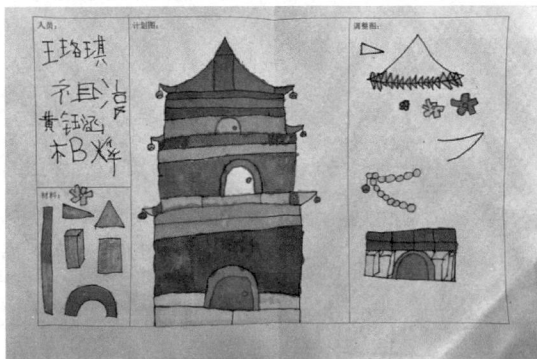

图1 幼儿自制建构计划表

幼儿对永寿塔的兴趣如此浓厚,我们认识到应及时把握教育契机,引导幼儿进一步探究。基于幼儿的兴趣及我园的建构特色,我们聚焦永寿塔的建筑特点展开探究活动,运用调查表"高耸的永寿塔"鼓励幼儿自主了解古塔的特点,充分给予幼儿自主探究的机会和空间。

在初步的调查中,幼儿对永寿塔的来历、位置、外形特征等有了一定的了解,知道永寿塔是七级八面,分为塔基、塔身、塔刹三个部分,台座为八边形,有飞檐翘角式的塔檐……这些基础的认知,让幼儿对永寿塔的结构充满了探究兴趣,纷纷摩拳擦掌想要试一试搭建永寿塔的造型。于是,我们便在建构区内投放了永寿塔的相关图片支持幼儿的搭建活动。

初次搭建,几名幼儿很快画好了设计图并开始搭建。他们选择用四倍块、双倍块、大圆柱等清水积木混合垒高搭建塔基,但发现作品与永寿塔的八边形塔基不符,这个问题引起了大家的思考。幼儿们再次认真观察图片,更加关注永寿塔的整体建筑结构。瑶瑶说:"永寿塔是八面的,所以我们搭底座的时候应该先搭一个八边形出来。""那八边形应该怎么搭呢? 我搭不好。"针对幼儿的困惑,我们提供了八边形的平面图供幼儿观察,最后他们发现八边形有八条边、八个角,是对称图形,每条边一样长,这一发现为他们搭建塔基提供了重要的线索。

再次搭建,幼儿凭借先前的经验熟练地设计出计划图。游戏前,他们讨论了塔基的稳固性,随后分组尝试。琪琪巧妙地运用所学技能开始搭建,先围合成八边形作为底层。面临大圆柱不足的难题,涵涵提出用加厚的基本块替代,转角处也巧妙地加宽与垒高,使塔基稳固。之后,他们逐层垒高,借鉴楼房建构经验,用多个三角块建构塔刹,七级八面的永寿塔成功呈现,基本结构清晰可见。

这看似简单的搭建活动,实则对幼儿的成长具有深远影响。在这个过程中,他们不断地发现新问题,通过集体讨论深入思考问题,勇敢地表达个人的想法与建议。这一系列环节,不仅锻炼了幼儿的思维能力,也提升了他们解决问题的能力、绘画与设计能力及空间感知能力等。然而,对于大班幼儿,我们不禁要问,他们的经验积累是否足够完整? 又该如何充分利用"永寿塔"这一独特资源呢? 基于这些考量,我们开展了进一步的探索与实践。

二、在多领域中探索与调整,综合运用永寿塔资源

在观察、体验搭建永寿塔的过程中,幼儿对永寿塔的探究兴趣愈发浓厚。他们不再满足于了解永寿塔的结构特点,而是渴望发掘更多。这一变化使我们深刻认识到,永寿塔所蕴含的丰富教育资源亟待被充分挖掘和利用。

结合幼儿的前期经验和兴趣需要,我们思考综合使用永寿塔资源,挖掘其多方面价值,向多领域运用发展,探索资源综合运用的路径。通过"永寿塔的秘密"调查表,幼儿带着"寻宝"的眼光再次欣赏永寿塔,寻找自己最感兴趣的地方或事情,并跟同伴分享自己的发现。我们汇总发现,原来永寿塔的历史故事、塔身纹样、公园环境等同样吸引着幼儿。为了促进幼儿完整经验的获得,我们结合我园"融合式主题建构课程",以主题的形式和思路,拓展幼儿的学习经验,丰富幼儿的活动。

我们深入探讨了"永寿塔"这一文化资源,从主题思路、目标、发展脉络、实施路径以及区域游戏等五个维度进行详尽的梳理与应用。首先,我们将永寿塔的独特魅力和价值与园本课程有机融合,明确了主题开展的总体思路。其次,我们着重考虑大班幼儿的年龄特征和发展需求,参照《指南》,确定了幼儿在各领域发展的具体目标。为了更直观地展现主题发展的全貌,我们借助主题脉络图的形式,清晰勾勒出整个主题的演进轨迹和呈现形式,便于深入理解其内在的逻辑结构。同时,我们以表格形式详细规划了主题的实施路径,经过前期的审慎研究,将"高耸的永寿塔"这一主题细分为"你好,永寿塔""永寿塔的秘密""我眼中的塔"三条线索来推进。在实施过程中,我们从集体活动、日常活动、环境创设、家园联系以及区域游戏等多个维度入手,深入挖掘永寿塔的教育价值,由浅入深、循序渐进地引导幼儿了解家乡古塔的历史渊源、建筑结构和独特魅力。通过这一过程,幼儿深切感受到了劳动人民的智慧和勤劳,进一步激发了想象力和创造力,同时产生了对家乡的深厚情感,树立了长大为家乡做贡献的愿望。

在主题实施的过程中,我们围绕多领域开展适宜的活动,例如让幼儿充分了解永寿塔的塔身纹样,并将其灵活运地用于绘画中,增强线条多样性和结构层次。幼儿还通过剪纸、立体制作等方式展现永寿塔特色,利用黏土、树叶、树皮、吸管等多种材料进行创作。关于永寿塔的来历和背后故事,幼儿除了在集体活动中了解,还利用了家长资源进一步了解,他们还将故事、传说制作成连环画,让永寿塔的故事和传说在语言区、表演区得到生动演绎和诉说。许多幼儿还从家里带来相关绘本,了解塔的不同造型、结构和作用,发现中国的塔无论是数量之多还是风格之美,在世界上都是绝无仅有的,从而对我们中国的传统建筑、传统文化产生了浓浓的自豪之情。我们还在建构活动中提供纸盘、纸杯、纸板等多种低结构材料,鼓励幼儿分组尝试多种形式的拼搭,使建构形式多元化。在自主游戏的过程中,幼儿积累了包括材料使用、结构设计、协商合作等方面的实践经验,开始关注建构的多样性和技术问题。幼儿在参与建构、分析问题、对比反思的过程中积累了丰富的审美经验,审美水平也随之提升。随着活动的深入开展,幼儿知道了更多的塔,如雷峰塔、埃菲尔铁塔、比萨斜塔等,对未来的塔也有了更多的想法,纷纷当起了小小设计师,尝试设计未来的塔,有的充满东方韵味,有的充满未来感,还有的功能多多……

以上是幼儿在主题中综合利用永寿塔资源开展的活动,幼儿在倾听、探索、操作中获得了完整经验。通过对永寿塔这一文化资源的综合运用,我们也意识到对于资源不仅可以是独立、单一地使用,也可以是综合性、融合性地运用,后者更有利于促进幼儿身心的全面发展。

三、活动反思

(一) 善于发现,大胆运用文化资源

我们的家乡溧水有着丰富的自然、社会、人文资源,我们要有一双善于"发现"的眼睛,大胆开发和利用周边资源。文化资源包括名胜古迹、传统习俗、民间游戏、历史名人、文化地标、民间美食……幼儿对于充满古韵的古建筑表现出尤为浓厚的兴趣,因此我园重点开发和利用古建筑资源开展活动。在资源利用的过程中,我们发现以课程资源开发和利用为抓手的课程建设意味着幼儿园的课程实践不应是对现成教材或已设计好的活动方案的搬运,而应是由执教者们主要规划,集家庭、社区之合力,以促进幼儿发展为追求的系列事件。例如在"高耸的永寿塔"主题活动中,家长利用周末带幼儿参观、了解永寿塔;园内教师围绕各领域引导幼儿学习、感知永寿塔的各个方面;教师邀请从事建筑工程行业的家长对幼儿的建构活动进行适当指导等。在这个过程中,幼儿自主参与探索、发现问题,在和家长互动或参观中寻求答案,和教师利用园内数字资源继续交流研讨等,自主获得经验建构和身心发展。教师以观察、引导为主,帮助幼儿合理运用家长资源、社会资源和园内资源,建立了有效的合作关系。

(二) 由独立走向综合,促进幼儿全面发展

资源往往蕴含着丰富的教育价值,如果只独立使用资源某一方面的价值,那不仅是对资源的浪费,更错失了促进幼儿全面发展的良机。以"永寿塔"这一资源为例,我们刚开始仅仅围绕观赏、建构对资源进行利用,也就是独立使用了永寿塔这一资源的显性价值,幼儿们也由此获得了建构方面的发展。我们后续综合使用永寿塔这一资源,从多领域出发挖掘永寿塔的深层次价值,例如:塔身传统纹样的艺术价值;古塔背后故事的文化价值;体现家乡文化的社会价值……通过在多个领域中的运用,我们让永寿塔这一资源多方面的价值得到了充分的开发,实现了资源的综合使用,保证了经验的完整获得,促进了幼儿全面的、整体的发展。

从幼儿的角度而言,在探究活动中幼儿往往是积极、投入、专注的,随着活动的深入,他们的探究兴趣会愈发浓烈,为了满足幼儿的兴趣和发展需要,我们必须进一步开发和利用资源。可以说资源的独立使用到综合使用的变化是促进幼儿全面发展的

必然趋势，领域之间相互渗透、相互融合的活动有利于幼儿的主动学习，能够帮助幼儿获得与活动有关的较完整的经验。从教师的角度而言，综合活动的开展与研究有助于教师的专业化成长，提升教师统筹与协调幼儿园、家庭和社区资源，为幼儿创设宽松、平等、自由、和谐的开放式教育环境的能力。由此，我们意识到资源利用从独立走向综合，更有利于促进幼儿的全面发展。

（南京市溧水区永阳街道凯阳幼儿园）

案例三

从仪凤社区走出来的课程
——仪凤社区资源的独立使用与综合使用

随着学前教育改革的不断深入，幼儿园教师逐渐意识到资源对于课程建设的重要性，课程资源开发和利用的能力需要不断提升，幼儿园课程资源和环境的面貌正在发生深刻的变化，并有力支撑了幼儿园各类活动的开展。课程资源蕴藏在"大自然、大社会"之中，一切能够转化为或能够支持教育活动的事物在理论上都可以成为课程资源。课程资源是课程的来源也是课程的基础，但并不是所有的资源都能够进入课程，不是所有的资源都可以转化为儿童的经验。课程资源的开发和利用至关重要，其推动着课程建设，牵引着课程改革。调查和分析课程资源，探究和实践课程资源开发利用的路径，有利于提高课程资源的利用价值，从而实现幼儿园课程的适宜性和园本化。

一、基于儿童经验的仪凤社区资源价值的挖掘

我园秉承着手师幼熟悉的资源，用好园内基础资源，聚焦本地特色资源等基本原则进行课程资源的开发和利用。张斌教授说过，往往最具教育价值的课程资源就在身边。社区资源来源于幼儿的现实生活，与幼儿的生活息息相关，是幼儿感兴趣的。以社区资源开展多种形式的活动，可以加强幼儿与外界社会的联系，丰富幼儿对社会与周边环境的认知，也可以引导幼儿关注外界社会的变化和人们的需要，促进幼儿社会性的发展，拓展幼儿的生活经验。

经过前期全面的调查和梳理，我们发现仪凤社区资源非常丰富，商铺种类繁多，基础设施配备完善，机构人员职业也多样化。而孩子们在家长的陪同下经常出入社区内的各种场所，都知道买水果要去水果店，买菜要去智慧菜场，给车加油要去加油站，生病了要去医院，知道医院有医生，超市有售货员，垃圾分类中心有清洁工等等。

虽然孩子们对于社区有一些前期经验,但这些经验是零散的、不完整的、片面的,也是浅显的。例如:当问到医院具体有哪些职业时,孩子们对此并不清楚,只知道有医生和护士,一个是看病的,一个是打针的。由此可见,孩子们对社区乃至社会的认知还是"以自我为中心"的,只停留在"我看到的和听到的"。而社区资源是综合性的社会资源,社会性是其显著的特征,而且与幼儿的生活密不可分。如何开发和利用社区资源,帮助幼儿构建完整全面的生活经验,产生关注身边的人和事物的意识,促进幼儿社会性的发展是我们需要深入实践和探究的。由此,我们以仪凤社区资源的开发与利用为例,探究课程资源的独立使用与综合使用,不断优化课程资源开发和利用的实施路径,为幼儿的发展提供丰富的课程素材。

二、开展项目活动,独立使用仪凤社区资源

仪凤社区资源就在幼儿园门外,但是幼儿可能对哪些资源感兴趣,它们可能引发幼儿的哪些探究,可用于哪些活动,通过这些活动又可以让幼儿获得哪些经验? 如何将资源转化为活动,转化为孩子们的经验? 教师开始了一系列的探索。

教师首先发放调查问卷,让幼儿画一画、说一说他们感兴趣的人、事、物,梳理出幼儿感兴趣的资源,接着与他们开展对话,聊一聊与社区有关的话题,了解幼儿的前期经验,进一步探寻资源进入课程的契机。以知心水果店为例,小班的幼儿会关注水果的颜色、大小和口味,中班的幼儿关注到了水果的种类、价格等,大班的幼儿能够发现有的水果只会在特定的季节出现,有的水果则是一年四季都有。教师将幼儿感兴趣的资源进行归类总结,那么是不是所有幼儿感兴趣的资源都具有课程实施的价值呢? 它们是不是都可以转化为幼儿园的活动? 结合这几个问题,教师对照《指南》梳理出了这些资源在各个年龄段可能蕴含的学习价值,分析幼儿可能获得的发展、可以开展的活动以及教师在活动中的支持策略。

教师通过发放调查问卷、与孩子对话、梳理资源清单、进行资源审议等形式,最终决定让小、中、大班分别锁定知心水果店、体育馆和顺利达汽车修理中心这三种资源,以项目活动的形式开展活动。项目活动支持幼儿通过主动探究,深入学习,建构有益经验,获得适宜性发展。小班以"水果宝宝大聚会"为主题开展了"参观水果店"(认识各种各样的水果)、"水果自助品尝会"(亲子互动)、"酸酸甜甜的水果"(水果分类)、"水果创意大比拼"(制作水果拼盘,榨水果汁)、"水果艺术创想"(运用水果贴画、彩泥捏水果、水果印章画等多种材料表现水果形态)等活动。中班以"运动小达人"为主题开展了"我知道的运动"(参观体育馆,了解基本的运动种类和运动场地)、"我喜欢的运动"(运用绘画或者手工的形式表现运动的形态)、"蹦蹦跳跳身体好"(音乐律动)、

"运动器械大聚会"(了解各种各样的运动器械及其作用)、"我爱运动"(户外锻炼时,鼓励孩子利用各种材料进行运动)等活动。大班以"各种各样的车"为主题开展了"参观洗车店"(了解车的基本构造及洗车的基本流程)、"各种各样的车"(了解车的不同种类和功能)、"车的组装和拼搭"(建构和组装各种各样的车)、"有趣的停车场"(户外骑行)等活动。教师们利用社区资源开发了一系列活动,旨在激发孩子们的兴趣,调动孩子们的经验。项目活动从开发到实施是一个不断变化、不断收获的过程,项目活动的开展以儿童的兴趣和经验为牵引,使我们看到了儿童的学习,看到了资源的价值,看到了活动转变为儿童经验的过程,但是其他的社区资源是否就不需要了?运用在大班的资源在小班、中班是否也适宜?社区资源如何形成一个整体的脉络?单个资源的独立使用如何保障儿童经验的完整性?带着这些问题,教师们开启了仪凤社区资源综合利用的进一步探索。

图1　幼儿体验买水果　　　　　图2　幼儿用水果制作美食

三、开展"主题活动",综合使用仪凤社区资源

从目前的资源开发和利用情况来看,我们主要利用场地、媒介、设施、环境等资源开展"实践地""经验场"活动。虽然在设计方案时有活动目标、活动内容、经验对照、教师支持、活动形式等,但是还有不少是将资源的表象进行平移,以独立使用某一种资源为主要形式。要将这些资源真正开发成系统的课程资源,需要将发展目标、活动内容、经验对照、教师支持、活动形式等组成一个经过纵向与横向对比的整体性脉络。对于如何将资源的挖掘从表面通向本质,将资源的利用从独立走向综合,开展深入持久的学习活动,许多教师还是感到困惑和迷惘的。

资源运用于课程有以"主题"的形式、以"项目活动"的形式、以"单个零散活动"的形式这三种基本途径,基于前期资源的独立利用开展项目活动的经验,不管是幼儿还是教师都觉得社区资源的利用还需要深化,综合利用各种社区资源以"主题活动"的形式开展,不仅可以挖掘资源的内在价值,还能保障幼儿经验的完整性。教师们经过多次教研,在《指南》的儿童发展目标中找到了"探索、动手、参加、做事、活动"等关键词,结合仪凤社区资源的社会性特点,师幼共同提取了主题的核心词"劳动"。孩子们发现各个机构和商铺都有各种各样的人在做不同的事情,他们的职业名称不同、服装不同、劳动工具不同、劳动内容不同,价值也不同。教师发现劳动可以帮助儿童不仅实现社会领域目标,还能实现多领域的发展目标,于是以"劳动"为线索将仪凤社区资源进行综合利用,全面系统地将仪凤社区资源纳入课程体系,实现幼儿园课程的生活化、园本化。各年龄段以主题网络架构的形式预设活动主题,小班以"劳动的人儿最可爱"为主题,侧重于让幼儿认识幼儿园里的教职工和爸爸妈妈的职业是什么,分别是做什么的,了解基本的职业类型,知道劳动的意义,知道自己的事情要自己做。中班以"人们是怎样劳动的"为主题,让幼儿熟悉社区内的各行各业,认识不同的劳动工具,知道劳动的重要性,知道要与同伴互助,服务他人。大班以"大家来劳动"为主题,让幼儿体验社区内各种各样的劳动,知道各种职业的社会属性和社会价值,能够服务集体,有社会责任感,知道要为社会做贡献。以"劳动"为线索,将仪凤社区资源进一步整合,在科学领域重点开发劳动工具的属性和功能,在艺术领域可以结合与劳动主题相关的歌曲和律动以及各种不同职业劳动人民的服饰等开展活动;在健康领域重点引导幼儿提高户外活动和体育锻炼的积极性,将劳动的元素融入户外游戏;在语言领域可以讲述先进劳动楷模的故事、当地传颂的劳动号子等。结合《指南》开发和利用仪凤社区资源,保证了课程的系统性和儿童经验的完整性。

图 3 幼儿建构"我居住的社区"

图 4 幼儿在体验劳动

四、资源从独立使用到综合使用的基本原则

课程资源的开发和利用对每家幼儿园来说既是机遇又是挑战,更是建构园本课

程的必经之路。我们的课程需要从单个的活动到系统的课程体系，课程资源的开发和利用也应独立与综合相结合，从独立使用逐渐过渡到综合使用。仪凤社区资源的独立使用与综合使用进一步推动我园园本课程的建设，推动了蓝本向园本的过渡。资源的独立使用和综合使用应遵循以下几个基本原则：

（一）聚焦资源，确立资源从独立使用到综合使用的活动主题

激活"我与他人""我与自然""我与社会"的关系，以"空间""时间""人群"为线索，调查盘点幼儿园、社区、家庭、人文、节日节气等自然、社会、人文、专题资源。基于儿童的生活，通过调查访谈、现场观察、交流对话等方式充分了解资源的属性和特点，预设每种资源可能开展的学习活动，在"理解—整合—重构"路径中，基于资源本身特点决定资源开发与利用的主题，以独立使用作为探索资源价值的途径，边使用边开发，在独立使用中不断深入挖掘和开发资源的价值，尝试在多领域综合利用资源，实现资源从独立使用到综合使用。

（二）对接《指南》，实现资源从独立使用到综合使用的活动目标

根据《指南》的精神，从完整学习的视角，帮助幼儿建立物我关系，促使对资源的判断从宽泛走向精准，为资源的价值筛选、活动内容的展开等提供有力的方向，以达到资源优势与个体发展平衡，实现资源在幼儿生长过程中的显性和隐性价值。《指南》中幼儿各领域发展目标的全面性和完整性也决定了课程资源应该从单领域到多领域综合使用。

（三）基于幼儿，完善资源从独立使用到综合使用的活动实施路径

在资源开发和利用的过程中，教师应利用观察、谈话、调查等多种方式捕捉幼儿的兴趣；借助绘画作品、表达表征及时捕捉、科学分析幼儿的"行为信息"；通过谈话分享、观察解读等方式细化目标内容，把握幼儿的问题需求。以幼儿的兴趣为出发点，以幼儿的完整经验为目标，丰富课程资源开发与利用的实施路径，实现单个资源的多领域综合利用和综合不同资源的主题的开发。

资源，不分大小，没有先后，无所谓好坏，不用额外制造，只需要教师在陪伴幼儿共同学习生活的过程中去智慧地发现、用心地尝试。随着时间的流逝，这些蕴藏的能量势必散发光芒，点亮幼儿的生活，助力教师的专业发展，推进幼儿园课程园本化建设。

（南京市溧水区永阳街道凯阳幼儿园）

三、资源的原始使用与迁移使用

　　教师在开发和利用资源的过程中会根据资源的特点对其进行原始使用,然而幼儿是独立的个体,他们兴趣广泛,且因为有意注意较弱,兴趣会时常发生转移,所以,我们在利用资源的过程中应着重考虑资源本身的特点,结合幼儿需要和园所课程发展需要,因园制宜地对不同资源的利用进行多维度实施路径的探索,旨在发挥幼儿的创造力,通过丰富、适切的课程资源,鼓励他们积极主动地进入学习场域,与人、事、物进行互动对话,对资源进行深度和系统性的探究学习。

　　例如在对"长乐桥"这一资源的开发和利用中,教师带领幼儿实地参观这一资源并对其进行原始使用,在亲身体验后,教师倾听幼儿想法,了解幼儿的兴趣需要,通过将这一资源与建构活动结合起来进行使用,后期还引导幼儿迁移经验,生成从古桥到今桥的探究活动,使幼儿不断获得知识的增长、能力的提升、情感的丰富,实现与资源的共生共长。

案例一

从古桥到今桥
——名胜古迹"长乐桥"资源的原始使用与迁移使用

　　在溧水众多的文物遗址和名胜古迹中,有一座桥特别引人注目,它不仅承载着溧水悠远的历史,更是溧水古桥中的佼佼者,这便是长乐桥。长乐桥坐落于溧水区东屏街道辖区内,是南京地区现存的最古老的石拱桥,其悠久的历史可以追溯至南宋时期,距今已有七八百年。长乐桥虽经过多次修缮,但依然保留了原始构件。漫步长乐桥,我们可以清晰地看到桥耳上寓意吉祥如意的图案及古代神兽螭首石雕……承载着精美工艺、见证着历史记忆的古桥,对幼儿的学习与发展有什么重要的意义呢?通过集体审议,我们发现长乐桥蕴含着丰富的教育价值:倾听有关长乐桥的故事,可以了解古桥的由来和功能,理解"长乐"的美好寓意;走近长乐桥,可以欣赏古桥的建筑风格和精美工艺,感受古代溧水人的智慧与勤劳;通过一系列的亲身感知与实际体验,不仅可以丰富对古桥的经验,萌发爱家乡的情感,而且能够激发对身边各种各样桥的兴趣与关注,如"生活中还有哪些桥? 它们是什么样子的? 它们有什么用? 未来我们还需要哪些桥? 如何设计建造?"等等。于是,"从古桥到今桥"的课程活动拉开了帷幕。

一、"长乐桥"资源的原始使用

初谈长乐桥，幼儿便纷纷被其名字所吸引，不禁好奇地问："这座桥为什么叫长乐桥呢？"有的幼儿猜测："可能是因为它在长乐村吧。"有的幼儿则认为："是建桥的人希望它能永远带来快乐。"还有的幼儿调皮地提出："是不是建桥的人就叫长乐呢？"幼儿围绕这个话题展开了热烈的讨论。为了解答幼儿的疑问，我们查阅地方志、走访当地老人，邀请了长乐村的长者讲述关于"长乐桥"的故事。原来长乐桥建于南宋，已经800岁左右了，它就建在东屏长乐村上，那时的长乐村是个繁华的村子，有很多做生意的人，桥是连接两岸的重要通道，也是村民们互通有无的必经之路。当时，村中的长者商议修建一座坚固耐用的桥梁，以造福后代。桥的名字"长乐"寓意着长久安宁、幸福快乐。在故事的催化下，幼儿更想进一步了解这座我们身边的古桥了。

图1　幼儿在长乐桥上写生　　　　图2　幼儿参观长乐桥

为了进一步支持幼儿的探究，我们开展了"遇见长乐桥"社会实践活动。幼儿带着自己的表征本，和小伙伴寻找着长乐桥的秘密。很快他们便发现，桥下有三个洞可供水流通过；桥面坑坑洼洼的很不好走；桥上还有护栏……幼儿的观察较为直观，主要聚焦于桥的基本结构，缺乏对细节的关注。因此，我们适时引导，提出了新的问题："桥上面的洞口一样大吗？桥上有哪些特殊的图案？"这些问题激发了幼儿的好奇心，他们纷纷伸长脖子认真观察，时不时还低头记录自己的新发现。回到幼儿园，幼儿积极分享了自己的发现，原来三个桥洞是中间大、两边小，桥洞上方突出的是像龙的图案石雕，护栏的柱子像花苞一样并刻有菊花的图案。"长乐桥由哪些部分组成？为什么要有桥洞呢？上面的图案是做什么的？"听完幼儿的分享，我们再次提出问题，激发他们深入思考。幼儿带着问题回家和爸爸妈妈查询了资料，了解到长乐桥由拱圈、桥面、桥墩三大部分构成，拱圈可以让船只通过。桥上的螭首石雕不仅增添了桥梁的美观,更兼具排水的实用功能。这座桥以坚固的石头为基,桥面因岁月的洗礼留下了许多凹陷的车轮印。桥的护栏设计独具匠心,每隔一段便有一根形似花苞的柱子点缀,而在桥的两端,护栏上更是精心雕刻了菊花图案,为这座古老的桥梁增添了一抹雅致与韵味,这也激发了幼儿在游戏中自发地绘画和建构,展现出他们心中独特的长乐桥景象。在游戏中,幼儿对桥面上凹陷的车轮印产生了困惑:"为什么古代的桥面磨损得这么严重,现在的桥却很少有这样的痕迹呢?"为了解答幼儿的疑问,我们引导他们欣赏《清明上河图》的细腻描绘,聆听长乐桥背后流传的故事。通过这些活动,幼儿初步领略到古时候(宋朝)人们在桥上的生活场景:有人悠然步行,有人骑马驰骋,有人乘坐轿子,还有人赶着马车过桥,十分热闹。幼儿对于桥的兴趣只增不减,有的带来桥的模型,有的分享了桥的绘本,还有的介绍着自己看到过的桥梁……看着他们兴趣浓厚的样子,我们意识到在长乐桥资源原始利用的基础上,我们有必要进行更深层次的拓展与应用,以促进幼儿进一步发展。

二、"长乐桥"资源的迁移使用

在深入了解长乐桥的基础上,为了探寻幼儿对于桥梁的既有知识,引导他们了解更多类型的桥梁,进而支持他们的学习,我们发放了调查问卷"我身边的桥",鼓励幼儿主动观察身边的各种桥梁,运用他们之前了解长乐桥的方法,从桥的基本结构、背后的故事、自己的发现等多个方面进行了解,并介绍他们所认识的桥梁。经过调查,我们发现家乡还有石臼湖特大桥、九孔蒲塘桥、天生桥、永昌桥……不仅有石拱桥,还有悬索桥、瓮桥、天然石桥。最让幼儿叹为观止的莫过于石臼湖特大桥,与传统的古桥截然不同,它的桥面设计如同现代高速公路一般,既长又直,展现出一种独特的现代美感。有的幼儿还分享了他们和家人一起驾车经过石臼湖大桥时的经历,他们被桥的长度和高度震撼了。幼儿的分享让我们更深入地发现了他们对桥的独特认识和真实感受,这为我们提供了更明确的课程实施方向。石臼湖特大桥是什么桥?它和石拱桥一样吗?为什么开车过桥也要很久?它到底有多长呢?我们可以用什么去测量?我们邀请爸爸妈妈利用周末开车带幼儿去石臼湖特大桥上看一看,并请幼儿用自己的方式记录下开车通过石臼湖特大桥需要多长时间。在后期的分享中,幼儿展示的记录方式充满了创意,有的选择了数数的方式,有的则使用了秒表计时,有的甚至录制了视频。最终,他们都得出了一个共同的结论:石臼湖特大桥确实非常长。在这一过程中,幼儿初步体验到了距离与时间的相对关系。为了进一步加深幼儿的理解,我们还组织了一系列集体活动,活动中我们向幼儿介绍了石臼湖特大桥作为一座现代化悬索桥有什么特点,并引导他们通过观察桥梁的结构和材料,进行对比学习。

此外，我们还开展了测量桥梁模型的活动，让幼儿了解各种测量工具的使用方法，并掌握一些基本的测量技巧。

为了丰富幼儿关于桥的经验，我们开展"你好，长乐桥"主题活动的学习，活动中他们对桥有了更多的想法。于是我们开展了"小小桥梁设计师畅游日活动"，为他们提供了一次表现、表达、创造的机会。幼儿通过自由分组，选择建造地点，绘制桥梁设计图，搬运材料，合作造桥，展示并介绍自己组建造的桥梁。在活动中，每个小组都充满了热情与创造力，他们精心绘制的设计图各具特色，有的桥梁设计得如同彩虹般横跨河面，有的是古老的石拱桥，还有的桥很长很长。在建桥的过程中，他们有的负责搬运材料，有的负责整理，还有的则负责指导桥梁的搭建。尽管过程中遇到了不少困难，但他们从未放弃，始终保持着对桥梁建设的热情。当桥梁搭建完成，幼儿的脸上都洋溢着自豪的笑容。他们纷纷邀请教师和同伴们来参观自己组的作品，并详细地介绍着桥梁的设计理念和建造过程。

图3　幼儿建构"长乐桥"

除了家乡的桥，在我们国家和其他国家还有许多标志性的桥，例如：南京长江大桥、港珠澳大桥以及伦敦的塔桥等。这些桥梁不仅代表了各自城市和国家的特色，更承载着丰富的历史和文化内涵。我们通过和幼儿一起阅读绘本《中国桥》，在语言区提供《小小桥梁建筑师科学绘本》，潜移默化地丰富幼儿对桥的认知，将之前获得的关于长乐桥、家乡桥的经验进行迁移和升华。在阅读过程中，他们看到了桥梁的变迁，从古老的木桥、石桥到现代的钢铁大桥、悬索桥，他们了解了桥梁的种类、构造和建造过程。我们还提供了地图，让幼儿在地图上寻找这些著名桥梁的位置。为了让幼儿更直观地感受桥梁的建造过程，我们组织了一次有趣的实践活动。我们捡来许多石头，尝试着将它们打磨成适合建桥的材料。虽然过程中遇到了不少困难，但幼儿依然感受到了古代人民的智慧。我们为幼儿提供了更适合他们使用的材料,让他们尝试建造桥梁。此外,我们还开展了一项名为"纸盒搭桥钻一钻"的体育活动,让幼儿在搭桥的游戏情境中灵活运用身体的各个部位进行探索与发现。

三、总结反思

在长乐桥资源的开发与利用过程中,教师们始终密切关注并积极响应幼儿的兴趣和需求。他们不仅仅停留在对长乐桥资源的原始利用层面,还不断将其进行迁移,从而拓展了长乐桥资源使用的领域和形式。此外,他们还积极拓展与长乐桥资源相关的各类桥的资源,实现了对长乐桥资源的最大化开发和利用。在这个过程中,幼儿的经验不断得到丰富和充实,他们的情感体验也在不断深化和升华。

桥的活动以长乐桥资源为起点,教师带领幼儿领略了从古至今,从生活周边到全国范围内,再到世界其他国家的各种各样的桥。在这个过程中,教师和幼儿的眼界都得到了开阔,见识也得到了丰富,他们共同拥有远大的理想目标和对美好生活的向往。这种开发与利用长乐桥资源的方式,不仅丰富了幼儿的学习生活,也为他们的全面发展提供了有力的支持。

（南京市溧水区东屏街道中心幼儿园）

案例二

走进"供销社",探秘博物馆之美
——"供销社"资源的原始使用与迁移使用

中国供销社博物馆位于溧水区晶桥镇石山下村,是一座全面展现供销社发展印记与成就的博物馆,是植根于民众心中的文化,是人们与过去生活图景的交流对话,更是对传统文化的继承与坚守。时光无法逆转,唯有物品能呈现过往的世界,通过一个个老物件,一件件农耕工具,一幕幕场景再现,多元化讲述了供销系统的发展历程,链接着孩子与过去的生活。中国供销社博物馆散发着浓郁的生活气息和独特的文化价值,展现出老一辈人甘于吃苦、勇于拼搏、勤俭节约、艰苦奋斗的"扁担精神"和"背篓精神",这是我们当代人需要去继承和发扬光大的。

博物馆是历史文化的载体,是文化传承的桥梁,更是让幼儿经受历史滋润的"泉眼"。为了让幼儿充分感受博物馆独特的文化价值,体会现代生活的来之不易,珍惜当下的美好生活,传承和发扬供销精神,我园充分挖掘中国供销社博物馆的独特文化价值,从幼儿的经验出发,通过问卷调查、实地参观、劳动实践等多种方式,引导幼儿广泛关注各种具有年代感的老物件，有趣的童年游戏以及有价值的人、事、物，深入观察，积极探究，萌发对当前美好生活的感恩之情，从而感知过去，面向世界，走向未来。

图1　教师参观供销社博物馆　　　图2　工作人员讲解供销社的历史

一、"幼"见博物馆，实践助成长

作为石山下民宿村的一处景点，中国供销社博物馆是幼儿尤其是生长在石山下村的幼儿身边熟悉的事物。为了让幼儿更加深入地了解博物馆，大班年级组的幼儿开启了一场中国供销社博物馆的探秘之旅。一张张泛黄的粮票，一根根老旧的扁担，一盏盏尘封已久的煤油灯，一个个古老的算盘……走进中国供销社博物馆的幼儿会发生怎样的故事？我们又如何将资源与幼儿经验链接？首先大班组教师对供销社博物馆资源进行了价值挖掘，通过集体研讨、实地走访等活动，初步制订了活动方案并预设主题网络图来支持幼儿的探究与实践。

供销社博物馆是什么样子的？里面有什么？幼儿都有参观各种不同博物馆的经历。他们有的说："博物馆就是一个漂亮的房子，里面有很多古代的宝贝。"有的说："博物馆就是有很多人参观的地方，需要门票。"有的说："博物馆里有很多值钱的东西，它们都被锁在柜子里。"……在交流中我们发现，幼儿基于以往的生活经验，把自己听到过、看到过的关于博物馆的信息和同伴表达、分享，知道博物馆很大，有不同的展厅区域，需要门票，看起来很古老，里面展示的都是以前的东西等。但是他们对于"什么是供销社博物馆""供销社博物馆里面到底有什么"却知之甚少。有了前期的经验交流，幼儿早已对参观供销社博物馆充满了期待，幼儿园充分利用在地化资源，与家庭、社区密切合作，积极构建协同育人机制，为本次博物馆实践之旅保驾护航。

幼儿进入偌大的博物馆，跟随讲解员的脚步，沉浸式地参观中国供销社博物馆，寻找那一段珍贵的记忆，了解供销社的起源、发展。幼儿穿梭在博物馆，他们对这里的一切都感到很新奇：原来供销社博物馆里成列的是20世纪50年代的各种生活票据、生活用品;原来供销社博物馆里有收购处、童趣课堂、时光小卖部、露天电影场等多种生活场景;原来那个年代人们买啥都要票,粮票、肉票、油票、面粉票、布票等,每一张票对应换取实物;原来那个年代只有付出劳动才能有所收获……幼儿兴奋地陈述着自己的发现。

幼儿的世界是幼儿自己去探讨去发现的,自己所求来的知识才是真知识,自己所发现的世界才是真世界。虽然短暂的博物馆之旅已经结束,但幼儿对博物馆相关知识的探索才刚刚开始。在后续活动中教师继续鼓励幼儿,支持他们去发现、探索未知的世界。

二、工分换收获,绽放劳动之美

参观回园后,幼儿感到意犹未尽,尤其对各种各样的票证充满了兴趣。在那个物物交换的年代,人们如何才能获得票证? 幼儿通过参观博物馆,也对那段历史有了初步的了解,大家七嘴八舌地议论起来。

六六:我听爷爷说那个年代劳动最光荣,人们通过劳动赚取工分,用工分才能换取粮票、肉票、油票。

轩轩:这就跟幼儿园六一活动时我们积分打卡兑换礼物一样。

安安:我真想体验一次那个年代的劳动。

雨琪:爷爷告诉我,他小时候养过鹅呢! 我也想养鹅。

安琪:我爷爷去过农场,还摘过农场里的棉花。

晞晞:奶奶每天都会打扫鸡窝给鸡喂食。

淇淇:秋天到了,爷爷还会组织大家一起割稻子呢!

…………

虽然时代在变迁,但是劳动精神代代相传。大班幼儿可以承担哪些劳动任务,需要做哪些准备? 师幼开展了激烈的讨论。幼儿根据教师罗列的劳动清单,制订了自己的劳动清单,主要分为生活活动、教育活动、游戏活动、环境创设四个方面,并投票选举了"生产小队长"。小队长负责为大家分组发放劳动任务卡,宣布记工评分规则。好玩的"劳动换工分"游戏开始啦,幼儿撸起袖子加油干,都想赚取更多"工分"。操场上、教室里、田间、各功能室内都能看见幼儿忙碌的身影,有的打扫教室,有的整理器材,有的整理功能室,有的在小农场体验劳动的辛苦和快乐。最激动人心的是"工分换收获"时刻,"生产小队长"根据大家劳动任务卡的完成情况,计算"工分",发放"粮票",幼儿开心地拿着自己的票到"时光小卖部"兑换自己想要的物品,萝卜、玉米、甘蔗、红薯、小饰品等应有尽有。

勤劳不仅是中华民族的传统美德，更应该内化为每一个人的行为习惯。我们以供销社换票证为载体，让幼儿通过劳动实践，感受劳动之美，体会生命的生生不息。劳动带来的满满正能量，如同一颗颗小种子，在幼儿的心中生根发芽。

三、布展供销社，重现时代场景

劳动换积分的活动一直在进行着，眼见"时光小卖部"里储备的货物越来越少，幼儿们非常着急。有幼儿提出："我们把小卖部扩大，可以卖跟供销社一样的东西，比如小玩具、小人书，还可以卖瓜果蔬菜。大家一起从家里带些来。"其他幼儿纷纷表示同意。那供销社里都有些什么呢？幼儿有了参观经验，对供销社博物馆的构造和陈列物品并不陌生，说起来也头头是道。

默默：供销社里有爷爷奶奶那个年代使用的各种用品，小茶缸、电话、自行车，还有缝纫机，我妈妈就会用缝纫机。

田田：我记得有个电影院，夜晚的天空好美好美。

安琪：我看到了好多好玩的玩具，以前都没见过呢！

轩轩：我记得里面有个小店，跟我太姥姥家的小店很像，玻璃柜子里面放着各种各样的东西。

安安：里面还有很多好看的故事书，就是有点破旧了。

淇淇：里面有很多的假人，但是跟真的人很像很像，让人有点害怕，我不喜欢。

六六：我从供销社出来的时候发现下面有个饭店，饭店里卖很多好吃的，上次爸爸妈妈带我去的时候还买了一些呢。

....

我们从这些话语中可以看出，幼儿在参观供销社博物馆的过程中一直在广泛关注着自己感兴趣的人、事、物，并深入细致地观察。对于幼儿来说，博物馆里存放的古老、贵重的东西是只能看、不能摸的，无法实践操作。那么如何根据幼儿的兴趣和学习需求，创建与幼儿互动的各种博物馆场景，为幼儿的成长搭建起支架，引导幼儿观察、感受、体验和探索，不断生成新经验，学习新知识呢？于是我们决定将"供销社"搬进幼儿园。

"如果将供销社搬进幼儿园，你们该如何布置呢？"教师首先提出问题。因为有之前布展丰收节的相关经验，幼儿说出要分区域布置，地点选在功能室"晶桥人家"里。"可以分哪几个区域呢？"幼儿一股脑儿把自己看到的、想要展示出来的都说了出来。大班幼儿具备初步的归纳思维，虽然在教师的引导下，能够找出事物的相同点和不同点进行比较，但是由于生活经验的不足，无法对事物进行准确归纳。于是基于幼儿的谈话内容,教师引导幼儿可以从展示区、销售区、观影区三个区域进行布展。

在布置供销社的过程中有大量的工作需要完成。首先幼儿通过调查访问、网络查询等形式了解相关老物件,并大胆介绍自己收集到的材料,同时分组讨论、构思、设计宣传海报和宣传画,为设计宣传做准备。活动中需要遵守哪些基本的规则呢?幼儿尝试以小组为单位,分工合作,运用简单的图案、数字、符号等共同制订展销会规则。他们在展示区利用收集来的有关供销文化的老物件进行布置展览;在销售区设置小型"市场",将从农场收获来的果实,从家里带来的玩具、绘本,自制的手工作品、绘画作品、图画书等进行售卖,学习简单的交易过程;在观影区不仅准备了经典的动画片和电影,还播放自己参与的绘本剧、舞台剧和故事表演的视频,同时进行探究光影实验。

幼儿园里的"供销社博物馆"是以幼儿为中心,基于幼儿视角,通过一幕幕场景的再现,为幼儿提供主动学习、互动操作的场馆。在场馆内,教师优化设计贴近幼儿生活的活动,引导幼儿在场馆内相互交流、相互讨论、共同操作等,从而促进幼儿能力、情感和态度的发展。

在以往的博物馆参观活动中,幼儿只是走走逛逛,回来说一说、画一画,但在供销社博物馆资源的开发与利用过程中,教师基于幼儿的兴趣和需要,在原始利用的基础上生发了一系列后续活动。在这个过程中,幼儿认识了不同的人、事、物,体验了不同时代人们的生活和精神世界,懂得要珍惜当下的幸福生活,不仅经验得以丰富和充实,情感也在不断深化和升华。

(南京市溧水区晶桥镇中心幼儿园)

案例三

种植水稻庆丰收,以劳育人砺品质
——水稻资源的原始使用与迁移使用

我园地处农村,四季变化的田野,农作物的播种、生长与收获,稻作文化的悠久历史等,丰富而独特的资源就在身边。人们的生产方式、生活习俗深受稻作文化的影响,这些"典型"资源为园内1000多平方米的"小农场"建设提供了天然条件。我们认为,充分挖掘资源中蕴含的课程价值,努力将其转化成丰富多样的教育活动,可以让幼儿在实际操作中收获知识和经验,在直接感知中丰富情感,在亲身体验中感悟田园生活带来的快乐。实践中,我们关注幼儿经验,引导幼儿通过观察、对比、记录,感受自然规律和时序变化对植物生长的影响;借助家庭、幼儿园、社区等多方合力,引导幼儿通过探究、设计、制作等多样性的真实体验感受劳动的不易,尊重劳动者和劳动成果。我们努力在促进幼儿认知、能力、情感等全面发展的同时,逐步构建并完善沉浸式、融合性的教育生态系统。

一、探秘水稻成长,感受农田趣事

芒种节气将至,刚刚收获了油菜的"小农场里"该种些什么呢? 大家你一言我一语地议论开了。婼婼说"种黄豆,过年可以磨豆腐",凡凡说"种芝麻,可以做芝麻汤圆",成成说"我爷爷这几天在田里种水稻呢,要不,我们就种水稻吧,可以请爷爷来帮忙"。"种水稻、种水稻,我们还没有种过水稻呢!"这一想法很快得到了大家的响应和支持。

幼儿园里可以种植水稻吗? 带着这样的问题,我们一起咨询了农耕指导师潇潇爷爷。爷爷告诉我们:"幼儿园是旱田,可以通过现代化的旱秧技术种植稻谷;现在是五月,只能播种晚季稻,到十一月才可以收获……"在爷爷的讲解下,幼儿了解了种植水稻首先要选稻种,播种前种子还要消毒、浸泡,再播撒到松软的土壤里,另外还需要准备盆、胶鞋、手套、帽子等劳动工具。一切准备就绪,播种正式开始,有了潇潇爷爷的现场指导,大家将种子均匀地播撒到了田垄上,为了防止小鸟偷吃,还齐心协力地为稻田铺盖了一层薄膜。此后,幼儿每天入园的第一件事就是奔向稻田,离园最重要的一环也是去稻田看一眼,细心捕捉着田间的点滴变化:水稻种子发芽了吗? 它是什么样子的? 秧苗长高了吗? 有了哪些变化? 水稻在幼儿的满心期待和精心照料下慢慢生长。

图1 幼儿在播撒稻种   图2 幼儿在给水稻种子盖塑料薄膜

这天,彤彤在散步时发现水稻秧苗有点蔫:"老师老师,秧苗口渴了,我们快给它们浇点水吧。"幼儿们提着小水壶一趟一趟地跑着去水龙头那里接水,再进行浇灌,不一会儿就满身大汗了。有幼儿说:"这也太慢了吧!"天天说:"我们有塑料水管,把它接到水龙头上面不就好了吗?"在天天的提议下,大家又忙着去接水管,可是又遇到了问题,水管不够长,连不到稻田里。"有了有了,我们沙水区有很多管子,我们可以像玩游戏那样把管子接起来,把水引过来。"小泽和几个同伴分工合作,有的搭建架子,有的拿水管,有的负责连接,就这样,一根接一根,很快管子从水池连接到了稻田。打开水龙头,大家发现有的管子连接处在漏水,他们试了几次,发现水管要一个在上,一个在下,叠在一起就不漏了!于是幼儿调整水管,再次打开水龙头,看到水流快速通过管道,大家都兴奋起来:"水流过来了,不漏水了,这下稻子就不渴啦!"正当大家高兴的时候,新问题又来了,稻田里的秧苗越长越高,需要的水量也越来越多,这样机械的"土办法"已经无法满足需要。如何解决水稻的日常浇灌问题成了此时的新焦点。"老师,有没有更方便的浇水的东西呢?""对呀,我们的稻田太大了,秧苗越长越大,这样下去它们会渴死的。""这可怎么办呀?"……大家急得像热锅上的蚂蚁。教师并没有直接给出答案,而是问道:"我们附近有个富硒生态园,种植了三千亩水稻,有2 000个我们小农场那么大,也不知道他们是怎么浇水的?""我知道我知道,我家离那边近,我可以让爸爸妈妈带我去看一看,问问农民伯伯。""我也想去,我也想去……"于是,周末家长带着幼儿走进曹庄村,去实地了解现代化的浇灌技术。大家纷纷惊叹:"原来他们都是自动浇水的,可以定时,也可以定量,特别方便、科学。"有了现代农业自动化科学技术的加持,幼儿对秋季的大丰收充满了信心。

端午节后,乐乐发现秧苗有些发黄了:"老师老师,水稻好像生病了?""赶紧找潇潇爷爷来帮忙!"爷爷说:"秧苗长得太快,缺少营养,需要施肥,你们看,秧苗旁边长出了一些杂草,也会把营养抢走,要定期除草哦!""另外,如果发现叶子上有洞洞或者在田里发现了虫子,那还得杀虫,不然害虫会让庄稼颗粒无收……"原来种植水稻不仅要不怕苦不怕累,还需要科学方法和技术,更需要耐心等待和细心观察,真不是一件容易的事情。此刻,幼儿珍惜粮食、杜绝浪费的意识已经萌发。

二、劳作实践体验,感受收获喜悦

当金黄色的稻田映入眼帘时,幼儿不约而同地发出了惊叹声。那是一片怎样的景象啊!稻田如同金色的海洋,在微风的吹拂下轻轻摇曳,发出沙沙的响声,仿佛是大地母亲在低语,讲述着关于生长与收获的故事。走近稻田,幼儿发现沉甸甸的稻穗时,问道:"要收割水稻啦,可是我们怎么收割呢?"他们有的说可以找一台收割机,开到幼儿园来进行收割;有的说可以请爷爷奶奶过来,把镰刀带来,这样可以收割快一点;有的说自己种植的水稻自己收割。如果自己收割水稻,需要哪些工具呢?大家回家收集了剪刀、镰刀、小桶、尺子、手套、篓子等。我们最后还邀请家长志愿者，开始了我们的收割水稻活动。幼儿个个使出浑身解数，有的用剪刀剪，有的用尺子裁……经过实践，他们发现尺子不够锋利，剪刀太小了，一根一根的好剪，两根就不好剪了。在家长志愿者的示范下，幼儿小心翼翼地拿起教师准备好的小镰刀，左手握住稻秆，右手持镰刀，刀口向下斜，手起刀落，一串串金黄的稻穗便应声而落。虽然刚开始时动作略显笨拙，但随着时间的推移，幼儿逐渐掌握了技巧，割稻谷的速度也越来越快。汗水浸湿了他们的衣背，但他们的脸上却洋溢着满足和喜悦的笑容。接下来，我们要怎样才能使稻子从稻秆上分离出来呢？怎么把水稻变成大米呢？

"我们可以用脚踩一踩。"

"我们可以放在塑料垫子上用积木敲。"

"我们可以把稻穗放在地上，然后用小推车在上面推来推去。"

"我见过我爷爷摔稻子的，要找个大缸，举着稻穗使劲地摔，稻粒就掉下来了。"

幼儿按照自己的方法分组尝试，各显神通。虽然这个过程有些费力，但每当看到越来越多的稻粒成功脱离稻秆时，孩子们都会兴奋地欢呼。大家小心翼翼地把分离出的稻粒铺在筛子里进行曝晒，又忙着和家长们一起清理秸秆屑……他们仿佛看到了这些稻粒经过加工后变成香喷喷的米饭，端上了自家的餐桌，那份成就感无以言表。

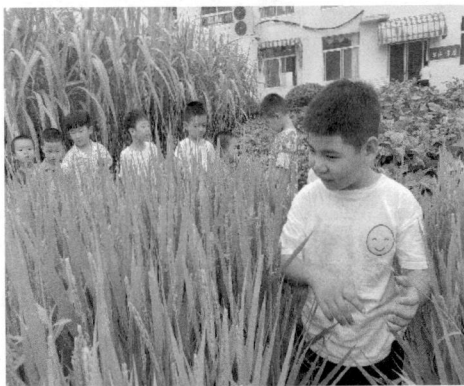

| 图3　幼儿在稻田里参观 | 图4　幼儿在收割稻子 |

春种一粒粟，秋收万颗子。幼儿在收割稻子、稻谷脱粒、曝晒稻谷等一系列劳作实践中丰富了生活经验，学习了农耕知识，感受到了自然生长的变化之美，体会到了劳动的乐趣与艰辛，感悟到了粮食的来之不易，从而萌发了珍惜粮食、尊重劳动者和劳动成果的意识。

三、携手共赴秋约，乐享五谷丰登

秋收冬藏，四时有序，秋意渐浓，幼儿园的小农场里更加热闹了。除了成熟的水稻,还有甘蔗、山芋、南瓜、花生……也都迎来了丰收的时刻。

　　天天:小农场里的果实都熟了,我们开个庆祝会吧!

　　安安:我们把果实都收集起来,看看到底有多少。

　　乐乐:那就像果实大聚会一样。

　　丽丽:大人们每年都举办农民丰收节,我们也来办个自己的丰收节吧。

　　……………

　　幼儿一致决定在幼儿园举办一个属于自己的丰收节。那到底怎么举办呢? 在什么地方举办呢? 需要准备什么呢? 他们有的说想跳舞庆祝;有的说想亲手收获;有的说开办果实展览会;有的说一起品尝美味……经过讨论,师幼共同归纳为庆丰收、展丰收、品丰收三个环节。于是,一场属于全园幼儿的"庆丰收"活动热烈开幕。大家分工合作,有的规划活动场地,绘制活动地图,制作指示牌;有的制作了精美的邀请函,在各班进行广泛宣传;有的设计了活动项目和内容,认真组织排练;有的在忙着收集各类活动材料,为当天的节庆做最充分的准备。他们忙碌中、兴奋着,也期待着、充实着……

　　丰收节正式开幕啦,幼儿用欢快的舞蹈、嘹亮的歌声演绎着对金秋的喜爱,对丰收的庆贺,开启了属于自己的收获之旅。"展丰收"环节中,大班幼儿忙着挖山芋;中班幼儿忙着采棉花;小班幼儿则忙着拔萝卜、捡南瓜。水灵灵的萝卜,黄澄澄的南瓜,香喷喷的山芋,与幼儿忙碌的身影、喜悦的笑脸交相呼应,在秋日阳光下形成一幅生动的丰收画卷。"品丰收"环节中,大班幼儿烤山芋、洗萝卜;中班幼儿蒸南瓜、晒花生;小班幼儿也制作了好吃的水果沙拉。幼儿品尝着劳动的成果,分享着丰收的幸福,深刻体会到一分耕耘一分收获的道理。

图5　幼儿收获甘蔗

图6　晒秋活动

　　不同于简单的植物角种植、观察记录,幼儿走出教室、走进农场、走向自然,在种植水稻的过程中亲历了选种、浸种、播种、浇灌、除草、施肥等劳动，见证了水稻从一粒粒小种子萌发为一片绿油油的秧苗，然后慢慢地长高、孕穗、抽穗、成熟。在"播种—观察—照料—收获"的全过程中，他们积累丰富的劳动体验和感受。在小农场这样一个广阔天地里，从水稻种植到收获，再到丰收节活动，幼儿始终乐于实践、勇于探索，在实践中学习，在体验中成长。教师基于幼儿的兴趣需要，在原始利用水稻资源的基础上，不断拓展资源的开发路径，通过生动有趣的多样化活动，支持幼儿进行有意义的探索。幼儿懂得了关注、保护、热爱，掌握了知识、方法和技能，学会了观察、比较、思考、创造，同时也体会到了劳动的艰辛，认识到了劳动的价值。相信，热火朝天的劳动场景如同一颗热爱生活、热爱自然的种子，定将根植于幼儿的心间，并不断生根、发芽、开花、结果。

（南京市溧水区晶桥镇中心幼儿园）

第六章　在活动中活用资源

一、不同类型活动对资源的需要

幼儿园的课程模式决定了活动类型是多样化的,有集体教学、区域游戏、环境创设、生活活动等。不同类型活动有不同的活动目标,因此,需要的资源也不相同。集体教学活动目标具体、聚焦,需要能够支持幼儿探究的资源,如利用粉黛乱子草开展美术活动,幼儿可以在欣赏各种形态的粉黛乱子草的基础上感受其色彩美,探索粉黛乱子草的生长结构、形态特点,从而进行自主创作;区域游戏活动开放自主,能够支持幼儿创造性表现,需要更多贴近幼儿生活的低结构、半成品材料;环境创设活动起到隐性的教育作用,有观赏、美化、创造等多种教育功能,师幼合作,收集身边的资源,共同进行创设打造,在带给幼儿不同感受的基础上,能丰富幼儿的经验;生活活动中真实可操作的材料让教育源于生活,回归生活,教师应引导幼儿在真实的动手操作中,解决生活问题,习得有用的生活技能,从而培养其积极劳动的生活观念。

在课程资源利用的过程中,我们着眼于幼儿未来健康、完整、可持续发展的需要,积累资源开发和利用的经验,总结反思不同类型活动对资源的需要,不断充实、调整课程资源,寻求优质化、本土化的课程实施路径,做真、做实、做细教育。

案例一

回归生活,让社会资源更具价值

资源的开发利用能为幼儿的学习与发展创造更好的条件。实践中,我们秉持"教育要回归生活"的理念,将幼儿现实生活中常见的事物和感兴趣的内容进行了充分挖掘,对照《指南》中幼儿学习与发展的目标,根据资源的类型与特点,开发设计了一系列的活动，并通过环境创设、集体活动、区域游戏、生活活动等多样化路径来实施，支持幼儿在实践和探索中获得发展。我园地处省级经济开发区，依托周边丰富而独特的高新技术产业资源，积极开发符合本园实际的课程活动，让幼儿感受科学技术的神奇与美妙，激发其科学探究精神，同时让幼儿感受劳动与创造的不易，感知劳动人民的智慧和艰辛，珍惜我们现在的美好生活，萌发爱家乡、爱科学的情感。

一、环境创设，善用资源

幼儿园的环境是课程实施的重要条件，也是课程建设的重要内容之一。我园从幼儿日常的衣食住行出发，选择周边的服装企业、汽车企业和食品企业等资源进行开发与利用，将熟悉的环境迁移至幼儿园，让园所环境尽显生活气息。在环境创设的过程中，我们围绕主题与幼儿进行商议，倾听幼儿内心真实的需求，充分发挥环境的教育价值，以幼儿的表征为主，通过幼儿的双手来打造适宜的环境。同时，我们还鼓励幼儿共同参与空间规划、内容布局、材料收集等。师幼通过共同探索、巧用资源，来优化幼儿园室内外环境。

在室内公共区域，园所为幼儿创设了具有丰富材料、鲜明主题的环境。我们利用颇具传统特色的陶玉梅服饰创设了"旗袍小镇"。区域内多样的旗袍和布料，精美的盘扣、团扇等服装配饰，丰富了幼儿的审美体验。棉花、蚕茧等原材料，手工缝纫机、织布机等服装加工设备，让幼儿知道了传统服装的制作流程。在陶玉梅服饰和名鹰服饰的支持下，我们在区域中投放了工厂店提供的各种布料、纽扣、染料桶、丝带、针线、绣棚、立体模特、布娃娃等，支持幼儿进行扎染、拓印、刺绣、做盘扣、设计服装等手工活动，让幼儿通过直接感知、实际操作，丰富生活经验，感受表现美和创造美的快乐。我园还利用周围新能源汽车、汽车 4S 园以及万驰赛车中心等资源创设了"汽车大聚会"的环境。幼儿收集了各种汽车模型，还有亲子制作的工具车。师幼共同创设了"汽车 4S 店""比亚迪汽车""马路上的车""一起赛车吧"四个场景。幼儿结合生活中的经验，对各种车进行分类和排序，在动手操作中感知和理解数、量的关系，还对汽车的结构、功能更加了解。

在室外的环境创设中，师幼因地制宜地共创出了生活中熟悉并喜欢的"团山公园""万驰赛车场"等户外环境。幼儿认为户外梅花造型的沙水池、小树和小桥组合在一起很像团山公园，于是在该场地规划了娱乐区、沙水天地、写生区。经过商议，幼儿投放了自制的滑梯、秋千、沙土等，还共同为"团山公园"设计了公园标语和停车位。在整个创设过程中，幼儿积极商讨、合作设计、大胆表达，在"全参与"中积累经验。在平坦的操场上,幼儿将实地参观和体验过的万驰赛车场"搬"进幼儿园。通过协商,他们将三轮车、平衡车和滑板车三种车作为赛车,用轮胎围合成卡丁车的赛道进行比赛。大班幼儿倡议全园幼儿搜集各种车和废旧轮胎,还利用幼儿园的平衡木、积木等材料,共同创设了赛车道、等待区、停车区、裁判区、观看台等区域。在户外环境创设中,大班幼儿充分发挥主观能动性,大胆想象和设计,将社会环境中的经验迁移到游戏中。贴近幼儿生活的户外环境,让幼儿对公共设施和社会机构的特点和功能有了更深入的了解。室外的环境则变得更加开放、有趣和具有挑战性。

图 1 区角"陶玉梅服装厂"

图 2 户外游戏区"万驰赛车场"

二、集体活动,活用资源

集体活动是幼儿园课程实施中不可或缺的重要组织形式。我园课程十分重视高新技术产业资源的开发和利用,主要采用"请进来"和"走出去"的策略。幼儿的学习以直接经验为基础,有些社会资源不便于在真实情景中获得实践体验,于是我园请从事高新技术职业的相关人员来园介绍和展示,开展了"裁缝师傅来做衣""博士叔叔说科技"等集体活动。在"裁缝师傅来做衣"集体活动中,我们邀请了一位从事服装制作的家长来园。该家长提供了丝、毛、纤维、棉、麻等不同材质的布料。幼儿通过摸一摸、看一看等方式直接感知不同材质布料的特点。通过实践操作,幼儿直观感受几款布料的透气性、吸湿性、抗皱性、舒适度、保暖性等,初步理解了不同布料的使用特点。在家长展示服装的设计和用缝纫机制作的过程中,幼儿认识了皮尺、裁缝剪、画粉、裁缝针等工具,直观地了解了服装的制作流程,感受到人们生活与科技的关系。在"博士叔叔说科技"活动中,博士叔叔介绍了什么是3D打印机,3D打印机是如何工作的,

3D打印机的优点是什么。幼儿通过博士叔叔的介绍初步了解了3D打印。在活动中幼儿了解到高新科技的发展及高素质人才对人们生活做出的贡献,萌发了从小好好学习、将来为家乡发展做贡献的积极情感。

高新产业资源主要存在于园外,为了满足幼儿的好奇心和求知欲,我园开展了"万驰参观日""走进陶玉梅"等"走出去"的社会实践活动。在"万驰参观日"活动中,幼儿观看了赛车装备,熟悉了赛车场地的设置,了解了赛车知识,还观赏了一场精彩的摩托车比赛,"万驰参观日"在助威、呐喊声中圆满结束。幼儿在此次实践活动中观看了真实的赛车比赛,直接感知、亲身体验了赛车的规则和要求,丰富了关于赛车的经验。在"走进陶玉梅"亲子实践活动中,幼儿走进了现代化服装生产车间,直接感知一块布到一件衣服的生产加工过程,观看了不同区域布艺师傅的分工操作,认识了很多制衣的设备和工具。在参观陶玉梅服装工厂店的过程中,幼儿亲身体验到了中国旗袍彰显出的美。

集体教学活动以"请进来,走出去"的形式灵活地运用人力资源、场地资源等社会资源,帮助幼儿系统、深入地了解相关主题的知识,丰富关键经验,提升各方面的发展水平。

三、区域游戏,巧用资源

游戏是幼儿的基本活动,我们将幼儿在社会中感兴趣的场景"搬"进幼儿园,提供多层次、多样化的游戏材料,鼓励幼儿深入探索,让幼儿在生活中的经验得以延伸和拓展。我园的游戏活动主要以室内的区域游戏和户外共享游戏两种形式开展。

基于幼儿的兴趣和需要,我园充分利用万驰赛车场、解放军理工大学、汽车4S园、科创中心等周边资源,在户外开展了"骑行赛""新能源汽车中心""小兵国防营"等户外共享游戏。每周两次的户外共享游戏是幼儿最期待的,他们可以自由自主地选择区域进行游戏。选择"骑行赛"的幼儿可以选择自己喜欢的车子,戴上头盔和护具进行环园骑行,还可以用轮胎设计赛道,与同伴进行赛车比赛;选择"新能源汽车中心"的幼儿可以给车进行挂牌、充电、加油,还可以帮助其他"车主"进行洗车和维修,体验劳动的分工和工作的职责;选择"小兵国防营"的幼儿可以穿上帅气的迷彩服,戴上迷彩帽,在山坡、山洞、树林里进行钻爬、投靶、跨跳等训练,还可以自由协商,分组进行对抗赛。

我们充分利用室内公共区域开展了"科技体验馆""服装体验馆""美食一条街"等特色区域游戏。在"科技体验馆"游戏中,幼儿可以直接接触磁悬浮、电、光等高科技实验材料;在"服装体验馆"游戏中,幼儿可以为同伴或者角色区的娃娃量体制衣,通过测量、设计、裁剪、装饰等操作步骤,不仅可以增强数学认知能力,还可以获得表达美和创造美的艺术体验;在"美食一条街"游戏中,幼儿可以尝试用现代化的家电制作豆制品,用水果和糖制作罐头,用手动榨汁机进行水果的鲜榨,体验劳动的快乐。在幼儿游戏过程中,我们还关注幼儿的个体差异和需求,关注不同幼儿的兴趣,尽量满足每一个幼儿发展的需要。

在区域游戏中,教师仍旧紧扣主题,以投放材料的形式让幼儿与课程资源产生链接,充分利用幼儿园的典型资源丰富幼儿游戏的主题、材料和玩法,以此支撑幼儿游戏的深度和广度,从而在游戏中实现幼儿的学习与发展。

图3 幼儿在玩"野战"游戏

四、生活活动,妙用资源

《指南》中指出:"幼儿的学习是以直接经验为基础,在游戏和日常生活中进行的。要珍视游戏和生活的独特价值。"我园为幼儿体验生活开设了生活体验中心,将品味生活、享受生活、健康生活、低碳生活、个性生活、美化生活的理念渗透其中。在面点区,幼儿尝试用电子秤称重,感知物体的重量,还学习正确使用打蛋器、模具等操作工具,提高了动手能力;在缝纫区,幼儿体验传统缝纫和现代化缝纫的不同,感受现代化高科技产品为生活带来的便利;在果蔬区,幼儿将果蔬进行拼盘或榨汁,学会榨汁的不同方法;在烹饪区,幼儿了解不同食物的不同烹饪方法和加工过程……园所为幼儿提供了适合其发展水平的丰富的生活工具和生活材料,如各类现代化的家用电器、高科技产品等,使幼儿在真实的活动情境中面对真实的任务、真实的材料,使用真实的工具动手操作,解决真实情境中的生活问题,习得有用的生活技能,从而培养其"爱生活、懂生活、会生活"的现代健康生活理念,感受现代化科技带给人们生活的便捷。

图4　幼儿尝试使用缝纫机

图5　幼儿体验榨汁机

社会资源是贴近幼儿生活,促进幼儿社会性发展,能够为幼儿的学习和发展提供真实场域的资源。我园充分解读各类社会资源的价值和特点,进一步分析社会资源运用到课程活动中的实施路径,同时,明晰不同类型活动对资源种类的需求,提升资源的利用价值,优化课程的实施路径。

面对丰富多样的社会资源,我们如何开发和利用课程资源进而推进课程建设,最终实现幼儿经验的生长?关键在于课程的实施。优化课程的实施路径就是提升资源的利用价值,我们在对课程资源进行价值判断的同时要对其进行分类。在课程建设的进程中,我们要不断积累资源开发和利用的经验,总结反思不同类型活动对资源的需要,从活动出发寻找资源,从资源出发对接活动,形成双向对接,助力课程优化,实现幼儿发展。

（南京溧水经济开发区中心幼儿园）

案例二

小农场课程让种植资源落地生花

我园位于溧水最南端,田园种植面积高达1 000平方米,得天独厚的田园种植资源为我们的课程园本化建设提供了更好的支持。近年来,我园秉持"大自然、大社会都是活教材"的宗旨,在"全收获"理念的指导下,以小农场中的场地、土壤泥石沟渠、各种农作物、农耕用具、有经验的家长等作为课程的重要资源,试图从幼儿生活和经验入手,以探索实践为主要活动形式,根据幼儿的兴趣和年龄特点,结合"小农场"资源的不同特性,开发出了适宜的教育内容,将课程理念渗透于环境创设、学习活动、区域活动、生活活动、家园共育中,让幼儿走进田园,走向自然,获得发展。

一、环境创设自然艺术

《纲要》指出："环境是重要的教育资源,应通过环境的创设和利用,有效地促进幼儿的发展。"由此可见,环境创设是一种"隐性课程",丰富的材料和"有准备"的环境,可以满足幼儿多方面发展的需要,使幼儿不断获得有益于身心发展的经验。我园田园色彩浓郁,四季分明,种植物的花、果实、种子、树枝、树叶等都是幼儿喜欢观察和摆弄的材料。为此,我们鼓励幼儿通过精妙的构思和制作,对自然材料进行创意展现,打造出趣意盎然的环境。

在室内公共环境创设中,我们立足于儿童本位,鼓励师幼互动式参与,利用自然材料创设环境。目前正值硕果累累的秋季,我们带着幼儿一起走进小农场,走进大自然,收集自然材料来创设我们的环境。幼儿兴致盎然地捡拾落叶、树枝,采摘黄豆、棉花,收集玉米皮、玉米棒……恰恰是这些寻常之物,通过幼儿的创作,呈现出了别具一格的风采。幼儿为其搭配颜色、绘制五官、穿上各式各样的小服饰,在他们的巧手下,一个个生动有趣的树根娃娃活灵活现地呈现在我们面前。又如秋收时节随处可见稻草、秸秆,幼儿根据它们的形态特征,在教师的指导下再利用纸盒,创造出草房子、草栅栏。诸如此类的还很多。幼儿通过巧妙的构思,一点点地装扮着环境,动手能力和认知能力随之提升,丰富的自然材料使环境也更具趣味性。

图1　幼儿制作的树根娃娃

与此同时,我们将幼儿在农场参与劳动的照片洗了出来,班级教师和幼儿共同制作展板,对于活动经验进行个性化的表征,形成各具特色的环创元素。

我们还依据幼儿的兴趣和需要,利用幼儿在小农场收获的植物种子、在家长的配合下收集来的农具,创设了"种子展览室"和"农具陈列室",拓展幼儿的生活经验。在这里,不仅有锄头、铁锹、耙子、铲子等日常农具,还有通过家长资源收集到的犁具。

幼儿不仅能够感受与欣赏，丰富对农具和植物种子的认知，还可以根据需要进行选用，重新种植，体验植物的生长周期，感知生命的轮回。

二、学习活动真实生动

学习活动是幼儿园课程实施中不可或缺的重要组织形式。在幼儿的学习活动中，我们以小农场为突破口，立足真实生动的学习场域，结合"田园乐"小农场特色课程进行课程园本化的探索和实践。

幼儿的学习以直接经验为主。四季分明、操作体验性强的小农场中蕴含着丰富的教育价值，可以让幼儿置身在真实的田野中学习探索，获得发展。结合"芒种"节气，我们带着幼儿走进金灿灿的麦田，尝试体验收割麦子。一开始幼儿看着长长的麦穗不知所措，后来在教师的指导下，有的用剪刀收割，有的用尽力气把麦子抱到宽敞的地方晾晒。虽然日头很晒，但是幼儿红扑扑的小脸上洋溢着劳动的喜悦，他们唱着快乐的歌曲，争抢着在麦田里劳作，特别热闹。在为麦子脱粒活动中，幼儿群策群力，"筛漏、锤子、小车、轮胎"都成了他们尝试的工具，"在上面踩踩、去上面蹦蹦、用手搓搓"都是他们尝试的方法。幼儿在麦田里割麦、脱粒，全程亲身参与，作为活动的主体，他们能够在实际操作中获得认知，充分感知和体验芒种的节气文化，真正体会到劳动的辛苦与快乐。

图2　幼儿在搬运小麦　　　　　　图3　幼儿用小车托运小麦

贴近幼儿生活的，且能够满足幼儿兴趣和需要的新事物、新发现，都是幼儿学习的资源所在。我们以此为出发点，以幼儿的关键经验为主要依据，以激发幼儿的问题意识、提升幼儿解决问题的能力等为导向，组织新的活动，并利用相应的农场资源加以实施，启发幼儿在原有经验的基础上获得提升。

近期突然降温，幼儿都裹得严严实实。中一班的幼儿担心起他们种的花菜来。

"我们都穿着厚厚的衣服，这样才暖和，但是我们种的花菜在外面肯定会冻坏的。"

"我们给花菜也盖上厚被子吧。"

"我妈妈说过两天要下雪,我们怎么才能保护花菜呢?"

⋯⋯⋯⋯⋯

在你一言我一语的交流中,幼儿结合生活经验发现问题,尝试寻找办法解决问题,教师及时捕捉这一活动契机,由此生发了"花菜保暖记"项目活动。在活动中,教师鼓励幼儿充分与环境材料直接互动,引导他们在合作中不断提升解决问题的能力,在操作尝试中表现自己对事物现象的思考和探究,发展社会性。

图4　幼儿在给花菜搭塑料棚　　　图5　幼儿搭建的塑料棚

三、区域活动开放自主

游戏是幼儿的基本活动,它在一定程度上反映了幼儿现实生活的经验以及他们的兴趣和需要。我们注重户外区域活动的组织与实施。在户外区域游戏的打造上,我们本着"幼儿是游戏的主人"的原则,从游戏内容的确定到场地的选取布置,再到游戏材料的投放,立足儿童本位,真正实现区域游戏的开放与自主。

除操场外,我园小农场旁有一大片草坪、山坡,幼儿被这满眼绿色的场地深深吸引了,纷纷表示要在这开展户外区域游戏。幼儿投票选出了"农家作坊""泥土乐""创意空间""自然野趣园"这四大户外活动区域。为了鼓励幼儿真实体验,在家长们的配合下,我们收集了炒菜的锅、吃饭的碗、烧水的壶⋯⋯众人拾柴火焰高,我们的游戏就这样展开了:在"农家作坊",自然生态的场地、真实的锅碗瓢盆、广阔的"菜园"场景,都是幼儿开展角色游戏的物质资源,他们能够亲手体验采摘、收获、清洗、制作,进行"真游戏",形成"真体验";在"泥土乐",幼儿自主创作,造型多变的泥土资源深受他们的喜爱,他们在游戏中合作探究泥土、水等无生命物质的奥秘,根据自己的想象用泥土塑造他们喜欢的形象,任意表现自己个性化的创意;在"创意空间",农场里丰富的自然物资源,如稻草、麦秆、玉米皮、花生壳等都能为幼儿所用,他们进行创意拼搭绘画,发展创造力;"自然野趣园"有可供幼儿操作的各类材料,如松果、竹子、草绳、石粒、沙子等,幼儿在亲近自然中感受自然的美妙……

四、生活活动绿色生态

一日生活皆教育,生活活动也是一种重要的学习形式。在生活体验活动中,我们利用小农场里的物质资源,鼓励幼儿在"绿色生态"的自然生活情境中操作体验。剥花生、剥蚕豆、洗土豆、撕山芋藤、择菜等这些都成了进行生活活动的课程资源。这些本来是家里司空见惯的家务活,都成了幼儿获得真实感受与体验的实践机会。幼儿在参与简单的日常生活、生产劳动中,积累了丰富的生活经验和劳动技能,初步感知到劳动的艰辛与乐趣,也在劳动中体会到付出的价值和收获的喜悦,学会尊重他人的劳动付出,逐渐懂得人人都要劳动且劳动成果来之不易的道理。

图6　幼儿利用小农场的农作物制作美食　　　　图7　幼儿在剥蚕豆

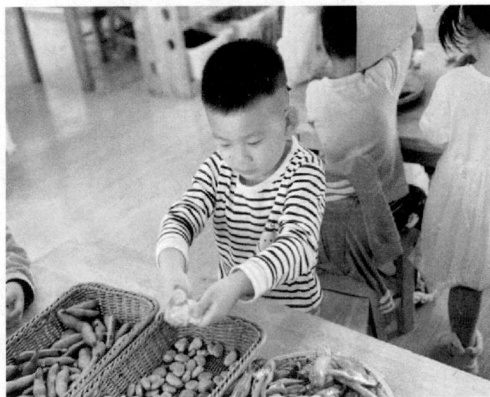

五、家园共育和谐共生

《纲要》中还提出,幼儿园应与家庭、社区密切合作,综合利用各种教育资源,共同为幼儿的发展创造良好的条件。我们依托小农场课程,充分调动家长资源,从物质资源、技术资源、人力资源三个方面支持课程活动的开展,共寻和谐共生的家园协作新形式。通过搜集农耕工具、聘请"农耕指导师"、提供农耕技术指导等方面将资源渗透在课程中,丰富的家长资源为幼儿的活动探索提供了坚实有力的保障,支持课程的有效稳步建设。与此同时,有效地开发家长资源能够丰富幼儿园的课程活动,推进家园共育,实现教育理念的统一。

六、收获与感悟

生活既是幼儿学习的真实场域,也是教育的始基与旨归。我园借助小农场得天独厚的地理优势,让幼儿在这样一个可以日日亲近自然的宝贵天地里,乐于实践、勇于探索,在亲历中学习,在体验中成长。幼儿不只是听到了,看到了,还做过了,学会了,他们懂得了关注、保护、热爱,掌握了知识、方法和技能,学会了观察、比较、思考、创造……在我园课程实施的过程中我们不难看出,不同类型的活动对资源的需要也不尽相同。幼儿园课程内容的选择应立足于幼儿生活经验,对其进行园本化、生活化的丰富,使课程逐步适应本园幼儿的发展和需要,适合社会化进程。

（南京市溧水区晶桥镇中心幼儿园）

案例三

资源聚焦经验　课程回归生活

我园地处溧水区政治经济文化中心,资源丰富,得天独厚的教育资源时刻为幼儿的发展加码助力。基于幼儿的年龄特点和发展水平,我园依托园内外丰富的教育资源,进行园本课程的开发与实施。实践中,我们秉承"重视孩子艺术素养,培养孩子健全人格"的办园理念,坚持"用眼睛发现美,用心灵感受美,用双手创造美"的特色教育理念,将园内外贴近幼儿生活的、幼儿喜闻乐见的、具有教育价值的事物进行充分的开发与利用。我们依据《纲要》《指南》的指导建议与目标要求,根据园内外不同资源的类型与特点,开发多样化活动,丰富课程内容,推动课程建设,以环境创设、集体活动、区域游戏、生活活动等途径落实课程目标,扩展幼儿生活和学习的空间,促进幼儿生动、活泼、主动地发展。同时,幼儿园基于美术特色优势条件,遵循本园幼儿的发展规律和认知特点,通过开展适合幼儿身心发展的活动,培养幼儿美好善良的心灵,帮助他们形成珍惜美好事物的品质,培养幼儿的审美情趣,鼓励幼儿通过自己的方式表现美、创造美,从而快乐生活、健康成长,造就全面和谐发展的完整儿童。

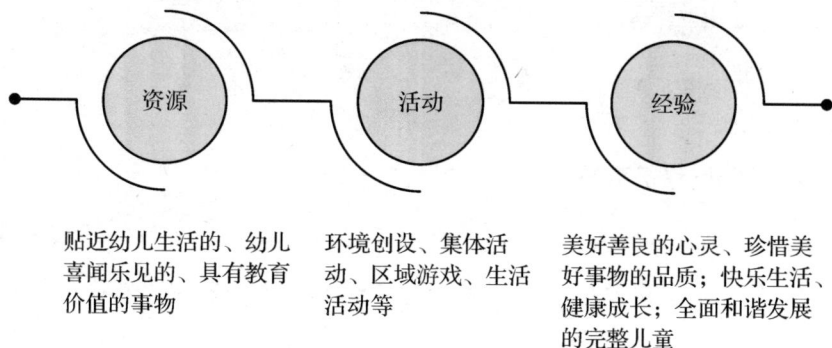

资源：贴近幼儿生活的、幼儿喜闻乐见的、具有教育价值的事物

活动：环境创设、集体活动、区域游戏、生活活动等

经验：美好善良的心灵、珍惜美好事物的品质；快乐生活、健康成长；全面和谐发展的完整儿童

一、环境创设，联动资源

环境是重要的教育资源，在学前教育深度践行素质教育理念的背景下，幼儿园环境进阶为至关重要的美育新场域，环境创设可以发展幼儿审美情趣、审美能力等综合素养。因此，我园教师针对幼儿的实际情况，利用园内外资源，科学创设室内外环境，培养幼儿的审美兴趣和审美能力，帮助幼儿深刻感知"环境美"的独有魅力。

我们利用园内常见的树叶、树枝，通过师幼合作，制作成风铃、挂牌等，并将其挂在区域里，装饰在主题墙上；幼儿利用胶枪将围墙边的鹅卵石、小砖块通过拼接、粘贴等方式制作成小假山、房屋等，并将其布置在美工区，营造浓厚的艺术氛围；幼儿借助丙烯颜料、刻刀等，将种植园里的胡萝卜、黄瓜、西红柿雕漆成各种各样的小动物，并将其投放在生活区里，增趣添彩。园外的无想山、天生桥等自然景区更是为幼儿园课程提供了大好资源——青山悠悠、大树参天、花团锦簇、小草葱葱。假期里，幼儿会到无想山、天生桥捡落叶、松果、树枝，还会上山采摘柿子、橘子等。教师将大家共同搜集来的资源进行整合分类，利用多种多样的树叶汇聚成"落叶舞会"；利用树枝、松果打造成"美丽的树"；利用搜集来的各类果子、稻穗布置"丰收博览会"……营造出了浓浓的自然氛围。我们将各种各样的落叶铺设在美丽的长廊下，创设出一条"动听的小路"，幼儿经过长廊时，轻轻踩一踩，仔细听一听，用心品一品，利用不同的感官体验秋天的美好。此外，我们还将从园外搜集来的农作物进行加工修饰，将其精修为根、茎、叶、花、果等，制作成线索脉络布置在主题墙上，引导幼儿直接与墙面进行"交流""对话"。幼儿在关注农作物生长的过程中能够进一步感知季节、气候的变化，初步了解一些科学知识。一系列基于自然资源的环境创设，既激发了幼儿的探索愿望，又提高了幼儿参与活动的积极性，而这些"自然环境"成了幼儿发现美、感受美、创造美的天然基石，为幼儿的创造拓展了空间，让幼儿的学习、幼儿的活动、幼儿的经验随处可见。

搬进教室
深入探究、利用各类资源

园内园外资源联动

走进自然
户外探索、了解、搜集各类资源

二、集体活动，渗透资源

集体活动是幼儿园课程实施的重要途径之一。我园在开发利用本土资源建构园本课程的过程中，十分重视园内外资源所具备的不同性质与特征对幼儿发展产生的教育影响。

《指南》中指出：幼儿要亲近自然，喜欢探究。我们应站在幼儿的立场对自然资源进行价值判断。以自然资源为内容的集体活动能够发展幼儿的探索能力、审美能力、感知能力、想象能力和创造能力等。以自然资源在集体活动中的运用为例，教师设计并实施了"会说话的石头""竹叶大变身""山间的紫玉兰""无想花海"等集体活动。

在"竹叶大变身"艺术活动中，幼儿到竹林中观察竹叶的颜色、形态、大小等，同伴之间相互说一说竹叶的具体形态，并将直接观察到的内容利用水彩笔、水粉颜料等绘制在画板上。因为活动前期幼儿进行户外活动时就已经提前接触了竹子，并且被它细细密密的叶片所吸引，有一定的兴趣与经验，所以幼儿在活动中表现得专注、投入，呈现的艺术作品具有美感。在充满艺术氛围的"竹叶大变身"活动中，幼儿能够在欣赏自然界和生活环境中美的事物时，关注其色彩、形态等特征，并自主拼摆出多种极具创意的艺术作品。在"无想花海"艺术活动中，幼儿来到无想山脚下，通过欣赏各种形态的粉黛乱子草，探索粉黛乱子草的生长结构、形态特点，感受粉黛乱子草的色彩美，从而联想到粉色花海、粉色沙滩、粉色草地等具体艺术形态，利用水粉创作出如羽毛般、花束般、烟花般的粉黛乱子草，进一步感受粉黛乱子草的梦幻美。幼儿在活动中，同时运用多种感官感知审美对象，仔细观察对象并加以理解、想象和加工审美意象，运用创作工具和材料进行操作去表现自己的所见所闻和思想情感。

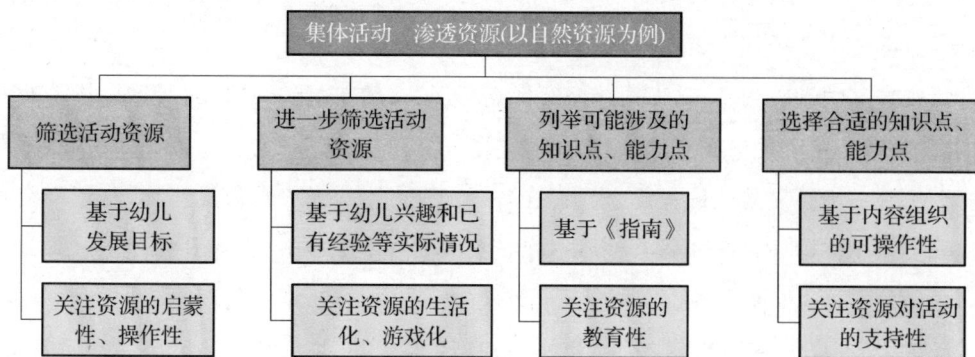

```
                    集体活动　渗透资源(以自然资源为例)
        ┌───────────────┬───────────────┬───────────────┬───────────────┐
    筛选活动资源      进一步筛选活动      列举可能涉及的      选择合适的知识点、
                        资源            知识点、能力点          能力点
        │               │               │               │
    基于幼儿          基于幼儿兴趣和已      基于《指南》        基于内容组织
    发展目标          有经验等实际情况                        的可操作性
        │               │               │               │
    关注资源的启蒙      关注资源的生活      关注资源的        关注资源对活动
    性、操作性         化、游戏化         教育性            的支持性
```

三、区域游戏，整合资源

区域游戏是"无声教师"，为幼儿和经验构筑起桥梁，是幼儿体验感知、发散思维、表现创作的有效途径。适宜的主题和材料能够激发幼儿主动参与游戏的兴趣，幼儿

在直接感知、实际操作和亲身体验中会不断开动脑筋，积极思考，主动挑战自我。

在室内区域游戏与户外游戏的实践中，我园充分开发和利用本土特色资源开展游戏活动。结合生活经验，幼儿自主投票选出"艺术工坊""美美花廊""城隍庙闹闹街""莘庄游乐园"等主题游戏内容。为了支持幼儿在游戏内容中真实体验与创作，我们集中家园与社区的力量，搜集了画具、展具、艺术服装等。在"艺术工坊"中，幼儿以独特的视角纵观园外景象进行白板彩绘；借助水粉、广告颜料进行墙面涂鸦；利用生活废旧物品自制创意作品。在"美美花廊"中，幼儿欣赏花廊的优美风景，绘制美丽的藤蔓与花朵；以花廊为背景，穿戴各种各样的艺术服装进行艺术拍摄。在"城隍庙闹闹街"中，幼儿品尝甜甜的糖人，向"掌柜"学习画糖人；抓起小剪刀，别出心裁地剪出艺术作品；穿戴好各民族服饰，进行"服装展演"；在剧院中抹油彩、唱大戏。在"莘庄游乐园"中，幼儿去种植园里拿来胡萝卜、青菜、土豆等，洗净后放到生活区里进行切配，串成小串，再由配送师傅送到"撸串吧"，制成串串以供售卖；利用水盆、帆布、轮胎等自制"水上乐园""快乐蹦床"……生活中随处可见的资源变成了炙手可热的玩具，幼儿觉得很有意思，别提多开心了！基于生活的游戏充满无限魅力，幼儿乐在其中，他们在游戏中探索、交往、创造，获得了综合经验。

四、生活活动，共享资源

一日生活皆课程资源，生活活动在幼儿的一日生活中占据了大部分时间，是幼儿在园的"重头戏"，生活活动的有效开展能够培养幼儿的良好习惯和初步的生活自理能力。我园对面是"溧水区人民医院"，且在人力资源的调查中我们发现，我园很多家长都是人民医院的医生、护士。对于健康卫生方面的课程开发来说，我们掌握了绝对的资源优势。于是我们在"自主点心"这一环节中设置了"健康师"这一角色，担任"健康师"角色的幼儿，需要提前了解食谱，并做好食谱具体内容的营养价值分析，通过表征形式记录下来，在自主吃点心的环节，向同伴介绍餐点营养。《纲要》指出："幼儿同伴群体及幼儿园教师集体是宝贵的教育资源，应充分发挥这一资源的作用。"同伴之间相互引导、相互鼓励，能进一步激发幼儿的兴趣。我们在"午餐环节"设置了"堂食管理员"角色，"堂食管理员"需要协助同伴拿取餐具、餐巾，在进餐过程中提醒同伴注意用餐习惯，"日行一管"帮助幼儿养成良好的生活习惯。我们还向家园、社区征集了缝纫机、熨板、旧衣物、锅具、烤箱、石磨、竹筛、扁担、箩筐、板车、仿真玩具车等，并将其投放至公共生活工坊、活动室生活区。幼儿可以通过缝补、整理、烹饪等感知生活的乐趣；可以通过磨豆腐、晒咸菜、运粮食等感知劳动生活的充实；可以模仿成人驾驶车辆进行通勤等感知社会生活的规则。学龄前阶段是幼儿形成各种习惯的关键时期，幼儿的可塑性强，生活活动中良好生活习惯的养成将使幼儿一生受用无穷,尤其是对幼儿的个性形成有着深远的影响。我们重视幼儿生活活动的教育,始终以幼儿全面发展为最终目标,通过生活化的教育,培养幼儿良好的心理健康素质、独立的生活自理能力和积极的劳动观念。

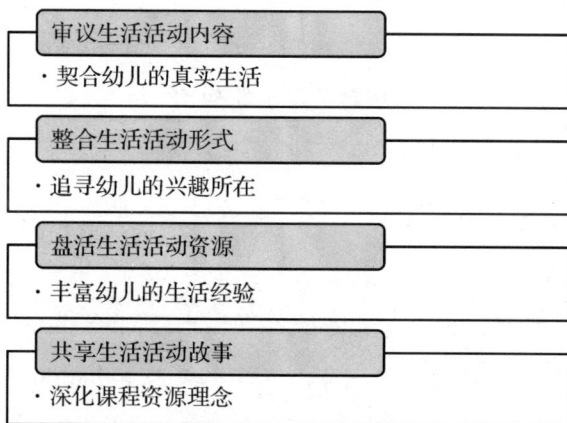

| 审议生活活动内容 |
| · 契合幼儿的真实生活 |
| 整合生活活动形式 |
| · 追寻幼儿的兴趣所在 |
| 盘活生活活动资源 |
| · 丰富幼儿的生活经验 |
| 共享生活活动故事 |
| · 深化课程资源理念 |

　　课程资源对于幼儿的教育价值是巨大的。我园在课程建设中不断深挖贴近幼儿生活的、幼儿感兴趣的、符合幼儿发展需要的资源。在一次次探寻中,力求资源互通支持幼儿的不断发展,力求资源互畅丰富幼儿的有益经验,力求资源互享充实园本课程体系。在课程的实践过程与经验总结中我们不难发现,不同类型的活动所需资源不同。深入开展幼儿园的"真"课程就要以"真"经验为基石,实实在在的生活环境资源无疑是萌生"真"经验的宝库。我们将不断地收集与分析、挖掘与推敲,让幼儿在基于优质资源的课程中回归生活、融于游戏、走向完整。

(南京市溧水区晶桥镇中心幼儿园)

二、利用资源开展的特色活动

　　溧水,百里秦淮之源,有着三千多年的农耕文化,一千四百多年的建县史。在这里,既有看不尽的画意水彩,品不完的山水风光资源,又有齐备的社会机构、一应俱全的公共设施,更蕴含着丰富且流传千年的形式美、内容美、心愿美的民俗文化。我们利用典型的资源,开发出丰富多元的特色活动,支持幼儿经验的丰富和充实。例如南京市太平巷幼儿园溧水分园以"乌饭"这一具有历史意义且体现民间文化特征的资源为载体,开展丰富系统的特色活动;溧水经济开发区中心幼儿园借助周边独有的"汽车"产业资源链,开展"汽车"系列特色活动。

　　我们在幼儿园课程建设中有效开发和利用本土的特色资源,这不仅是鼓励幼儿学习走向本真、走向生动、走向鲜活的需要，更是培养幼儿爱家乡情感的需要，是激发幼儿民族自豪感的需要。天生溧水，何必远方。

案例一

"田野"沁，乌饭情

——利用"乌饭"资源开展特色活动

作为南京市太平巷幼儿园的溧水分园，我们有幸在"现场、行动、生长"的课程理念指引下，大胆探索基于生活、基于幼儿已有经验的"特色"田野课程。对于田野课程而言，最好的教育内容就是来自幼儿身边的真实生活，在真实情景中发现真实的问题，培养真实的人，拥有真实的情感。乌饭节作为溧水本土的重要民俗节日，它是幼儿身边真实的生活，是幼儿所熟悉的内容，充分挖掘并利用好乌饭节的课程价值，能够让幼儿在直接感知、实际操作和亲身体验中获得有益于身心发展的经验，让幼儿园课程更加生动有趣，更加贴近幼儿的现实生活。

一、利用本土资源，开展丰富的系统活动

系统活动是田野课程的一个重要组成部分，是田野课程实施的重要方式，也是田野课程的组织形式之一。我园以探索乌饭节为切入点，将本土民俗文化资源运用于田野课程系统活动中，注重本土性与多元性融合。《指南》以"为幼儿后继学习和终身发展奠定良好素质基础为目标，以促进幼儿体、智、德、美各方面的协调发展为核心"，提出了一整套幼儿学习与发展的目标体系，这是指导教师明确各年龄段关键经验的重要指引，也是我们建设课程资源的"指挥棒"。在实践中，教师根据《指南》中幼儿的发展目标和已有经验共同生成丰富的系统活动。

乌饭是由乌饭叶捣成汁与糯米混合后烹煮成的当地美食，对于幼儿来说"什么是乌饭叶"是他们最想了解的，"乌饭叶长什么样子""它一般长在什么地方"等一系列问题也随之产生了。教师们充分准备后，以集体活动的形式带幼儿了解乌饭叶的形状、颜色、叶脉、气味等特点，于是科学活动"认识乌饭叶"自然而然地开展了起来。

表1　"乌饭节"系列活动清单

	小班	中班	大班
生活区	整理乌饭叶，将叶子和树枝进行分离。洗净叶子，捣碎榨汁	用剪刀将乌饭叶从树枝上剪下来，并清洗干净，用剪刀将乌饭叶剪碎	熟练使用剪刀将乌饭叶从树枝上剪下来，清洗干净并用工具进行榨汁

	小班	中班	大班
语言区	倾听《目莲救母》故事	阅读各种传说故事书籍,并进行记录	制作《目莲救母》连环画,设计节目单
美工区	在五彩绳上粘贴自己喜欢的装饰物	尝试用拧、绕等方法制作五彩绳并粘贴自己喜欢的装饰物	尝试用编三股辫的方法将五彩绳编织好并装饰成自己喜欢的头绳
表演区	会使用各种乐器跟音乐节奏敲敲打打	能根据音乐的节奏进行简单的身体舞蹈动作	能根据音乐与同伴相互配合完成舞蹈,与同伴合作练习舞龙
建构区	简单地建构自己想到的庆祝场景	利用多种材料建构庆祝的场景	收集各种树枝,同伴合作设计并建构庆祝篝火的场景
科学区	了解榨汁的方法,尝试简单的榨汁方式	学习使用各种生活中的榨汁工具	使用各种生活中的榨汁工具
玩泥区	用泥土制作乌饭团,并进行装饰	泥塑各种造型的欢庆小人	泥塑欢庆的人物,并添加元素,自由组合成欢庆场景

活动中幼儿参与的方式是多样的、多感官的。乌饭节是怎么来的呢？原来这里面是有一个传说故事的,我们通过社会活动"乌饭节的由来"带着幼儿深入地了解这个民间习俗,引导幼儿主动参与、积极探索、表现表达、合作分享,让幼儿体验、感受家乡文化,激发爱家乡的情感。"乌饭节"作为一个节日来庆祝的话肯定是热闹非凡了。在和幼儿讨论中我们发现,他们最喜欢的方式就是舞龙、唱歌和跳舞。跳什么舞,怎么跳,是值得我们思考的。除了唱歌跳舞,在乌饭节如何把自己装扮得漂漂亮亮的也是幼儿所关心的问题。这些幼儿所关注的问题就在"我为自己来装扮""载歌载舞跳起来"这两个艺术活动中得到解答。幼儿在艺术活动中积累了丰富的经验。

二、利用本土资源,构建丰富的区域活动

区域活动是幼儿喜爱的一种活动形式,也一直是田野课程重要的实施途径之一。区域活动中,幼儿可以进行自主选择与操作,练习和巩固已有经验。乌饭节前夕,教师根据幼儿需要和年龄特点开展丰富的区域活动,在生活区、美工区、表演区、建构区等多个区域开展与乌饭节有关的活动。我们注重以幼儿已有经验为导向,通过各种开放性材料的投放,为幼儿提供自我表现与表达的机会。幼儿在这类活动区中会综合运用已有知识,在表达意愿、展示能力、充分体现自己天性和潜力的过程中进行各种创造性活动。区域活动的材料更具有层次性和丰富性:材料要满足不同发展水平、不同需求的幼儿,材料与需求之间建立不同层次的衔接;同时区域活动的材料还是丰富的,丰富的材料会带来更多的组合变化,也就蕴含着更多的经验。大班的幼儿会用彩绳、皱纹纸等材料编织一个给自己装饰用的头绳,也会编织一些送给小班的弟弟妹妹;中班的幼儿则是用拧、绕等简单的动作来制作装扮的头绳;小班的幼儿在大班哥哥姐姐编织好的头绳上粘贴一些自己喜欢的装饰物。这样幼儿欢庆节日的头饰就制作好了。

在生活区幼儿细心地洗干净乌饭叶,将洗干净的乌饭叶切小剁碎出汁,用大盆装好。我们让每个幼儿都在区域中尝试切乌饭叶,活动中幼儿惊喜地发现原来切得越碎,出来的汁越多。这些经验的获得是从实际操作中得到的。区域开展的各种游戏都是在幼儿原有经验的基础上让幼儿通过活动提升经验的有效方式。将区域活动中获得的经验迁移到生活中,开展庆祝活动"乌饭节",幼儿参与的积极性更高,庆祝时幼儿佩戴上自己亲手制作的寓意着吉祥的五彩绳,能自己亲手搭建"庆祝篝火"作品,还能用自己学习的舞蹈动作表现喜悦的心情。丰富的区域游戏让幼儿体验与教师、同伴等共同生活的乐趣,养成对他人、社会亲近、合作的态度,让幼儿的动手能力得到锻炼,而且帮助他们丰富了语言发展、社会性交往、艺术表达等多方面的经验。

图1　幼儿在搭建"庆祝篝火"

图2　幼儿用五彩绳进行装饰

图3　幼儿制作乌饭汁

图4　幼儿自制五彩绳

三、利用本土资源,开展适宜的"乌饭节"活动

乌饭节该怎样过? 我们通过对各个年级的调查发现,载歌载舞的方式是最受大家欢迎的。除了载歌载舞,他们还觉得"乌饭节"那天要盛装打扮,而且每个人都要有自己特色的装扮。对于如何装扮各班也开展了非常热烈的讨论。幼儿用自己制作的装饰物打扮,开始举行欢庆活动,中大班的幼儿以大带小的形式围着篝火跳舞,小班的幼儿拿着小乐器自由地舞蹈。跟着音乐,大家载歌载舞,欢笑声充满整个幼儿园。

田野课程理念中"现场"是包含大社会的真实生活场。我们在开展任何活动时不仅要关注幼儿生活和发展中真正需要解决的问题,而且要为幼儿的学习创设真实的情境,让幼儿进入真实、可信的世界,共同解决真实的问题,获得真实的经验,共同成长为"行知一体,知、情、行均衡发展"的真实的人。我们开展"乌饭节"活动,根据幼儿兴趣、经验需要,创设真实的情境,让幼儿获得全面发展。

图5　幼儿庆祝乌饭节

煮乌饭、吃乌饭在乌饭节那天当然少不了。幼儿在乌饭节的前一天把捣好的乌饭叶放入盆中,加入温水,把适量的糯米放入盆中搅拌均匀,充分浸渍。第二天早上,幼儿一来就有了发现:"老师,米变颜色了。哇! 好神奇!"乌饭一蒸好,幼儿就迫不及待地凑过来瞧,有幼儿闻了闻,兴奋地跳起来:"老师,这个味道好香啊! 我们家的乌米饭就是这个味!"

欢庆活动结束后,各班用不同的形式品尝乌饭的美味。幼儿通过直接感知、实际操作、亲身体验制作乌米饭,不仅了解了传统美食的制作过程,感受到了糯米颜色变化的神奇,还乐于分享、乐于创造,感受到了劳动的快乐,获得了多方面的发展。

欢庆活动现场也是有特定的任务，现场中的活动都指向某个目标，往往含有某项"工作"内容，这样幼儿在现场中会面临一定的问题，需要承担一定的角色，完成一定的任务。我们让幼儿通过大带小、合作等多种方式参与到庆祝活动中，让幼儿与幼儿之间相互学习与合作。

四、利用本土资源，促进家园共育

家长是幼儿园重要的合作伙伴，幼儿园应与家庭密切合作，综合利用各种教育资源，共同为幼儿的发展创造良好的条件。幼儿园"乌饭节"的活动让许多年轻的家长倍感兴趣：有的家长带幼儿搜索到乌饭叶的学名叫"南烛叶"，并制作调查表让幼儿带到幼儿园和同伴分享；有的家长利用周末时间带幼儿到乡间野外寻找乌饭叶，让幼儿用多种感官对乌饭叶和其他树叶进行对比观察；有的家长带幼儿在家尝试制作乌饭，让幼儿参与整个制作的过程，体验自己动手制作的乐趣；一些外地来溧水定居的家长和幼儿，了解了溧水本土的传统文化，被深深地吸引，也对"乌饭节"活动充满兴趣。"乌饭节"资源的开发与利用增进了亲子关系，促进了家园共育。家长为课程建设提供了有利的资源保障，当家长对我们的田野课程有了更深刻的了解后，提供的资源也更具有针对性，对课程也起到更有效的作用。

五、开发利用资源，促进师幼共成长

"乌饭节"这个活动源于幼儿的生活。我们挖掘与利用这个资源满足了幼儿充分表达表现和探究的愿望。在"乌饭节"庆祝活动从准备到开展的全过程中，教师和幼儿组成了学习的共同体，师幼互动充分体现了真实、参与、现场、开阔、清新的理念。在审议此活动时，教师们更多的是提出幼儿的想法是什么，幼儿想以什么方式来庆祝等一系列的观点。这些观点都是从幼儿的角度出发的，教师是以支持者和合作者的身份参与其中，活动体现了良好的师幼互动。"乌饭节"整个活动符合幼儿的需要和兴趣，具有游戏的性质，让幼儿感到有趣。活动有一定的挑战性，通过这种活动幼儿可以获得新的经验。因此活动中幼儿的情绪是积极的，是向上、生动、活泼的。我们就是要通过多种多样的活动形式激发幼儿在活动中的发展。

在幼儿园课程建设中有效开发和利用本土资源可以使幼儿获得更多知识、经验，获得更多探索和实践的机会。"乌饭节"活动的开展为幼儿提供了适当和充分的条件和环境，让他们获得了更多经验。资源是支持课程充分开展的有力支柱，"田野课程"本土化的实施更离不开溧水本土资源的支撑。

（南京市太平巷幼儿园溧水分园）

案例二

骆山大龙，非遗走进幼儿园

——利用"骆山大龙"文化资源开展特色活动

溧水有着丰厚的民俗文化，舞龙是人们最常见的民俗活动之一，尤其是骆山村的大龙，作为溧水民俗文化的生动形式，不仅成功申报国家级非物质文化遗产，也成为溧水一张闪亮的"民俗名片"。我们紧紧抓住民俗节庆活动的有效契机，充分挖掘利用"骆山大龙"资源蕴含的对幼儿学习与发展的价值，让幼儿在生动有趣的课程活动中感知溧水风土人情，丰富感性经验，让幼儿园课程因为本土资源的有效利用彰显独特魅力。

一、探访"骆山大龙"，开展丰富的学习活动

快过年了，大家都在开心地谈论一条新闻：今年骆山大龙重新修整，肯定比往年更热闹更隆重了！

在幼儿园里，幼儿也在纷纷议论。

豪豪：爸爸说我已经六岁了，可以参加骆山大龙跳云表演，好开心啊！

希希：跳云是什么？ 骆山大龙长什么样？

豪豪：跳云的小朋友拿两块云板，一条大龙把我们围在里面表演！

越来越多的孩子加入了他们的谈话中，大家对骆山大龙的兴趣一下子弥漫开来。

"哪一天会舞龙呢？"

"骆山大龙到底是什么样的呢？"

…………

幼儿也非常幸运，因为幼儿园有一位骆山村的教师，她的父亲是村里"骆山大龙"项目的负责人，这位教师每年都会帮助父亲做准备工作，非常熟悉舞龙项目，所以她成了幼儿的资源教师。幼儿了解到春节前村子里就会舞龙，于是大家相约一起去看大龙！

最好的教育内容来自幼儿身边的真实生活，在这种活动中幼儿能大胆实践，表达自己的真实情感，并获得相应经验。我们以探访"骆山大龙"为切入点，巨大的骆山大龙成为幼儿好奇的对象。大家的问题来了："骆山大龙到底有多长？""龙头上的小人们是谁？""为什么龙头上会有'四只鸟''金鱼''荷花'？""跳云的男孩为什么要装扮成女孩？"

图1 幼儿的问题表征(一)

图2 幼儿的问题表征(二)

带着这些问题，我们带领幼儿走进骆山大龙陈列馆，通过阅读、探索、参访等方式，推动幼儿经验的增长。

问题一：龙头上有什么？

陈列馆的杨爷爷操着一口骆山话介绍："龙头上的小人是古代保家卫国的英雄人物，排在最前面的四个是杨家将，后面紧跟着的是八仙过海里的神仙、水浒传里的英雄人物等，都在保护着骆山村风调雨顺。龙头上的荷花、鱼、蝙蝠(幼儿口中的鸟)分别代表了和和美美、年年有余、福气临门。"

问题二：舞龙时为什么会有"小姐姐"在跳舞？

杨爷爷说，这就是骆山大龙最独特的地方，跳云的男孩装扮成美丽的女孩，在大龙身边的空地上，拿着云板，穿着虎头鞋，戴着头饰，围出"天下太平""人口平安"等字样，为全村祈福。我们还向村里唯一会做舞龙服饰的工匠奶奶调查了解服饰中蕴含的民俗文化。

图3 幼儿走访骆山大龙的民间艺人

图4 幼儿了解骆山大龙的演出服饰

幼儿直接与民间艺人对话,进一步激发了探究骆山大龙的兴趣,收获了新经验。我们也开始思考骆山大龙所蕴含的教育价值,从幼儿的视角来选择适宜的民俗文化学习内容,设计活动方案,激发幼儿对本土文化的兴趣,从而引发幼儿积极主动地去探究,推进幼儿园课程的开展。

在一个现实的情境中学习,教师和幼儿共同生成了丰富的学习活动,将骆山大龙转化成具有园本特色的活动内容。

我们利用骆山大龙的图片、视频以及实物等,有效地开展社会活动,帮助幼儿深入地了解骆山大龙的由来及扎龙工艺的特点,并鼓励幼儿用自己的语言表达对骆山大龙的认识。在艺术活动中,我们通过欣赏、绘画、制作等多种创造性活动,引导幼儿充分感受骆山大龙独有的特色,感受龙文化,提高幼儿表现美、创造美的能力;还引导幼儿通过欣赏舞龙音乐,感受音乐的节奏,创编适宜的舞龙动作。我们将舞龙活动应用于晨间锻炼中,鼓励幼儿参与体育活动,锻炼身体,增强体质。在这个过程中,我们通过创设真实的教学情境,引导幼儿主动探索、获得相应经验,使幼儿在问题情境中大胆设想,积极尝试。

二、运用"骆山大龙"文化资源,开展丰富的区域活动

根据不同年龄段幼儿的学习特点、兴趣,我们选择了不同的区域活动内容,小、中、大班幼儿虽然呈现出不同的年龄特点,但他们关于事物的经验是螺旋式上升的,所以我们开展关于"骆山大龙"的区域活动时,也应根据他们的学习特点和认知规律来合理架构。

片段一:一起来做太幼小龙

在大家的合作下,属于幼儿园的大龙终于制作成功了!可是我们发现大龙太重,根本举不起来,舞龙活动失败了。

幼儿有点失望:"骆山大龙要是小一点就好了。""我们如果做一条小龙,就可以舞起来了!"

那使用什么样的材料制作小龙更适合呢?幼儿迫不及待地说出自己的想法:可以用塑料瓶、垃圾桶、废旧布料……现在,制作小龙成了他们的头等大事。

在区域里制作小龙时,他们学会了自由分组、分工合作,分成了龙头组、龙身组、龙珠组、装饰组。虽然在制作的过程中出现了很多的困难,如"两节龙身间用什么来连接?""木棍怎么固定在龙身上?"但是他们不怕困难,不断探究,寻找适合的方法。在大家的共同努力下,三条小龙诞生啦!

最后,幼儿通过投票,给它们取名为"太幼小龙"。

片段二:弟弟妹妹来跳云

骆山大龙少不了最独特的跳云团队。大班孩子觉得可以让中班弟弟妹妹来承担这个任务。弟弟妹妹将毛球、毛根等装饰在发箍上,创意十足的彩帽出场啦。制作虎头鞋对于中班幼儿来说有点难,大班哥哥姐姐成了小老师,大带小完成了任务。

表1 "骆山大龙"区域游戏清单

区域	小班	中班	大班
语言区	倾听关于骆山大龙的故事,初步了解非遗文化	1. 阅读关于舞龙的绘本,了解舞龙的习俗,初步扩充对非遗文化的认知。 2. 简单讲述自己在参访骆山大龙中的所见所闻	1. 尝试用简单的图案制作《骆山大龙》连环画。 2. 寻找溧水的其他龙文化,与同伴交流分享阅读笔记
美工区	1. 用自己喜欢的色彩装饰龙。 2. 用撕贴的方式制作龙鳞等	1. 尝试制作简单的龙头、龙身,运用多种形式画彩云。 2. 利用多种材料制作跳云头饰、挂饰、云板、虎头鞋等	1. 尝试利用各种废旧材料制作"太幼小龙"。 2. 运用纸黏土捏出龙头上的英雄人物。 3. 制作龙珠等道具
表演区	会使用各种乐器跟着舞龙音乐节奏敲敲打打	跟随舞龙音乐或视频即兴舞蹈	根据音乐有节奏、有队形地舞龙,根据乐曲风格创编舞龙动作,并与同伴合作舞龙
建构区	尝试运用围合、延长等技能简单搭建龙的身体	运用围合、垒高等技能简单搭建龙身	运用围合、架空、对称等技能搭建龙身及舞龙庆祝场景
科学区	通过触摸制作好的龙身,感受布、棍等材料的特性	观察龙模型,感知每节龙身的连接	动手操作龙模型,感受龙身的灵活性
生活区	尝试用勺子喂小龙食物,锻炼手部精细动作	学习用筷子挑拣黑豆、纽扣,制作龙眼睛、牙齿等细节	学习刺绣等技法,尝试缝制虎头鞋上的简单图案

我们以幼儿的直接经验为基础,注重创设丰富的区域游戏,最大限度地支持幼儿通过直接感知、实际操作、亲身体验,获得民俗文化的有关经验,提高他们的动手能力和合作能力,同时帮助他们了解本地风土人情,促进他们情感、态度、价值观的发展。

三、利用"骆山大龙"文化资源,进行日常渗透

生活活动在幼儿园课程中有着重要的意义,虽然生活活动的组织形式是较为松散的,但它对幼儿的发展有特殊的意义,因此也是我们课程的一个重要实施途径。

片段三:如何选拔"舞龙人"和"跳云人"?

当小龙制作完成后,"舞龙人"和"跳云人"成了班级炙手可热的角色。扬扬(男生)说:"舞龙的人应该是很强壮、很有力气的人。""舞龙的人是要会跳舞的人,我和妈妈看了骆山大龙的视频,舞龙扭来扭去的,有很多好看的姿势。"小乙(女生)抢着说。

如何选拔"舞龙人"成了他们在生活活动时间谈论的话题。于是,教师抓住教育契机组织幼儿进行谈话活动,师幼共同讨论"舞龙人"的条件。

在散步时间,大班哥哥姐姐主动邀请弟弟妹妹参观班级的"太幼小龙",介绍骆山大龙和制作小龙的过程等,还进行舞龙表演。幼儿的生活活动变得更自由、自主,这也为幼儿提升经验、获得社会性发展提供了更开放、更广阔的平台。

四、创设丰富的环境,提高幼儿的主动参与性

"环境是重要的教育资源,应通过环境的创设和利用,促进幼儿的发展。"把环境看作一种教育资源,要求我们对环境进行设计,以充分发挥环境的促进功能。在创设环境时,我们以幼儿为主,幼儿在前,鼓励幼儿主动参与,开设班级特色区角,将幼儿制作的虎头鞋、头饰、太幼小龙等展示出来,呈现幼儿的活动照片,展示出开展特色活动的整个脉络图。

图5 幼儿自制的"太幼小龙"

我们收集骆山大龙,将其作为具有园本特色的活动材料,不断丰富园本课程资源库;同时还创设骆山大龙项目工作室,展示了师幼共同制作的大龙,投放了骆山大龙特色服装、道具等,包括舞龙人的服装、头饰,民间艺人的喇叭、镲、鼓等,营造浓浓的文化氛围。鲜明生动的实物不仅巩固了课程活动中幼儿对骆山大龙的认识与了解,同时也调动了其参与了解民俗文化活动的积极性。

五、整合民俗文化资源,推动师幼共成长

经过这一系列的课程活动,我们也有了属于我们幼儿园的舞龙习俗。舞龙活动在太幼成为欢庆每个节日的重要节目之一。太幼小龙从幼儿园走到社区,走到户外,走进自然。即将毕业的大班幼儿将太幼小龙交接给中班幼儿,中班幼儿又将跳云技

巧传给小班幼儿。

片段四:一起舞龙吧

伴随着喜庆的音乐,瞧,太幼小龙"驾着祥云"欢乐出场,大班哥哥姐姐舞龙队神气十足,指挥着弟弟妹妹跳云队来回穿梭,他们相互配合,精彩的表演赢得了全园的欢呼,也将节日气氛推向了高潮。

图6　幼儿表演舞龙(一)　　　　　图7　幼儿表演舞龙(二)

这样的混龄活动体现出幼儿社会性发展的特殊价值。在活动中,不同年龄段的幼儿参与同一内容的活动,往往产生意外的互补、合作的效果,这种生态关系,还可能引发项目活动广度和深度的变化以及幼儿活动品质的改变,从而实现幼儿自身的超越。

在"骆山大龙和太幼小龙"项目活动中,我们充分挖掘利用非遗文化蕴含的对幼儿学习与发展的价值,让幼儿在生动有趣的课程活动中获得经验、传承文化。

在活动中,教师重视、鼓励、支持幼儿在他们自己感兴趣的活动中成为问题的发现者、解决者和行动者。在一次又一次真实的活动中,教师为幼儿赋权,赋权能够为幼儿的参与、做决定和做选择提供更多的机会,体现了对幼儿兴趣与需要的尊重。在班级教师、幼儿、资源教师的平等对话中,幼儿的思维、行为和学习方式发生改变,幼儿成为问题的解决者和答案的寻找者,这为幼儿的可持续发展提供指引,也让非遗文化在幼儿园里实现了活态传承。"骆山大龙和太幼小龙"项目活动在太幼一届传一届,龙文化、龙精神生生不息。

(南京市太平巷幼儿园溧水分园)

案例三

萌娃遇见汽车

——利用"汽车"社会资源开展特色活动

我园地处溧水经济开发区内，拥有丰富的产业资源，如食品产业、服装业、汽车业、医疗业、体育用品业、家电制造业等。尤其是"汽车"产业资源，开发区内有4S汽车园、万驰赛车场、南京金龙新能源汽车有限公司等，教师利用独有的区域优势，充分开发和利用"汽车"资源，设计并开展了一系列丰富的活动。

一、汽车资源的利用

（一）将汽车资源的调查与主题融合，形成系统支持

开始，我们对产业资源进行了分批走访考察，绘制产业资源地图，对产业资源进行了梳理。在资源调查和筛选的过程中，我们发现幼儿对汽车的兴趣十分浓厚，尤其是男生，喜爱各种各样的车子，家里也有许多玩具汽车。于是，我们以幼儿的兴趣为契机，充分利用汽车产业资源，设计了以汽车为主题的大班系列活动，对蓝本进行了初步的园本化改造。

（二）立足儿童本位，开展汽车资源的实践与探索活动

1. 社会实践——参观万驰赛车场

幼儿在了解了很多关于汽车的知识后，对于赛车也有了很大的兴趣，提起赛车，他们总有聊不完的话题："赛车是什么样子的？""赛车比赛时各种颜色的旗子是什么意思？""赛车比赛时需要做什么样的准备呢？""赛车的跑道是什么样子的？"基于幼儿的兴趣，大班教师与幼儿一起走进了万驰赛车场，探秘赛车。

进入赛车场，幼儿被墙上的万国车牌吸引了，他们看着花花绿绿、各种图案的车牌，都不愿意离开。进入游客中心，幼儿又看到了各种各样的赛车装备，他们围在一起叽叽喳喳地说着自己最喜欢的手套、头盔和靴子。赛车场的工作人员还向幼儿介绍了赛车比赛中的一些规则和不同颜色旗子的不同含义。对于赛车，幼儿又有了更深的了解。最后，幼儿还幸运地观看了一场精彩的摩托车比赛。"万驰参观日"在助威、呐喊声中圆满结束。

2. 开幼骑行赛

从万驰赛车场回来后，幼儿一直想开办一场属于自己的骑行赛，"开幼骑行赛"就

这样被提上了日程，大班教师与幼儿在骑行赛之前做了一系列准备工作。

师幼一起讨论：骑行赛需要准备什么？骑行赛有哪些角色？教师鼓励幼儿和家长一起调查，与同伴一起讨论，最终得出骑行赛需要"赛车手、摄影师、赛车裁判和现场安保"。明确了角色分工后，幼儿按照顺序依次记录了各类人员需要的道具及游戏中可能会用到的材料。大家根据投票的结果，最终选择了自行车、滑板车和园内三轮车作为骑行赛的车辆。接下来，幼儿选择了自己喜欢的小车作为自己的战车，他们还设计了自己的号码牌，想要在比赛场上和小伙伴们一决高下。为了让骑行赛更加热闹，小赛车手们自己画了邀请卡，邀请小、中班的弟弟妹妹们和老师们来观看骑行赛，为自己加油助威！终于到了骑行赛的日子，教师帮幼儿戴好头盔、护具，小裁判就位，随着一声清脆的哨子声，小赛车手们疾驰而去，在赛道上你追我赶，精彩至极！比赛结束后，幼儿互相交换自己设计的奖牌，一起合影留念。

在整个骑行活动中，幼儿体验了户外骑行的快乐，在了解赛车、体验赛车的同时，获得了健康的体魄，培养了积极向上的生活品质。幼儿在这个过程中观察、探究、思考、表达、创造，在分享、合作、收获喜悦的同时，也获得了全面的发展。

图1　幼儿参观赛车场　　　　图2　幼儿体验开赛车

3. 区域游戏

大班幼儿在室内区域和户外也开展了许多关于汽车的游戏。在科学区，我们投放了磁铁小车、充气小车和水陆小车，幼儿自己拼装、实验、探究，获得了对汽车游戏的初步经验。在益智区，幼儿用各种各样的桌面玩具建构出形态各异的插塑小车。我们在益智区投放了模拟开车的游戏，幼儿合作游戏，了解了车子在马路上行驶的注意事项，通过一系列游戏，他们的动手动脑能力都得到了一定的提升。在阅读区，我们投放了许多关于汽车的绘本，幼儿和同伴一起阅读、交流，语言表达能力也得到了发展。我们在美工区提供了大量的废旧材料，如旧盒子、塑料瓶、纽扣、木棒、毛线等，让幼儿制作汽车。幼儿发挥自己的想象力制作出了各种各样的汽车,提高了动手动脑能力。

图3 赛车比赛(一)

图4 赛车比赛(二)

在户外操场上,我们也建造了属于幼儿自己的万驰赛车场。幼儿用轮胎和圈搭建了赛道,选择了幼儿园里的小车作为赛车。为了增加难度,他们加入了坡道,还在赛道周围设置了观众席,啦啦队的成员在观众席给小赛车手们加油助威。我们在户外建构区建造了比亚迪汽车工厂,幼儿用各种形状的积木和小伙伴们合作建构出各种造型的汽车,有卡车、小汽车和公交车。通过一系列游戏的开展,幼儿原先对汽车一些比较零碎的感性认识得到了提升,形成了一个比较全面的认识,更重要的是他们初步了解了车与人类生活的关系,知道车是人们日常生活中必需的交通工具。

4. 主题渗透——"标志的世界""探秘新能源"

经过课程审议,我们把汽车的活动渗透在蓝本的主题中实施。在"标志的世界"主题活动中,幼儿学习交通标志的意义和重要性。通过观察、讨论和角色扮演,他们不仅积累了关于交通标志的知识,还学会了基本的交通安全规则,如识别和遵守红绿灯规则、正确的停车方式等。

在"探秘新能源"主题活动中,我们深入探究新能源汽车,通过互动学习和实践活动,了解到除了传统的燃油汽车,还有双模混动汽车和纯电动汽车等新能源汽车。通过学习车牌的颜色、字符的含义,幼儿拓宽了视野,激发了创造力,设计出了一系列独特的车牌。这些活动不仅让幼儿了解到了汽车技术的发展趋势,也激发了他们的创意和想象力。

二、我们的收获

(一)以幼儿的兴趣和需要为资源利用的出发点

生活化的班本课程以幼儿的兴趣和需要为出发点,不仅充分发掘了幼儿的潜能,调动了幼儿的积极性,而且培养了幼儿自主探索的能力。教师要以尊重幼儿的身体发展规律与幼儿兴趣为前提,帮助幼儿创设适宜幼儿生命健康与合适幼儿年龄发展的一切活动。遵循此目标,教师要顺应幼儿的需要,拓展发展空间,用适合幼儿个性的、以幼儿为主体的教育方式,促进幼儿多元智能的发展。

在活动中,教师充分尊重幼儿的兴趣。在大班幼儿参观万驰赛车场后,我们生成了"开幼骑行赛"的活动。在骑行游戏中,我们以幼儿作为活动的主体,充分发挥幼儿的主观能动性。从骑行赛的准备活动开始,幼儿与同伴自主讨论、合作、协商,投票选出自己的角色和比赛的车辆,为车辆制作车牌,制作骑行方向标识。活动的奖牌也是幼儿自己绘画制作的。从这里我们可以看出,幼儿能够清晰、自信地表达出自己的感受,同时具有发现问题的敏感性和解决问题的主动性,也具备了协商解决问题的经验。

(二) 以幼儿对资源的探究为课程的延伸

幼儿在活动中总有问不完的问题,这些问题就是幼儿持续探究的动力。教师结合幼儿的问题,鼓励幼儿以多种形式开展探究,形成新的线索,以此支持班级课程的不断延展。幼儿在各领域的经验不是割裂的,而是一个整体,这就要求教师在使用资源时也要注重对资源的整合。通过这样的融合,幼儿的认知与经验就会逐渐系统化。

幼儿对汽车的探究其实就是在建构对生活中周围环境的认识,建构自己与生活的联系。我们关注资源的整合与幼儿生活经验的链接,引导幼儿对课程资源主动挖掘、自主学习,通过对问题的探究,新经验的积累,真正促进幼儿的深度学习,助推幼儿在与资源互动中的学习与发展。这也让我们对课程资源有了更深的理解与反思。

(三) 以多方资源为活动开展的支持

幼儿园课程建设应充分利用幼儿园自身的资源优势,积极开发和设计符合幼儿园自身实际的课程。我园地处溧水区经济开发区内,周边的社会资源很丰富,教师应对资源进行筛选和价值判断,再根据幼儿的年龄特点和发展需要,开发系列活动支持幼儿的学习和探究。

1. 园内资源整合:创新课程支持策略

经过审议,我们最大限度地发挥了幼儿园设施的作用,将室内各个区域和户外空间都变成了丰富多彩的活动场地。室内,我们开展了多样的区域游戏,让汽车资源渗透在各个角落;户外的建构区和环园骑行,为幼儿提供了探索和学习的新平台。

2. 社区资源联动:拓宽课程学习范围

我们不局限于园内的资源,积极拓展幼儿园周边的社会资源,包括附近的环境设施、文化氛围以及社区人群。通过组织社会实践活动,幼儿有机会直接接触并了解他们感兴趣的汽车文化。例如,在进行"汽车"主题学习时,幼儿参观了万驰赛车场,近距离地感受赛车的魅力。这样的实践活动不仅开阔了幼儿的视野,丰富了他们的学习经验,而且弥补了园内资源的局限性,实现了课程资源的社会化扩展。

在园本课程建设的过程中,我们要充分调动幼儿的积极性、主动性和创造性,发挥幼儿的主体性,充分开发和利用我园附近的产业资源,丰富课程内容,使产业资源真正转化为幼儿的经验,促进幼儿获得全面的发展。

(南京溧水经济开发区中心幼儿园)

案例四

家乡的小马灯
——利用"小马灯"文化资源开展特色活动

"和凤小马灯"是溧水区和凤镇的一种地方民俗活动,据说已有五六百年的历史。马灯就是使用竹篾扎成马的形状,在表面蒙一层布,中间留出空当,以便系在表演者的腰上。表演者用油彩涂面,身穿古代服装,扮成各种英雄人物,根据鼓点变化步伐和摆阵。每到春节,马灯走村串户,这是老百姓乞求风调雨顺、五谷丰登的一种形式,表达了老百姓对美好生活的向往。民俗是民族文化的缩影,是园本课程的宝贵资源。目前,在多元文化的冲击下,传统民俗文化受到很大的挑战,幼儿园教育有必要将民俗文化渗透在幼儿园课程中,以此来培养幼儿的民族精神,将优秀的传统文化发扬光大,培养幼儿爱家乡、爱祖国的情感。我们充分开发和利用地方典型的、具有代表性的、能为幼儿所接受的民俗文化教育内容来丰富幼儿园课程,彰显幼儿园课程的特色。

一、初遇小马灯

相遇是一件美好的事情,幼儿与马灯的相遇来自一张年代久远的照片。在"三八"妇女节来临之际,我们开展了"妈妈的成长"分享交流会活动,有的幼儿带来了妈妈的相册集,讲述妈妈的成长经历……

乐乐说:"我最喜欢妈妈这张照片,你看,我妈妈小时候还化了妆,头上的东西也很漂亮哦!"

"你妈妈骑着这种小马在干什么呀?"敏敏疑惑地问道。

乐乐说:"妈妈告诉我,这是她们小时候在跳马灯,可有趣了呢!"

"跳马灯的衣服和头饰真漂亮！什么时候跳马灯呢？"

…………

大家你一言我一语地讨论起来。

班级教师在网上找到了溧水当地跳马灯的视频,幼儿在观看时眼睛瞪得像铜铃,嘴里喃喃地说着:"跳马灯真好玩。""我也想穿好看的衣服。""要是我们也能像他们一样跳马灯就好了。"……我们不难发现,幼儿对跳马灯这一民俗活动非常感兴趣。

在区域游戏时,教师惊喜地发现美工区有幼儿在画小马,表演区有幼儿主动地让老师放跳马灯的视频,想学着一起跳……幼儿对马灯的兴趣日益高涨。教师把握这一教育契机,晨间谈话时请幼儿说一说自己所了解的小马灯;集体活动中讲一讲与马灯有关的小故事;将幼儿画的小马作为环境创设的一部分;春节期间请家长带幼儿实地去看一看马灯表演,让幼儿亲身感受马灯表演的魅力……教师对前期开展的这些活动进行梳理、整合,根据幼儿的年龄特点,将小马灯资源设计成系列活动,于是大班主题活动"和凤小马灯"便应运而生了。

二、大班主题活动——和凤小马灯

(一) 价值判断

小马灯活动蕴含着丰富的教育价值,能促进幼儿在情感、态度、知识技能等方面的发展。例如,在情感方面帮助幼儿知道小马灯是和凤地方民俗文化,通过活动的开展激发幼儿爱溧水、爱和凤的情感,为自己是和凤人感到骄傲和自豪;了解跳马灯有乞求风调雨顺、五谷丰登、天下太平的美好寓意。在态度方面能引导幼儿喜欢参与跳马灯活动,在活动中喜欢欣赏、表现、表达。在知识技能方面能促进幼儿在各领域的发展:健康领域,幼儿了解了各种队形,获得了各方面动作发展;语言领域,幼儿在挖掘马灯文化的背景下,对相关的故事进行改编(改编成自己能理解、接受和表达的内容),学习一些朗朗上口的民俗儿歌、童谣等;社会领域,幼儿不仅获得了初步的归属感,还获得了合作、人际交往能力等方面的发展;艺术领域,幼儿通过欣赏、感受、表现民俗文化的魅力,增强了艺术表现力等。

(二) 主题目标预设

在开发设计主题线索时,我们充分挖掘马灯文化中的教育价值,旨在从多方面、多领域、多层次促进幼儿综合能力的发展。通过对马灯文化资源的价值判断,根据幼儿的兴趣和发展需要,"和凤小马灯"主题活动的整体目标预设如下:健康领域,通过学习各种跳马灯的动作,幼儿发展身体的协调性和灵活性,并且能够学习各种队形,听信号变换队形,遵守活动规则;语言领域,幼儿喜欢与他人一起谈论有关小马灯的内容;科学领域,幼儿学习 7 以内数的组成和加减,并能看图编应用题;社会领域,幼儿知道跳马灯的由来及传说,体验民俗文化的有趣与魅力,了解小马灯是和凤地方的民俗文化,从而萌发对溧水的美好情感、热爱自己的家乡;艺术领域,幼儿能认识民间乐器,对民间乐器感兴趣,感受民俗音乐的韵味和特点,能够情绪饱满地通过歌唱、韵律、打击乐等形式表现音乐,用多种工具、材料以及不同的表现手法表达对马灯的喜爱。

(三) 集体活动的生成

根据预设的主题活动目标,教师进一步挖掘马灯文化资源,进行基本活动的设计。

年级组教师基于幼儿的兴趣和经验,结合《指南》,对基本教学活动进行了三次审议,不断优化集体教学活动的内容和形式。目前教师组织了三周的集体活动,在实施过程中我们也会站在幼儿的视角,做好课程反思,进一步完善活动方案。

例如,我们通过开展"小马过河""蛇形前进走""走马灯"等体育活动及"占四角"民间游戏,将走、跑、跳综合运用其中。在活动时,幼儿能够学习各种跳马灯的队形和阵法,能听不同的鼓点音乐变换队形,在有趣的游戏中能遵守规则并促进身体动作的协调发展。同时幼儿园还成立了小马灯队,学习四角阵、长蛇阵、八星阵等阵法的变换,感受英雄人物在战场上的骁勇善战及浓厚的家国情怀! 在语言活动中,我们开展"我知道的小马灯"小小座谈会,请幼儿讲述自己所了解的和凤小马灯,同时开展与《和凤小马灯》《夸家乡》等儿歌以及《木兰从军》故事有关的活动,激发幼儿的表达愿望,增强幼儿的语言表达能力,同时也让他们对马灯文化的内涵有更深的理解。我们开展"和凤小马灯""小马灯我知道""民俗表演我知道""我们的家乡"等社会活动,加深幼儿对传统民俗文化的了解,体验民俗文化的有趣与魅力,激发幼儿爱家乡、爱祖国的情感。通过开展音乐活动"金蛇狂舞""敲锣打鼓""小竹马""拔根芦柴花""喜洋洋"等,幼儿了解了和凤小马灯鼓点音乐的特点,认识了很多的民间乐器,并根据音乐特点进行演唱和表演,在欢快的旋律中,感受到热闹的氛围。幼儿通过美术欣赏类活动"竹趣"认识了编织马灯骨架的材料——竹篾的特点;通过"可爱的小马""云肩""做马鞭""老虎鞋"等美术活动,进一步加深了对跳马灯头饰、服饰等的认知。

在"小马灯"的主题活动中,幼儿充分地了解和探究马灯文化,学会了如何跳马灯,如何制作马灯,感受到了家乡文化的魅力,激发了爱家乡的情感。集体活动的创设将幼儿的经验系统化、可视化,有效地实现了幼儿的整体全面发展。

（四）晨锻、早操齐游戏

我们将小马灯活动融入幼儿一日活动：晨锻时，班级幼儿进行"谁的小马跑得快""骑竹马"的游戏，结合跳马灯时走、跑、跳等各类动作，玩得不亦乐乎。同时将马灯队形、动作融入早操，幼儿对马灯文化又多了一些了解和体验。跳马灯的队形千变万化，在丰富多彩的游戏中，幼儿掌握了跳马灯时基本的走、跑、跳等动作，同时身体的平衡能力、反应能力、合作能力等都得到了发展。

图1　幼儿在练习跳马灯的动作

图2　幼儿在练习跳马灯的队形

（五）班级环境共创造

我们首先从班级环境入手，在设计班级区域牌、家长园地、班徽时融入马灯元素；将大家在假期收集的跳马灯的照片布置成"跳马灯"墙饰专栏；利用马灯成品及收集的有关跳马灯的服饰、马鞭等物品，举办马灯会展；利用幼儿作品布置各种作品展；等等。

图3　幼儿自制的云肩

图4　幼儿自制的头饰

前期我们鼓励幼儿将区域牌设计成小马的形状,让幼儿提前收集有关跳马灯的照片,再通过"小马灯展会",让幼儿在视觉上产生一种美感,进一步激发幼儿探究小马灯的兴趣。在后期活动中,幼儿自己动手设计云肩、小马,还根据兴趣选择角色来设计和制作相应的手工作品,不仅锻炼了手部动作的发展,加深了对角色的认知,同时对跳马灯头饰、服饰等方面的文化有了更进一步的了解。

环境的创设对幼儿有着潜移默化的作用,环境是一种隐性教育资源。墙面、活动区等都是幼儿园环境的一部分,环境创设可以激发幼儿的探

图5 幼儿自制的马鞭

索兴趣,激起幼儿的好奇心,使他们轻松、愉快地主动参与到活动中去,幼儿在自己动手创造优美环境的过程中,也收获了满足感和成就感。

（六）家园合作获经验

课程实施离不开社区、家庭等多方面的支持,班级教师应充分利用家长资源和周边社区资源。在课程实施初期,为了了解班级幼儿及家长对"和凤小马灯"的经验,我们发放了相关调查表,请家长配合幼儿完成调查表,并向幼儿介绍和凤的地方民俗文化,丰富幼儿有关和凤文化的知识经验。得知班级幼儿贝贝的爸爸参加过马灯表演,我们邀请他进入幼儿园为幼儿讲解跳马灯的渊源、寓意、队形等相关知识,幼儿听得津津有味。周末,家长利用空闲时光带幼儿参观马场,实地感受马场建筑的特点、马的形态,体验骑马的感受,亲手喂一喂小马;回到家中,幼儿根据自己的亲身体验画一画"我看到的马场";利用亲子时光,家长与幼儿一起阅读有关历史英雄人物故事的绘本;亲子合作制作马鞭、云肩等并进行装饰;亲子合作表演……幼儿通过直接感知和亲身体验,了解了马的形态、马场的构造,并通过家长经验的传授,了解了马灯文化的渊源、寓意、队形等,从而产生了新经验。

幼儿园的课程建设需要教师、幼儿、家长、社会的共同参与。班级教师要将家长视为合作的伙伴和幼儿教育重要的人力资源,努力在相互尊重、平等、合作的原则下争取家长的理解、支持和主动参与。家园合作开发幼儿教育资源,帮助幼儿获得更多有益的经验。

（七）区域游戏促发展

在玩区域游戏时,美工区的幼儿有的画小马、画马场、画云肩、画老虎鞋,绘制有趣的脸谱等;有的用黏土捏小马,制作马鞭,编织马尾、马垫,设计云肩、头饰等。建构

区的幼儿有的用雪花片拼插小马；有的选择班级的地面建构搭建马场；有的选择户外的积木搭建"我心中的马灯表演场景"，表现得非常形象。图书区的幼儿选择与马灯有关的绘本阅读，并将自己看到的内容画下来，做成连环画或小册子进行分享。表演区的幼儿则穿上马灯服饰，骑上小马，扬起小马鞭在小舞台上进行表演……幼儿用不同的表征方式表达着对马灯文化的热爱。

　　游戏是幼儿最好的学习方式，教师要为幼儿提供丰富的材料，鼓励和支持幼儿进行探究。在各个区域游戏中，幼儿能用多种工具、材料和不同的表现手法表达自己对马灯的感受和想象，不仅动手能力、合作能力和想象力得到了发展，还在游戏中创造，在创造中感受马灯文化的魅力。

图6　幼儿拼搭小马　　　　　　　图7　幼儿在小舞台表演跳马灯

三、展示小马灯

　　在主题实施后期，我们成立了一支由32人组成的小马灯队，其中24名小朋友跳马，2名小朋友分别当前后旗头，6名小朋友举小旗当开路先锋。幼儿扮演着不同的英雄人物，如英姿飒爽的穆桂英、替父从军的花木兰、神机妙算的诸葛亮、英勇善战的赵子龙、精忠报国的岳飞、忠心耿耿的黄盖……通过演绎不同的英雄人物，再加上和凤马灯文化的传统音乐及原始阵型——四角阵、长蛇阵、八星阵等的变换，幼儿切身感受到了和凤小马灯的丰富内涵。

　　表演时，在阳光的照耀下，幼儿戴着闪亮的头饰，身披各色云肩，眼睛炯炯有神，身体根据鼓点音乐的变化起伏，脚上穿着栩栩如生的虎头鞋，踩着轻快的小碎步，手中扬起红色的马鞭，脸上露出灿烂的笑容，可神气啦！"天下太平"是人们殷切的希望，在跳马灯表演中幼儿摆出了"天下太平"四个字，以此寄托了他们对健康美好生活的期盼。

　　我们和凤小马灯队不仅在幼儿园里进行表演，还积极自信地走出幼儿园，走进更多人的视野。例如"二月二龙抬头",幼儿受邀前往和凤梦华苑跳马灯,获得了很多叔叔阿姨的掌声。在和凤中心小学,小马灯队穿上各色精致的服饰,戴上漂亮的头饰,在操场上跳跃,洋溢着童真、快乐以及自信,小学师生为他们鼓起阵阵掌声!端午节我们受邀参加和凤传统非遗民俗表演,在活动中了解中国传统节日的渊源等等。

我们应为幼儿提供人际交往和共同活动的机会和条件,并加以引导。幼儿通过合作,进行了一场又一场惊艳众人的表演,获得社会性发展的同时也感受到了浓厚的家国情怀!

图8　幼儿表演跳马灯(一)　　　　图9　幼儿表演跳马灯(二)

四、展望小马灯

马灯文化是宝贵的课程资源,需要我们不断去深入挖掘其教育价值,这个过程对幼儿、教师、幼儿园课程建设等多方面都起到了潜移默化的促进作用。

（一）促进幼儿全面发展

虞永平教授说过:"让课程更贴近幼儿,激发幼儿活动的自主性和积极性,以便幼儿获得更丰富的经验,促进其全面发展。"在马灯主题活动的实施过程中,教师秉承着"幼儿为本、全面发展"的观念,引导幼儿通过动手做、动脑想、多探索、亲体验等方式大胆表达对小马灯的认识和喜爱,充分体验跳马灯的快乐,获得知识、技能、情感等多方面的发展,为终身学习奠定了良好的基础。例如,幼儿在谈论马灯的过程中增强了语言表达能力,在创作与马灯相关的各类物品时增强了艺术表现力,在跳马灯的过程中促进了走、跑、跳等动作的发展等等。

（二）有助于教师专业提升

幼儿教师是开发园本课程的核心队伍。我们鼓励教师选择本土资源,更好地将

"走出去"与"引进来"相结合，自主开发课程资源。课程建设活动的开展不仅要求教师有资源的收集意识，更要有资源的研究意识，使资源真正与幼儿产生链接，起到促进幼儿身心全面和谐发展的积极作用。

一张老照片引发了我们对马灯文化的探究之旅。教师及时抓住教育契机，从幼儿的兴趣点出发，剖析教育价值，预设主题目标，基于幼儿的年龄特点，通过各级审议形成集体活动，再从集体教学、环境创设、家园合作、区域游戏等路径去实施，引发幼儿对民俗文化更深层次的学习与探究，从而不断总结经验，获得提升。小马灯主题活动中，教师对资源挖掘、利用的能力得到了提升，同时拓展了自身专业知识，开拓了文化视野，逐渐转变了课程角色，由课程接收者转变为课程开发者，提升了专业理想境界，形成了自我专业认同。

（三）推进幼儿园课程建设

从幼儿立场出发，开发、设计符合幼儿认知规律和学习特点的大班主题活动"和凤小马灯"，丰富了幼儿园的课程内容，是我园在开展园本课程实践研究中重要的收获，彰显了和凤民俗文化的内涵，推动了家长对幼儿园课程建设的积极作用；同时完善了我园的课程体系，丰富了课程资源库，为我园今后开展其他主题活动奠定了基础。加强幼儿园课程建设，是深化幼儿园教学内容和教学方法改革，提高教学质量，促进专业建设和教师队伍建设的重要措施之一，我们要基于对幼儿园课程建设意义的认识，立足自身实际，坚持以观念转变为先导，以课程建设为核心，在课程建设过程中推动幼儿园办园质量的全面提高。

（南京市溧水区和凤第一中心幼儿园）

案例五

秦淮源公园的探秘之旅
——利用"秦淮源公园"社会资源开展特色活动

秦淮源公园是"中国第一历史文化名河"秦淮河的源头，占地 23 万平方米，位于溧水城区的东南侧。这里环境优美，物泽丰厚，有满怀乡情的雨花水源，有水草丰美的生态岛，有别具一格的休闲广场，有格局雅致的游船码头，有古色古香的建筑群体，还有代表溧水文化的"秦淮洗头少女"石雕。深厚的历史底蕴，独具特色的建筑风格，功能齐全的休闲设施吸引了众多游客来此游玩。《纲要》中指出：城乡各类幼儿园尝试利用本地各种教育资源，努力构建适合本地幼儿发展的课程。我园依托毗邻秦淮源公园的优势,充分开发和利用秦淮源公园资源,将泛化的社会、文化和自然等资源转化为系统的课程要素,建构园本课程,开展多种形式、多个领域的活动,让幼儿在参与、合作、互动式的探究过程中积累丰富的社会经验和生活经验。

一、初探秦淮源公园,形成资源清单

秦淮源公园是集休闲、运动、生态为一体的综合型公园,园内设置了供市民骑行的堤顶坡道,休憩、观赏水景的亲水平台,一座生态岛,一座游船码头,配备了旱喷音乐广场、健身广场、儿童游乐区、极限运动区、篮球场、羽毛球场等,社会资源非常丰富。依水而建、生态文明的秦淮源公园有湖、有林、有沙、有水,自然资源也很多。这座集自然、社会、人文于一体的资源宝藏亟待教师们的挖掘。

教师们多次走进秦淮源公园,从成人的视角在实地调查中对目之所及的资源进行统计,并根据资源的基本情况,按照自然、社会和文化三个维度对资源进行初步分类。在此基础上,教师们计划并组织了幼儿的探园活动,从幼儿的视角对秦淮源公园资源进行再次调查。此次探园,教师作为观察者,聚焦幼儿感兴趣的、有探究欲望的资源,重点关注能够引发幼儿关注和讨论的对象。在探园活动结束后,教师组织幼儿讨论和绘制记录表,梳理出他们发现并感兴趣的资源。在这个过程中,我们惊喜地发现,幼儿远比教师具有更多元的发现和认知。于是,教师对资源进行了第二次筛选和统计,形成了最初的课程资源清单。

表1　秦淮源公园资源清单

	资源	主要关联区域
自然资源	树木(香樟、棕榈、榉树等)、水生植物(菖蒲、芦苇等)、泥土、虫类(七星瓢虫、小蜗牛、小蚂蚁等)、石子……	雨花水源、生态岛
社会资源	运动设施设备、休息场所、宣传标志、安全标志……	休闲广场、古建筑群
文化资源	秦淮源公园的历史文化、各类建筑文化、民风民俗文化……	雨花水源、休闲广场、古建筑群、游船码头、"秦淮洗头少女"石雕等

二、对接《指南》,对资源进行价值判断

在秦淮源公园资源开发和利用的过程中,教师坚持从幼儿的视角出发,以《指南》为准则对资源进行价值判断,筛选出与《指南》中幼儿发展目标相对应的各种资源,再结合幼儿的兴趣点,对其进行开发和利用,挖掘其中的教育价值。例如:秦淮源公园社会资源丰富,公园里各类运动场可以为幼儿的户外锻炼提供宽阔适宜的场地,满足幼儿运动的需要。多样化的公共设施丰富了幼儿对社会机构的认知,促进幼儿社会性的发展。秦淮源的传说为美丽的家乡溧水披上了神秘的面纱，赋予了溧水独特的文化底蕴，让幼儿从历史的视角感知到家乡不一样的传奇，激发幼儿热爱家乡的情感。秦淮源公园拥有多样的社会资源，能够为幼儿的发展提供多样化的支撑。教师参照《指南》，对秦淮源公园资源进行了价值判断，优化了课程资源清单，提升了秦淮源公园资源的适宜性和有效性。在此基础上，教师预设并生成了一系列资源运用项目活动，为实现多领域目标的整合，促进幼儿全面、整体的发展做好铺垫。

三、走进秦淮源公园，开展多样化活动

在开发与利用秦淮源公园资源的过程中，我们转变固有思维，充分尊重幼儿的天性，关注不同年龄段幼儿的学习方式与特点，从幼儿感兴趣的事物出发，主动追随幼儿，构建项目活动。

（一）以幼儿为本，利用秦淮源公园资源生成项目活动

1. 以兴趣为点，走进秦淮源公园

再次走进秦淮源公园，我们做了两件事。一是开展主题谈话，引导幼儿说说"我眼中的秦淮源公园""我想在秦淮源公园里做哪些事情"。讨论能引发幼儿的思考、集中幼儿的智慧，是帮助教师了解幼儿的真实想法、确定主题实施方向以及生成新的活动意向的主要路径。二是通过调查表了解家长心目中的秦淮源公园有哪些教育资源，带幼儿去秦淮源公园最关心哪些方面的问题。在调查的基础上，教师再次集中审议，自然而然地生成了"马路安全我知道""户外安全伴我行""如何防蚊虫"等系列安全活动和"'桥'见秦淮源""探秘秦淮源""春日里的秦淮源"等主题活动。随着活动次数的增加，幼儿的安全意识和自我防护意识有了显著的提高，前往秦淮源公园的兴趣愈渐浓厚。秦淮源公园一度成为幼儿心中的自然乐园。

图1　幼儿在秦淮源公园玩纸飞机

图2　幼儿在秦淮源公园玩游戏

2. 以幼儿的经验为线，了解秦淮源公园

随着幼儿外出经验的增加，我们尝试以幼儿的经验为主线生成新的课程，以班级为单位开展项目主题活动。如：春天的秦淮源公园生机勃勃，到处鸟语花香，小班的幼儿对这里的春天产生了浓厚的兴趣，但他们对春天的感知多以具象的物体为代表，存在认知经验不足的现象。于是，为了丰富幼儿对春天的感知经验，各班教师根据本班幼儿的兴趣与需求，分别开展了"春姑娘的色彩""春姑娘的礼物""春姑娘的声音"以及"春姑娘的魔法"等系列班本活动。在主题活动"春姑娘的色彩"中，我们先通过谈话来了解幼儿对春的色彩认知经验，再对秦淮源公园进行实地调查，制作相应的颜色卡片，供幼儿自主选择；幼儿根据色卡寻找相应颜色的物体，并将可带回的物品进行分类、留存。然后，教师根据幼儿的发现、记录以及相应的作品、照片等生成相应的游戏活动，供幼儿自由探索。以幼儿经验为线开展的班本活动，不仅将幼儿的感官认知、信息收集以及材料运用等经验进行了线状的连接，还让幼儿的经验更加全面。

3. 以幼儿的发展为面，玩转秦淮源公园

随着对秦淮源公园认识的不断加深，我们鼓励幼儿根据自己的兴趣，与同伴一起进行个性化探究。例如当植树节再次来临时，大班幼儿第一时间想到了秦淮源公园。为了度过一次别样的植树节，幼儿纷纷出谋划策，有的想要在光秃的大树下种一棵小树苗，希望它能继续守护这片土地；有的想要在小山坡上种一棵小树，希望它能让小山坡更加美丽；有的希望在广场旁边种下小树苗，希望它能为游玩的人们遮挡阳光……就这样，一场意义非凡的植树节活动在幼儿的讨论声中有序展开。接着，幼儿根据自己的种植计划有条不紊地着手筹备，从选种、栽种、祈愿再到观察、测量、养护等，在这场自发的项目活动中幼儿忙得不亦乐乎，他们不仅掌握了相应的种植技能，还养成了良好的学习习惯，萌生了爱护植物的亲自然情感。

 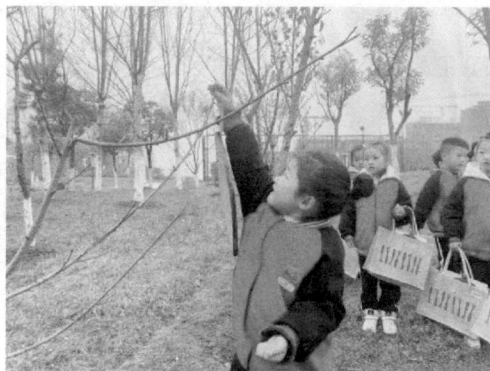

图3　幼儿参与植树节种树活动　　　图4　幼儿给自己种的小树做标记

（二）基于园本课程,运用秦淮源公园资源展开主题活动

1. 经验的唤醒与内化

杜威指出:教育是在经验中,由于经验,为着经验的一种发展过程。① 所以,那些由教师发起的主题活动往往很难唤醒幼儿的前期经验,幼儿处于被动接受的状态,极易出现"外部灌输"现象。但在"趣探秦淮源公园"活动中,幼儿回归自然本性,通过切身的体验自觉地唤醒前期经验,然后在系列化的活动中实现经验的整合与内化。如在主题活动"寻找春天的色彩"开展前期,教师通过组织幼儿谈话及寻找园内春天的颜色来明晰幼儿的经验与需要;然后,在秦淮源公园中通过"颜色对对碰""颜色魔法盒""神奇的画笔"等系列活动让幼儿在直接感知、实际操作以及亲身体验中主动唤醒和内化关于自然界中色彩的经验,实现经验的自然生长。

2. 经验的生长与外延

在主题活动实施的过程中,我们尝试将秦淮源公园资源的运用与幼儿经验的生长进行链接。如在"秦淮源美食街"主题活动中,我们首先发动家长资源,带领幼儿去附近的小吃店探店,并把如何设计环境、投放哪些材料、需要哪些角色以及如何制定游戏规则等任务交给幼儿。结果,幼儿个个兴致高涨,在探店的过程中观察能力有了很大的提高。比如,他们发现原来汤包店中不只有汤包,还有蒸屉、调料瓶、蘸料碟、筷笼、价目表、收银台、服务员等等。探店结束后,教师再一次组织幼儿就如何开设"汤包店"进行讨论,并引导幼儿将自己的想法通过海报的形式进行呈现,鼓励幼儿参照海报"装修"汤包店。班级的汤包店很快开张了。幼儿关于汤包店的经验也在本次活动中得以生长和外延。

3. 经验的整合与运用

我们知道幼儿的经验具有螺旋式上升的特点。在秦淮源公园资源开发与利用的过程中,我们尝试通过主题式的活动引发幼儿与秦淮源公园中鲜活的事物进行互动,从而促成经验的整合与运用。如在"春天到"主题活动中,以往幼儿以观察园内的春天为主,围绕花坛观察花朵的形态、颜色的不同,导致其对春天的认知经验比较单一,不够系统。而现在,幼儿可以走进秦淮源公园,聆听鸟儿的歌唱,细嗅花朵的芳香,观察枝头的嫩芽,偶遇幼小的昆虫等,幼儿可以在听一听、闻一闻、看一看、摸一摸的过程中系统地感知春天的季节特征,在天然的学习场中多通道地感知、整合和运用自己的经验,探究与发现春天的秘密。

陈鹤琴先生指出:大自然、大社会都是活教材。所以,我们理应转向以幼儿为中

---

① 吕达,刘立德,邹海燕.杜威教育文集(第五卷)[C]:北京人民教育出版社,2008.

心的课程资源观,让课程资源不断地翻越围墙,走向大自然、大社会,让幼儿有更多的空间和机会亲身参与、自由表达、深度探究。实践证明,以幼儿的兴趣为点、经验为线、发展为面的思路来开发和利用秦淮源公园的资源,不仅能使秦淮源公园资源被适宜利用、拓展利用和综合利用,还能帮助教师树立正确的资源观、教育观,让教育回归真生活,关注真问题,同时也能很好地促进幼儿全面、和谐地发展。

(南京市溧水区万科幼儿园)

第七章 资源对幼儿园课程实践的影响

一、资源对课程理念的影响

早在 2001 年颁布的《幼儿园教育指导纲要(试行)》中就提出幼儿园要"充分利用自然环境和社区的教育资源,扩展幼儿生活和学习的空间"。2016 年颁布的《幼儿园工作规程》中也强调,幼儿园应"因地制宜地实施素质教育","为幼儿一生的发展打好基础"。回顾基础教育改革至今,我们在深挖与利用资源的过程中不断衍生了"生态式融合课程""适应性发展课程""田野课程"以及"主题式活动课程"等众多课程,充分体现了资源作为推进主题开展的实践要素,有助于重构课程形态,明晰课程目标,凸显主题内核,树立以幼儿生活与经验为中心选择与组织活动的课程观,让我们在课程改革发展的热潮中不断审视经验、聚焦共性、破解难题,推动课程的纵深发展。

(一) 资源开发利用的研究促进了教育观念提升

从资源的开发和利用以来,教师们的教育观念发生了很大的变化。初夏,小区里业主栽种的杨梅成熟了,一个个地挂在树枝上。有的幼儿第一次看到杨梅树,有的幼儿捡起掉在地上的杨梅互相讨论,看得出来他们对杨梅特别感兴趣。教师发现了幼儿的兴趣后,带幼儿一起由下至上细致地观察了杨梅树,重点观察了杨梅的叶子、果子,并让幼儿摸一摸、闻一闻,很自然地生成了一节多感官参与的科学活动。在业主的赞助下,幼儿还亲自采摘了杨梅并带到班级开展了杨梅品尝会。利用小区杨梅资源让幼儿通过观察、触摸、采摘、品尝获得经验,比在教室里看图片得到的经验更丰富鲜活。

课程实施也从之前的以室内为主的教授模式,逐步转向教师根据幼儿的兴趣和需要,生发多样化活动,让幼儿在与环境的互动中主动学习和探究,基本形成"4+1"的课程实践模式,即"4 日园内小天地"+"1 日园外大世界"的课程模式。"4 日园内小天地"是指幼儿一日活动有 4 天主要在园内进行,"1 日园外大世界"是指幼儿每周有一天会走出幼儿园,走进大自然、大社会中去,用自己的方式探索周围的世界,开阔视野,丰富经验。结合区级引领,在资源开发利用这一研究领域,变被动为主动,开展"回归自然的幼儿园户外活动"的课题研究,集体课题和多项市级个人子课题的研究。资源的开发利用研究促进了教师教育观念和行为的改变,以研促学、以研促教,教师和幼儿一起乐在其中,从原有模式转变成现在和幼儿融为一体,充分尊重信任幼儿,体会到和幼儿一起探索的快乐,专业能力也得到提升。

(二)资源开发利用的落实让主题活动更鲜活

依托"综合课程"中丰富且成熟的主题活动,在实践过程中,我们尝试融合、渗透溧水本地的教育资源,使主题活动更具地域特色。中班的"蔬菜"主题活动历届开展得都有声有色,幼儿的参与度高,积极性也很高。由于有些园所规模较小,蔬菜种植地也成了迷你型种植地,在年级组审议的时候,大家发现溧水有很多蔬菜种植基地,我们利用周边资源开展活动,弥补了幼儿园资源的不足;利用亲子活动,组织幼儿和家长去蔬菜基地开展参观、种植、采摘等丰富的活动,让幼儿体验种植乐趣的同时,也让家长参与到我们的课程当中来,成为课程的一部分。

突如其来的新冠肺炎疫情,让开展了一半的主题活动暂停下来,幼儿分散到各个乡镇自己的老家,这也让我们生发了新的交流模式。教师通过线上形式开展活动,幼儿和家长的兴趣都很浓厚。有的幼儿到蔬菜基地去探究学习,线上和同伴研讨交流;有的幼儿和家人一起,在自己的老家种植、照料、收获蔬菜,把这个有意义的过程分享给同伴。线上"云见面"时,和凤镇的幼儿开心地和大家分享一种野菜做的青团特别好吃,有的小朋友听了分享也特别想尝一尝。白马镇的孩子也分享了他们那里的一种野菜——艾蒿,春天人们会用它来做艾蒿粑粑。顿时,班级的野菜话题热度噌噌往上涨,教师发现孩子对野菜的兴趣,生发了"寻找野菜"的小组活动。各个乡镇的孩子寻野菜、做青团、做艾蒿粑粑的活动如火如荼地开始了。"野菜"资源让蔬菜主题变得更加丰富。这些鲜活的讨论、探究、寻找、制作、分享,让孩子获得了现场的经验。与此同时,在这次的小组活动中家长的理念也有了很大的转变,他们也更愿意让幼儿通过亲身体验的方式获得发展。在原主题的基础上通过资源而产生新的活动,让综合主题活动在溧水进行了本土化的实施,田野理念下的主题活动有了更鲜活、更具有当地特色的内涵。

(三)资源开发利用的深入使教学模式更加多元

随着资源不断地被开发和利用,幼儿的活动形式更加丰富、场地更加多元,幼儿能用自己的方式生动活泼地学习。在一次"小战警"体育活动中,幼儿觉得幼儿园操场面积太小,不足以让他们"大展身手",他们认为到"微远足"的小山坡上玩会更有趣，最后这个活动有了新的名称"山坡小战警"。渐渐地，"我要当刘翔""山洞造型""大家来跳绳"等活动都被我们搬到了草坪上、山坡上，每个幼儿都沉浸在欢乐中。

这些活动增加了幼儿走进自然的机会，也让幼儿在轻松愉快的氛围中探索，增长了经验，感受到了身体运动的快乐。大草坪资源让集体活动有了更多的形式。树林对于音乐游戏的开展，也是一个特别好的资源，幼儿利用大树、草丛进行躲藏从而让音乐游戏更加有趣；小区里的美丽风景是幼儿开展美术活动和科学活动的重要资源；幼儿园附近的汽车4S园有各种汽车，教师在开展与车有关的教学活动时带幼儿去汽车4S园体验。资源的有效利用能让教学活动得以完善，让幼儿真正地在自由、自主、轻松、愉悦的氛围中快乐成长。

（四）资源开发利用的融合使区域活动更开阔

溧水的民俗文化是丰富多彩的。比如"骆山大龙"，其作为国家级非物质文化遗产，是值得我们溧水人一代一代地传承下去的。舞龙对于很多溧水孩子来说是很熟悉的一项活动，也是每年春季开学典礼上热议的话题。根据孩子的兴趣需要，我们抓住这个机会开展审议：园里有一位骆山村的教师，她的父亲是村里"骆山大龙"项目的负责人，哥哥是舞龙的关键人物，小侄子也是"跳云"的小朋友。我们有了丰富的文化资源和资源教师，在资源教师的带领下，幼儿园"采风小组"顺利参与到"骆山大龙"的民俗活动中。观赏了整个活动后，教师们集体进行审议，找到适宜幼儿的活动，将其适当地调整并融入了幼儿园，打破班级与班级、年级与年级之间的界限，成立项目小组。在资源教师的带领下，幼儿根据自己的兴趣开展活动，了解骆山大龙的传统文化以及相关民俗。

中班幼儿制作跳云的头饰、服饰，装饰跳云道具，承担跳云活动；大班幼儿制作"太幼小龙"，承担舞龙任务。各年龄段的幼儿都能参与到活动中来，把传统民俗用孩子的眼光和经验表现出来，实现不同年龄、经验、资源的融合，在项目和区域中"诞生"了三条"太幼小龙"，舞龙和跳云活动也成为幼儿园节日庆祝的重要节目。

农历四月初八是溧水传统的乌饭节，这一当地传统的文化让"综合课程"有了"新血液"。在幼儿园，这一天孩子们都要载歌载舞欢庆"乌饭节"。我们将乌饭叶投放到生活区，孩子们用不同的方法对乌饭叶进行榨汁。建构区的孩子会在这一天建构一个"篝火"庆祝。美工区的孩子们用五彩头绳进行装扮。幼儿园的"小龙"也会出现在欢庆现场，全园的孩子一起欢庆，这已经成为幼儿园的传统。

资源对课程有着巨大的影响，利用好优质的资源会将课程提上一个新高度，课程本土化的实施离不开资源的支撑，选择和利用好资源是我们迫切需要做的，我们将继续把幼儿园周边资源运用好。

二、资源对主题的影响

（一）正本清源,彰显儿童本位

幼儿园主题活动是指围绕某个中心内容即主题,作为组织课程内容的主线来组织教育教学的活动。资源作为主题活动赖以发展的实践要素,有着重要的渠道引领作用。近年来,很多幼儿园为了让主题活动别具一格、大放异彩,试图大量挖掘和利用自身和周边的自然、社会、科技以及文化等资源以充实课程内容,如依托周边自然资源的课程、民俗民艺课程或以某种资源为载体实施的主题式课程等,虽然丰富了课程资源和课程实践形态,但活动内容却只是简单地堆砌,缺少科学性、适宜性,背离了教育初衷。因而,无论何时,在开展主题活动时,都应坚守"儿童本位"的基本原则,不可本末倒置。

"儿童本位"的主题活动应贯穿幼儿的生活,以幼儿的游戏、实际探索和体验活动为主要形式,活动内容能更好地激发幼儿的兴趣和探索欲望,满足幼儿多方面发展的需要,让幼儿在主动学习、实际探索中获得更多的关键性经验。在设计主题方案和审视课程实践时,教师应站在"真正的儿童视角",在幼儿与资源充分对话的基础上,灵活捕捉幼儿的兴趣点并做出价值研判,针对幼儿兴趣点所指向的主题进行资源的锁定、筛选,梳理核心目标,初步架构主题脉络,让主题活动真正基于幼儿、源于幼儿。

（二）良性卷入,凸显主题内核

资源的良性卷入是主题活动走深走实的重要保障。科学地优化、整合和互通资源,不仅能充分调动幼儿学习的主动性和积极性,还能让主题活动的内核更加凸显,让课程运行机制更加高效、健全。

1. 资源优化,丰富主题内涵

资源优化也即择优选取,"活"用资源。只有能让幼儿经验有层次、有梯度地生长的资源才具有生命力和活力,才能不断地充实、丰富主题内涵。但是,在开展主题活动的过程中,我们需要用到的资源往往有很多,哪些资源能够真正支持和引发幼儿的主动学习,让课程更具有吸引力,是一个值得深入思考的现实问题。在不断实践的过程中,我们在小班开展的"唤醒小池塘"的主题活动中,尝试了共享、链接和重建资源的策略。

信息资源共享：课程初始阶段，如何让小池塘恢复生机成了师幼共同关注的话题，我们将通过谈话、问卷调查收集到的幼儿想法以及家长意向等信息资源进行共享，梳理主题实施目标，理清实施路径，整理出了一套切实可行的主题行动方案。

材料资源链接：在课程实施过程中，师幼将收集到的雨靴、刷子、石子、水桶等材料分类汇总，形成"材料资源库"，供幼儿触摸感知、自由探索。随着活动的不断推进，教师将适宜的材料投入相应的活动区域，如在美工区中投放贝壳、石子供幼儿自由涂鸦，在建构区引导幼儿用自然材料搭建小池塘，在自然角中投放小鱼、小乌龟，让幼儿亲自照顾和喂养，满足不同幼儿的探究欲望。

场地资源重建：教师发现大部分幼儿的关注点集中在"如何守护小池塘"，特别是对守护小池塘的方式特别感兴趣，他们提出可以用"守护石""心愿卡"以及"提示牌"等方式守护小池塘。于是，按照幼儿的想法，我们将周边的种植区、休闲区联合打造成了"心愿场"，幼儿在这里用不同的方式"守护"小池塘。

在这次实践活动中，我们合理地共享了信息资源、有效地实现了材料资源的链接，最后借助场地资源的重建，实现了资源的动态运转与优化，激发了幼儿对主题活动的兴趣，让幼儿获得了多样化的真实体验。

2. 资源整合，优化主题结构

我们知道，主题活动作为一种组织形式，最显著的特点就是综合作用。因而，在实施过程中，资源整合，不仅能优化主题结构，还能更好地促进幼儿的经验由单一、零散向多元、整合的方向发展，实现经验的螺旋式上升。在本次"唤醒小池塘"的主题活动中，教师们不仅在开展集体教学活动"小池塘怎么了"时，注重场景化教学，将幼儿带到小池塘实地参观，并将参观视频及幼儿的想法发至班级群，积极调动家长资源，助推主题活动的顺利进行。而且在同一系列的活动中，如"打扫小池塘""小池塘变漂亮了""我来守护小池塘"等，我们也充分地糅合信息资源、自然资源、材料资源等，实现了资源的整合，推动了主题活动的纵深化开展。

3. 资源互通，延展主题价值

当"唤醒小池塘"的主题活动接近尾声时，如何衔接下一个主题的问题便摆在了大家的眼前。在小组教研中，我们思考了以下问题：一是幼儿在"唤醒小池塘"主题中收获了哪些有益的知识经验？二是虽然本主题即将结束，但是幼儿依然对某一方面十分感兴趣，我们是否应该投放更多的操作材料来支持幼儿的进一步探索？在本主题实践基础上，我们还能生发出哪些主题活动？要如何过渡和支撑新主题的开展？

在研讨过程中,教师们结合亲身实践,敞开心扉地表达了在主题衔接上的困惑。最后,有一位教师提出幼儿在主题活动中已经积累了丰富的经验,并且大部分幼儿对主题活动中的部分内容仍存有兴趣,那我们可以将幼儿的注意力转移到更大型、更生活化的主题中去。于是,教师从幼儿新的兴趣点入手,将资源互通,在"唤醒小池塘"的主题活动中巧妙地融入了生活劳动课程。在课程的不断推进中教师发现孩子们对生活劳动课程很感兴趣,于是根据本班实际情况,各自开展了"晨间自我服务""晨锻小帮手""我是小园丁""舌尖上的自主"等多样化的主题课程,不仅让幼儿的需要得到了极大的满足,还延展了主题价值。由此可见,资源互通不仅映射出教师对教育行为的不断反思,更是教师在资源与幼儿不断对话过程中对有效价值的敏锐捕捉,充分体现了儿童视角的课程观。

(三) 系统考量,构建完整体系

资源积累无论是对园所还是对教师个人都有着深远的意义。教师在利用资源开展主题的过程中,要注意对多样化的资源进行系统的整理,构建成可视、可用的资源体系,为今后在利用该资源或其他资源开展课程做经验参考。如教师在主题活动前、中、后各审议阶段所梳理的课程资源,可进行系统考量、分析,然后用主题网络图、资源地图、区域活动方案等形式汇总,做成资源材料包,累积课程资源。同时,园所应将教研与科研相结合,从幼儿学习和教师教学两个维度出发,设计出最适合本园实际的课程资源分类与结构,形成科学的资源库建设方案,为后续教师工作的有效性和专业性提供依据和导向。

综上所述,适宜的资源开发与利用能让我们真正地从儿童的视角出发,助推主题活动实现动态的生成、动态的执行以及动态的延伸,构建完善的课程资源体系,树立科学的课程观、儿童观。我们要善于盘活多样化的课程资源,深入剖析,充分发挥其可用的一切价值。因为,在与资源不断"对话"的过程中,孩子们可以在真切的实践中不断扩展知识经验,实现深度学习和自我生长,教师们也能聚焦经验,增长教育智慧,更好地促进园所课程建设的高质量发展。

三、资源对教学活动的影响

(一) 夯实教学活动目标,使教学活动目标更契合幼儿的发展

教学活动目标不仅是教学的出发点、引航灯,更是教学的归宿,最终指向幼儿的

发展。但是,在传统的教学活动中,教师在教学活动目标定位中往往出现如下问题:一是教学活动目标定位不清,内容表述笼统,无法充分发挥其引导与评价的功能;二是教学目标定位与幼儿年龄段不符,与幼儿学习方式相悖,幼儿核心经验无法生长。在持续深入的资源实践与运用中,我们发现若想制定科学、适宜的活动目标,就必须坚持以《纲要》中各领域的目标为指导,以幼儿原有经验为基点,深入分析教材,综合运用各种资源。因为教学目标的落地不仅需要资源的支撑,更需要师幼的高效互动。因而,在设计目标时,我们应从幼儿的视角出发,充分考虑目标的全面性、适切性和操作性。例如:在参观班级小菜地后,幼儿对红通通的番茄产生了浓厚的兴趣,于是教师便设计了小班美术活动"美味的番茄",活动目标是:在摸一摸、闻一闻、尝一尝中简单了解番茄的特征;尝试用水粉画来表现不同形态的番茄;乐意介绍自己的作品,体验绘画番茄的乐趣。目标中不仅涵盖了知识与技能、习惯与能力以及情感体验与表达等多个维度,还让活动内容鲜活生动,符合游戏化的精神内涵,既联系了幼儿的原有经验,又具有一定的挑战性。

(二)丰富教学活动准备,使教学活动准备更符合幼儿学习方式

幼儿园的教学活动是幼儿在与教师、同伴、材料互动中得以主动发展的过程。因而,在每一次开展教学活动时,教师都应根据教学目标、活动内容等做好物质和经验两方面的准备。所谓物质准备是指对教学所需的教具、学具、活动场地等的构思与准备,是教学活动目标顺利达成的硬件基础,直接影响活动的效度。而经验准备则是为新的教学活动做好相应的认知、技能或者情感态度等方面的储备,是对原有经验的筛查与提炼,良好的经验准备能明晰教学主线,促使目标更快达成。在资源开发与利用的过程中,无论是物质准备,还是经验准备,都更加贴近幼儿的真实生活,不仅解决了物质准备的"扁平化"问题,增添了活动的趣味性、互动性和多样性,还让我们的课程翻出围墙,走向大自然、大社会,促进幼儿在直接感知、实际操作和亲身体验的学习过程中,扩展经验准备的外延和内涵,实现经验的迁移与生长。如在综合活动"番茄三十六计"中,幼儿具备的经验准备有:在小菜地中实地观察过番茄,对其种植条件及生长过程有初步的认知。师幼共同准备的物质条件有:各种各样的番茄实物、番茄口味的各类食物、小菜地中番茄生长过程纪录片等。从上述案例中不难看出,资源对物质准备的影响是显性的,而对经验准备的影响是隐性的,幼儿能结合自己原有的经验,在具体的操作过程中萌发对番茄进行深度探究的欲望。

（三）充实教学活动内容，使教学活动内容更贴近幼儿生活

资源的开发始于幼儿的周边生活，这就意味着资源在运用中自然而然地回归于生活。原始教材中的资源并非都能得到园本化利用，有些并不适合溧水本地域幼儿。这就表明，单纯从教师个人的实践和幼儿的认知角度去开展教学必然是不全面的，尽可能地观照幼儿的实际活动、做到教学生活化是教师在运用资源开展教学时所必须坚持的信念和必须付诸的行动。这要求教师必须在实际的日常生活中观察幼儿，必须有意识地、有目标地关注幼儿眼中、口中的新鲜事，这在教学活动的实践中尤为关键，毕竟其所需要回归的日常生活是幼儿的日常生活。与教学活动的学科本位相比，教学活动的生活化更强调教学与生活的关系，追寻"源于生活、基于生活、归于生活"。

在前期与番茄互动的基础上，幼儿想要更加全面地了解番茄的一生。于是，教师便利用田间实物或照片、录像等，再次系统地介绍了番茄的作用及生长历程等，并引导幼儿在游戏中用身体动作来表现番茄的生长过程，感受番茄的生长变化，激发幼儿爱护植物的情感，萌发亲自然的理念。在集体教学中，有教学价值的活动内容才能造就有效的学习。所以，选用适当的活动内容应兼顾幼儿的年龄特点、能力以及个体差异，应注意幼儿的兴趣爱好特点，贴合幼儿的日常生活。例如"番茄炒蛋"是幼儿生活中常见且受幼儿喜欢的一道菜肴，教师根据幼儿的生活经验设计了健康活动"美味的番茄"，不仅充分调动了幼儿的积极性，让教学活动贴近幼儿的"最近发展区"，而且真正实现了"为幼儿的生活做准备"。

（四）强化教学活动效果，使教学活动效果更加游戏化

1. 激发了幼儿的兴趣

溧水地处秦淮源头，素有"天然氧吧"之称，亦有"活力新城"的美誉，其山水资源丰富，风景名胜和文化古迹众多，当下拥有着独到的农业自然资源、高新技术产业、生态康养产业以及国际化的大型赛事和节庆活动等，这些独具地域特色的丰厚资源无不为幼儿园教学活动提供良好的先天基础条件。因此，幼儿园教学活动也不再局限于教室。在户外开展的"番茄三十六计"活动中，幼儿意外发现有人把绿色的番茄摘下来了，于是开启了"三顾番茄"之旅。从番茄的颜色、形状到制作番茄酱，他们积极地观察讨论着。教师根据幼儿的兴趣特点，利用大自然赋予的天然的、开阔的教学场所，开展丰富多彩的室外教学活动，在广阔的蓝天下开辟自然课程，组织多种形式的有趣的教学活动。

2. 提高了幼儿的探索能力

《指南》指出：成人要善于发现和保护幼儿的好奇心，充分利用自然和实际生活机会，激发幼儿科学探究的欲望，培养幼儿的科学探究能力。大自然蕴含着无穷的教育资源，教师要结合幼儿的兴趣，从大自然中挖掘素材，为幼儿创设自然情境，并通过幼儿感兴趣的活动，培养幼儿探究的积极性，通过引导幼儿观察、分析、比较等，提高幼儿科学探究的能力。

在科学活动"番茄三十六计"中，满满一边手扶着番茄枝干一边大声地喊："快来看啊，快来看啊，你看这个番茄的叶子都快碰到地上了！""我的番茄树也倒在地上了。""这个番茄是靠在绳子上的，好像快要断掉了。""我们快把它扶起来吧。"……幼儿观察到了番茄的生长现状，随即根据观察到的情况讨论并猜测起来——"我们的番茄为什么会倒啊？""肯定是忘记浇水了。""是雨太大了，把番茄打痛了，它就弯腰了。""不对，我们的番茄种在阳台，雨下不进来。肯定是因为我们浇了太多水，番茄太撑了。""是因为它太高了吧。""可能是它有了太多的番茄宝宝。""你看我的番茄，妈妈给我用绳子绑起来了。"在大家对多种猜测僵持不下的时候，幼儿开始将自己的猜想记录下来，并开始证实番茄树"弯腰"的原因。面对这些问题，在教师的建议下，幼儿合作讨论，聚焦已有经验，发动集体智慧寻找番茄树"弯腰"的真正原因。最终，大家得出结果：主要问题是浇水量、番茄自身高度以及果实重量。有什么好办法可以解决这个问题呢？"给番茄做个支架就好了。""浇水的时候只请一位值日生浇水，这样就不会浇多。""番茄太重了，可以用绳子绑起来。""可是这个要怎么绑呢？"……大家利用户外活动再次走进自然角，走进幼儿园里的种植区，观察番茄是怎么"挺直腰杆的"。"老师，你看这个用了三根棍子。""咦，这个只用了一根棍子和一根绳子，也许它比较小。"幼儿园里的支架多种多样，有大的、小的、一根棍子的、多根棍子的，幼儿发现"挺直腰杆"计划中最重要的有两个步骤：一是棍子站立，二是用绳子把棍子和番茄绑在一起。于是有了"扶植"的第一次、第二次。

在几次的科学探究活动中，教师洞察到幼儿的兴趣点，就可以直接找到资源运用的切入点，丰富的课程资源对教学活动实效具有不可替代的催化作用，在日常教学中要把积累教学资源的习惯细化到日常工作行为中去。在教学中可以结合身边所具备的教学条件积累素材性课程资源，及时地整理、更新所积累的教学资源，弃其糟粕，取其精华，以此来优化教学效果，让幼儿在游戏化的活动中主动探究。

四、资源对区域活动的影响

(一)巧用资源,科学创设区域活动场地

1. 创设通透、联动的活动区域

《纲要》提出"充分利用自然环境和社区的教育资源,扩展幼儿生活和学习的空间"。区域活动的空间、场地设置是第一要素,教师在规划各个区域的位置时应考虑合理选择、充分利用、动静分离,为幼儿打造一个个既独立又能联动的游戏空间。因而,为了提升幼儿的游戏水平,增加游戏的联动性,解决玩具柜不够通透的问题,我们区的幼儿园充分利用自然资源,常用竹子、栅栏、树枝等自然资源作为区域间的隔断。比如,石湫镇中心幼儿园的教师为了让幼儿能更好地相互欣赏彼此的作品,便把竹子变成网格架,供幼儿自主展示自己的作品,同时也将区域进行了巧妙的划分。晶桥镇中心幼儿园的教师和幼儿一起将树枝组合成娃娃家的"小院",不仅童趣十足,还为我们的游戏增添了浓郁的乡土气息。

生活中自然资源的巧妙利用不仅让班级更"接地气",同时也让区域中的幼儿在游戏时十分顺畅,营造了游戏氛围,增加了游戏的联动性。

2. 增加创设会"移动"的区域

幼儿的区域活动不光是室内空间的使用,户外的活动场地也应该被合理规划。但我们常常看到,很多幼儿园的区域活动只局限于活动室和走廊,而操场等室外场地则在晨锻后无人问津。因此,为了促进资源利用率的提高,合理规划布局室外场地显得必不可少。马灯,是一项和凤地方老少皆宜的民俗活动,人们使用竹篾扎成马的形状,在其表面糊一层纸,表演时,把它系在腰上,寄托着祈求风调雨顺、五谷丰登的美好愿望的同时,也给文娱生活略显枯燥的乡村带来了欢乐。和凤第一中心幼儿园充分利用这一地方社会文化资源,追随幼儿的兴趣和经验,开展了项目主题活动。在游戏中,美工区的幼儿负责设计表演服装、生活区的幼儿在练习用竹篾编织,操场上则有三五成群的幼儿穿着自制的服装排练着各种队形。"小艺术家们"不再局限于走廊里狭小的"小舞台",有了更宽阔的排练场地和活动空间。再看东屏镇中心幼儿园,小演员们穿着表演服在园内空地上自由地表演,唱着民间所流传的龙船调,让人忍俊不禁。

这些社会文化资源的巧妙利用让幼儿园的每一个场地都不再"闲置"。增加会

"移动"的区域,让每一块地真正为幼儿所用,同时让每一名幼儿了解我们的传统文化,提升幼儿的家乡荣誉感。

(二) 活用资源,充实区域活动游戏内容

相对于较为单一的区域游戏内容而言,通过乡土资源的合理投入可以最大限度地充实各个区域的游戏内容,让区域游戏更具有地域特点。

体育游戏对于幼儿园的幼儿来说是尤为重要的。它不仅能够提高幼儿的动作技能,还能使幼儿的身体素质得到锻炼。因此,我区幼儿园充分挖掘乡土资源制作了一些独特的体育器械。如竹子的外观及生长和其他植物有着很大的不同,是幼儿喜欢且乐意探索的。我区东屏镇中心幼儿园紧邻着竹资源丰富的大金山,这无疑为他们提供了丰富的课程资源。在原有经验的基础上,幼儿利用竹子踩高跷、挑扁担等,这些富于乡土特色的天然体育器械,极大地丰富了体育游戏内容。

我区洪蓝镇的傅家边科技园盛产草莓、黑莓,每年的草莓文化节、采摘节都吸引着大批游客前往。于是,教师和幼儿便将傅家边的草莓、黑莓等农作物搬进我们的科学区,幼儿在系统观察、亲身体验、实践操作中认识家乡的乡土资源及物产。另外,幼儿还将小种子带进了自然角,在每日的照顾、观察中了解这些农作物的生长过程,他们体验到了亲手种植的乐趣与成就感。

我区洪蓝镇郭兴庄园的粉黛乱子草盛开期是每年的 9—11 月,成片的乱子草呈现出粉色云雾海洋的壮观景色,引得无数游客慕名而来,成为溧水旅游必去的打卡地。很快教师关注到这一现有资源,根据不同年龄段幼儿的发展特点在美工区提供了不同材料,引导幼儿欣赏感受、大胆创作,充分感受家乡的风景美。

本土资源的巧妙利用让区域活动的环境创设更加贴近幼儿生活,也让区域活动的游戏内容更加丰富多样,使得幼儿在家乡味儿十足的活动中潜移默化地感受溧水的风土人情。

(三) 妙用资源,丰富区域活动游戏材料

《纲要》指出,要引导幼儿接触生活中的美好事物和感人事件,丰富幼儿的感性经验和情感体验。丰富多彩的自然资源,是幼儿发挥创意的最好学具,能够激发幼儿区域游戏的兴趣与表现欲望。有效地运用乡土资源,能够为幼儿园提供更加丰富的游戏材料,提升幼儿的创造力和想象力。

如今,在各家幼儿园的美工区中随处可见各种自然材料,如贝壳、河蚌壳、螃蟹壳、树枝、木片、松果、葫芦、瓦片等,这些都是幼儿与家长共同收集的成果。这些材料

的再利用,有助于幼儿发挥创造性与想象力,体验自然资源的魅力与价值。幼儿利用这些自然材料创作出了特点鲜明的美术作品:竹片、竹筒、竹棒、木片、稻草等自然资源是建构区最常见的材料,幼儿用这些材料搭建"无想山森林公园""天生桥"等溧水著名旅游景点,搭建出来的建筑栩栩如生,富有浓郁的地域特点。丰富多样的自然资源为幼儿的区域活动提供了各种各样的游戏材料,也为幼儿的创造提供了无限可能。

溧水区拥有独特的自然资源和社会文化资源,这些资源也都蕴含着巨大的教育价值,为幼儿园区域游戏注入了新鲜"血液"和活力。这些资源在经过价值判断之后科学合理地融入班级区域活动,对区域游戏产生积极的影响。幼儿在这样的区域游戏过程中不断提高自身的创造力和想象力,这也使他们变得更加独立、自主,产生了归属感和家乡荣誉感。

五、资源对生活活动的影响

(一)巧用资源创设生活化环境,让生活活动更加有趣

课程游戏化的"六个支架"支架四中明确提出:"重新认识和发现幼儿及幼儿的生活活动如何游戏化。"其核心要义是如何用课程的思路解决生活的问题,提高幼儿在生活活动中的积极性和主观能动性,减少教师"高控"现象,让单一枯燥的生活活动变得生动有趣。我们知道,幼儿天生的吸收性心智决定了其在与环境的互动中能获得自然的发展。因而,我们紧紧围绕当下主题活动,巧用资源创设支持性的墙面环境、地面环境和柜面环境等,提供多元的材料支持幼儿的活动,让幼儿在入离园、如厕、盥洗等生活活动中能自由地与环境对话,实现自我生长。如:在大班"漫步秦淮源"主题活动中,师幼共同将"漫步近水公园""漫步水上古桥""漫步伴水村落""爱上秦淮源"等活动过程用图画、文字等方式记录下来,在主题环创中进行多样化的呈现。幼儿可以在生活活动各环节自由观察、欣赏与回顾,在与同伴的交流、分享中丰富经验,实现经验新生长。同时,我们在各个区角投放了一些民间游戏,如翻花绳、编手链、剪纸等,供幼儿自由选择、自主操作,幼儿对此非常感兴趣。

(二)活用资源生成整合性活动,让生活活动更加有序

幼儿园的生活活动有着重要的衔接、协调和准备等作用,能够很好地提高一日生活的整合性。而当下我们很容易将生活活动从一日活动中割裂开来,将其作为零散的活动随意地开展。随着本土课程资源开发和利用的不断深入,我们开始转变自身

有关幼儿园课程和幼儿生活的理念,提高自身对幼儿日常活动中教育契机的敏感性。在生活活动的组织安排中,时刻从"整体性"角度出发,力图实现各环节的有机协调统一,提高生活活动的整体效益,让幼儿的生活活动更加丰富、自主、有序。例如,在大班主题活动"漫步秦淮源"中,我们根据溧水地域资源,灵活调整课程内容,布置相关环境,将溧水的名胜古迹、小吃、方言、民俗活动等内容在生活活动的各个环节进行渗透。又如,在晨锻回班后的自我服务环节,当其他幼儿正在如厕、喝水时,结合主题活动,幼儿会在教师的引导下主动地和同伴交流、分享自己所去过的溧水特色景点、品尝过的溧水特色美食;在自主进餐环节前,教师开展"溧水故事我来说"活动,让幼儿对溧水有更加生动的了解与认识。由此可见,合理地规划、巧妙地引入资源,不仅能够优化过渡环节的组织,填补主题活动开展中的空缺,还能以点带面,提高一日活动的整体性,让生活活动充满生机、变得有序,更好地凸显"一日生活皆课程"的教育理念。

(三) 慧用资源开展多元化评价,让生活活动更加有质

幼儿生活活动的真正价值是什么? 与一日活动中的其他环节有什么关系? 能够促进幼儿哪些方面的发展? 这些都需要我们基于活动现场去寻求答案。资源作为开展生活活动的润滑剂和着力点,其亲历性和实践性让我们能够直观地、具象化地了解幼儿的真实生活、当下生活,帮助我们在观察中解读幼儿的内在需要和个别差异,进行多元化的评估与分析。如,在大班"漫步秦淮源"主题活动中,教师可以结合幼儿入园时的谈话内容,把握幼儿对溧水的了解现状和兴趣点,评估活动开展的有效性。基于此,教师可以更好地调整活动内容,重组教育资源,让活动更加贴近幼儿已有经验,满足幼儿发展需要;在自主如厕、盥洗环节,通过持续性地观察个别幼儿与环境的互动,关注其身心发展需要,了解其最近发展区;在离园时,引导幼儿用图画的方式记录自己的活动过程并鼓励幼儿在集体面前进行交流、分享,让他们在分享中发现问题,各抒己见,成为活动评价的主体。在这样的活动中,我们发现资源作为载体,在促进评价方式的多元化过程中有着不可小觑的作用,能提高生活活动的质量,促进幼儿的学习与发展。

作为保障课程活动顺利进行的必要条件,课程资源的范畴很大,从不同角度审视课程资源会有全然不同的结果。我们可以从社会资源、文化资源、自然资源等角度建立课程资源体系,多维度地挖掘和利用,对现有资源进行科学审议,采取保留优质资源、重组不适宜资源、删除不良资源等手段,让课程资源更贴合幼儿发展。这需要每个教师、家长做到眼中有幼儿、心中有课程、脑中有理念。这样积累的资源才会受到

更多幼儿的喜爱,从而使幼儿能在主动发现和积极建构中收获并成长。

通过学习、生活、游戏、运动等多维度的深度挖掘,师幼逐渐形成共识:一人一物皆资源,一花一草皆课程。我们要注重资源与幼儿的互动,形成互动式作息表、参与式植物角、开放式养殖角,既鼓励幼儿习得健康的生活方式,也激发幼儿主动学习的良好品质,以逐步优化幼儿园一日生活内容。但课程资源的开发与利用不是一蹴而就的,需要教师在日常的教育教学中,通过不断地实践、反思、再实践,从中获得经验的积累,从而更好地组织活动,实现一日生活的丰富、有趣。具体来说,教师可以根据自身在教学实践中的成功案例或突发性问题进行反思和经验总结,不断加强自身的思考和学习能力,及时自我学习补充相关的理论知识并提高相应的能力;也可以借鉴其他关于课程资源开发与利用的优秀经验,并将其迁移到自己的工作中去,内化为自己的实践性经验,真正实现教育生活化,提升保教质量。

结语：课程改革，我们一直在路上

虞永平教授说：改革开放四十多年来，幼儿园课程改革的基本走向就是让课程更贴近幼儿，激发幼儿活动的自主性和积极性，以便幼儿获得更丰富的经验，促进其全面发展。如何让课程更贴近幼儿？如何激发幼儿活动的自主性和积极性？如何让课程立足幼儿的全面发展？一直以来，我们都很困惑，也很迷茫……

2020年，溧水学前教育与南京师范大学虞永平教授的研究团队结缘，全面开启"以资源牵引幼儿园课程建设"的改革行动。三年来，我们秉持"资源—活动—经验"的理念，以幼儿发展为根本出发点，以协同开发在地课程资源为抓手，以深度教研为基本途径，努力转变儿童观、课程观和质量观，推进幼儿园主动发展。四年来，我们一步一个脚印，一年一个台阶：其一，整体推动在地课程资源开发利用项目落地；其二，全面完成在地课程资源分类调查与系统梳理，形成个性化课程资源地图和体系化课程资源清单；其三，聚焦典型在地课程资源开发，形成系列多样化教育活动方案，并逐步探索架构幼儿园特色课程体系。我们充分挖掘利用溧水的自然、文化和社会资源，深化幼儿园课程改革，不仅使幼儿园课程内容来源于幼儿的真实生活、适宜于幼儿所处的特定文化，使幼儿园课程实施贴近幼儿的心灵，也使幼儿园课程彰显出在地化、个性化、园本化特质。在地课程资源的有效挖掘与利用成为溧水学前教育改革发展的新引擎，更为溧水学前教育的可持续发展注入新动能。

党的二十大报告提出，坚持以人民为中心发展教育，加快建设高质量教育体系，发展素质教育，促进教育公平。2023年5月，教育部印发《基础教育课程教学改革深化行动方案》，要求各地各校明确责任分工，建立健全推进机制，不断将基础教育课程教学改革引向深入。立足高质量发展新时期，面对新形势与新要求，我们清醒地认识到，学前教育科学化发展依然任重道远，一些瓶颈问题也日益凸显，如园本课程体系建构与课程方案编制问题，课程高质量实施问题，课程评价与质量监控问题等等。为此，我们将继续沿着正确的方向不断深化在地课程资源开发和利用，推进幼儿园课程向着科学化、规范化和体系化目标迈进。

一、进一步立稳课程观念

幼儿园课程体系建设的前提在于课程改革发展观的科学性和思想性。引领幼儿园坚持以习近平新时代中国特色社会主义思想为指导，全面贯彻党的教育方针，落实立德树人根本任务；不断深化对学前教育的认识与理解，牢固树立以促进幼儿身心全面和谐发展为根本目的的保教质量观，将今日之幼儿视为国家之未来，将每一名幼儿视为具有独立人格的个体，相信并支持幼儿成为积极主动且有能力的学习者。

二、进一步凝练课程图景

幼儿园课程体系建设的起点在于课程改革共同愿景的可视化和图谱化。引领幼儿园以《纲要》《指南》为指导，以促进幼儿全面和谐发展为宗旨，充分利用幼儿园、家庭及社区的各种资源，全面分析本园课程建设的历史沿革、现实基础和未来趋向，在精准把握学前教育规律、特点和使命基础上，分析提炼或者优化重构本园的教育哲学、办学理念和培养目标，并以此规划设计园本课程体系建设的基本理念、主要思路、具体任务、保障条件等，构建形成一套完整的课程体系"蓝图"，以共同的课程愿景系统指引园本课程建设的发展方向。

三、进一步调适课程内容

幼儿园课程体系建设的关键在于课程内容的生活化和经验化。引领幼儿园秉持"资源—活动—经验"的理念，以培养完整儿童为诉求，根据不同年龄段幼儿的兴趣与需要，以及教师的素质、经验与能力，充分挖掘利用典型的在地课程资源，生发多样化活动，对原有课程方案进行调适，确保幼儿园课程内容来源于幼儿的真实生活，适宜于幼儿所处的特定文化，让幼儿园课程内容追随幼儿的发展，推动幼儿园课程向着在地化、园本化和特色化进发。

四、进一步优化课程实施

幼儿园课程体系建设的核心在于课程实施的多样性和有效性。引领幼儿园秉持"一日生活皆课程"的理念，从幼儿身心发展规律和学习特点出发，采用多种活动和多种途径相结合，在一日活动各个环节中落实课程目标。一是注重以幼儿发展的整体性统领一日活动各环节组织；二是注重以教学、生活、游戏、环创、社会实践、节日活动等多样化路径实施课程；三是注重以集体活动、小组活动、个别活动等多种形式灵活组织实践，使课程实施效益最大化，让课程实施过程真正成为"基于经验—丰富拓展经验—巩固提升经验"的过程。

五、进一步完善课程评价

幼儿园课程体系建设的保障在于课程评价的科学性和适宜性。引领幼儿园秉持"评价是为了促进每一名幼儿发展"的理念，不断完善幼儿园办园质量评价机制，注重结构性、过程性和结果性评价的整合，以评促改，以研提质，加强幼儿园课程实施的动态调整、优化完善。建立区级、园级、班级三级课程审议团队，实行"区级审议把方向＋园级审议把内容＋班级审议把方法"的三级课程审议工作法。建立课程、教师、幼儿"三位一体"的评价体系，引入专家、社区代表、家长等外部力量参与课程评价，实行全员评价、全面评价、全程评价，保证课程实施的全面性、科学性和持续性。

课程是幼儿园高质量发展的重要载体，资源是幼儿园课程建设的重要支撑。在区域推进幼儿园课程改革的道路上，我们始终坚持"从资源到活动，从活动到经验，从经验到课程"的理念，通过价值引领、专业支持和主体赋能，激发幼儿园的内在活力与文化自觉，实现了幼儿园课程的多元特色与品质发展，也让教师在课程改革中实现了自我成长。然而，课程改革是一个系统的质量提升工程，它的过程必然是漫长而艰巨的，也是持续而动态的，它需要一代代幼教人的坚持与努力。幸运的是，我们在正确方向的指引下，找到了适合自身发展的路径。今后，我们将持续深化在地课程资源挖掘与利用，继续沿着"用专业指导、以课程支撑、为教师赋能、促儿童发展"的教研思路与举措，引领溧水学前教育向着更加均衡、更加优质的方向前进……